Les Apparitions
de Lourdes

AVERTISSEMENT

Le présent volume reproduit le récit contenu aux tomes 2, 4, 5 et 6 de *Lourdes Histoire authentique des Apparitions* : le récit seul.

Le lecteur exigeant se reportera à l'œuvre en six volumes. Il y trouvera, pour chaque apparition, les sources intégralement éditées, des expertises relatives à tous les problèmes, enfin des milliers de notes qui justifient pas à pas, en citant et critiquant les documents, chaque phrase et chaque note du récit.

Il trouvera enfin, au tome 1, les préambules méthodologiques, et les examens critiques objectifs des précédentes histoires de Lourdes. Enfin un répertoire alphabétique de chacun des témoins. Au tome 3, il trouvera l'étude des grands problèmes de Lourdes : le site de l'apparition, la foule, la description de l'apparition et sa nature (« vision » ou « apparition »), l'examen de toutes les paroles attribuées à la Vierge : authentiques et apocryphes, enfin les textes clés et les règles de méthodes particulières qui ont permis de débrouiller les apparitions de la quinzaine jusqu'ici dans une large mesure confondues entre elles.

L'auteur a relu ce récit avant de l'éditer. Il en a parfois révisé le style, abrégé ou allégé tel détail, ou telle complication scientifique de la présentation (guillemets, crochets, etc.). Il n'a rien changé quant au fond, nul document, nul argument n'appelant la moindre révision à cet égard.

Problème épineux : « le patois de Lourdes ». Trois orthographes sont possibles : celle du document d'époque qui a sa valeur de transcription spontanée, celle de l'école G. Fébus (à base phonétique) ; et celle de l'école occitane (à base philologique). Dans l'édition critique, l'auteur a ordinairement donné ces trois orthographes afin de couper court aux contestations entre écoles. Dans la présente édition, après avoir été tenté de prendre le parti le plus simple qui aurait été d'éliminer les éléments de dialogue transmis en dialecte, il a finalement pris le parti de livrer le patois plus rarement, et selon l'orthographe du document cité.

NIHIL OBSTAT
RME DOM FILIBERT MOREAU, ABBÉ DE NOTRE-DAME DE TOURNAY. RME JEAN-GABRIEL DELSOL, ABBÉ COADJUTEUR.
LOURDES, 25 MARS 1966.

IMPRIMATUR
PIERRE-MARIE THÉAS, ÉVÊQUE DE TARBES ET LOURDES.
LOURDES, 31 MARS 1966.

18, rue de Condé, 75006 Paris
ISBN 2-283-60207-6

RENÉ LAURENTIN
Membre des Académies pontificales
de Théologie et de Mariologie

LES APPARITIONS DE LOURDES

Récit authentique, illustré
de documents de l'époque

P. LETHIELLEUX

ŒUVRE DE LA GROTTE

PRÉFACE

Ce livre a une histoire.

Nommé évêque de Tarbes et Lourdes en 1947, Mgr Pierre-Marie Théas pensa très vite au centenaire des apparitions. Que fallait-il prévoir pour 1958 ? L'évêque lança deux chantiers gigantesques.

Dans l'ordre architectural, Pierre Vago creusa la basilique Saint-Pie X qui accueille facilement ses vingt mille pèlerins.

Mais, avant que les pelleteuses ne commencent leur travail, Mgr Théas avait entrepris un autre travail de fouille, tout aussi gigantesque : il fallait explorer tous les documents accumulés autour des apparitions pour essayer de savoir ce qui s'était vraiment passé.

Dans un cas comme dans l'autre, il s'agissait de trouver, quelque part, un sol ferme.

Le chantier de l'histoire fut confié à un prêtre, jeune professeur à l'Institut catholique d'Angers, l'abbé René Laurentin. Il reçut, en cours de route, une consigne de l'évêque : « Lourdes n'a besoin que de la vérité. » La démarche de Mgr Théas ressemble à celle du pape Pie XII ordonnant des recherches archéologiques sous la basilique Saint-Pierre pour vérifier si la tombe de l'apôtre s'y trouvait bien.

L'abbé Laurentin travailla d'arrache-pied pendant plusieurs années. Il publia force volumes, ne laissant aucune question dans l'ombre, n'éludant aucune difficulté. L'essentiel de la tâche était achevé avant l'année du centenaire et contribua au « succès » de ces célébrations que présida le cardinal Angelo Roncalli, ancien nonce à Paris, patriarche de Venise et, quelques mois plus tard, pape sous le nom de Jean XXIII.

Le petit livre que vous avez entre les mains a été publié plusieurs années après : Mgr Théas avait demandé à l'abbé Laurentin de reprendre, dans un volume de proportions modestes, le résultat de ses recherches, débarrassé des notes et références. Telle est l'origine du *Récit authentique des apparitions*.

Voilà pour le passé. Il fallait le rappeler pour donner à ce livre tout son poids historique et sa valeur critique. Pourquoi est-il publié à nouveau, des dizaines d'années plus tard ? Tout simplement parce qu'il n'a pas été dépassé. Non seulement personne n'a poussé l'investigation plus loin que l'abbé Laurentin, mais le style lui-même, alerte, concret, « journalistique » au meilleur sens de ce terme, n'a pas vieilli.

Lourdes, plus encore, est toujours actuelle. Les hauts lieux de toutes les religions voient venir à eux des pèlerins sans cesse plus nombreux. Il en est ainsi pour Lourdes, bien que notre vieille Europe soit profondément paganisée.

D'où vient l'attrait particulier de Lourdes ? Pour une bonne part, des apparitions elles-mêmes et de celle qui en a bénéficié, Bernadette.

Notre époque aime le mystère et s'en méfie tout ensemble. Nous sommes rationalistes d'un côté, et déçus par ce qui est trop strictement rationnel, de l'autre. Au plan religieux, Lourdes résout ce dilemme. Les apparitions ouvrent sur une autre dimension du réel mais les conditions dans lesquelles ces apparitions se sont produites rassurent notre penchant pour la logique.

Les événements de 1858 n'ont pas eu lieu dans un désert, à l'abri des regards. Ils n'ont pas été enfouis dans l'oubli pendant des dizaines d'années avant de revenir au jour, avec les risques de déformation auxquels nul témoin n'échappe, même s'il croit se souvenir exactement.

À l'époque des apparitions, Lourdes était déjà une grosse bourgade de sept mille habitants. La sous-préfecture est à dix kilomètres et la préfecture à vingt. La ville béneficie d'un commissariat de police et d'un café, le Café de France, où s'échangent les idées, les informations. Les journaux circulent. Le télégraphe existe. D'emblée, les apparitions sont devenues un fait d'opinion, dans une France idéologiquement divisée.

De plus, Bernadette n'a jamais été seule lors des apparitions. Chaque fois, elle fut entourée d'observateurs. Ses comportements ont été scrutés. Les sceptiques ne manquèrent pas. Les médecins, à la Grotte même, l'ont soumise à des contrôles. Quant à l'autorité ecclésiastique, elle s'est vite intéressée au phénomène, ne serait-ce qu'à cause des répercussions sur les Lourdais. Ladite autorité a toujours eu, pour premier réflexe, de mettre en doute les affirmations de ceux qui se prétendent « visionnaires ». C'est normal, puisqu'elle sait que, de toute façon, nulle révélation nouvelle n'est à attendre.

L'enquête de l'abbé Laurentin a été, à la fois, facile et difficile : facile, parce que les documents, contemporains des faits et venant de sources opposées, ne manquaient pas ; difficile, parce qu'ils surabondaient. L'abbé Laurentin a mené un travail critique méticuleux : il est toujours intéressant de se reporter à ces études. Ici, il nous livre un récit simple, aussi surprenant que les faits eux-mêmes, sérieux mais jamais ennuyeux. C'est comme une jolie maison, dégagée de tous les échafaudages qui avaient été nécessaires pour la construire.

Laissez-vous prendre par le récit. Accompagnez Bernadette à la Grotte. Faites comme les Lourdais de 1858 : regardez cette enfant, méprisable aux yeux des hommes et choisie par Dieu pour « faire courir le monde ». Elle vous éclairera peut-être de la lumière et du sourire qui lui viennent de la Dame.

11 février 2002, fête de Notre-Dame de Lourdes
Mgr Jacques PERRIER,
évêque de Tarbes et Lourdes

LE MOULIN DE BOLY

LE QUARTIER DU LAPACA

Le bas de la gravure laisse apercevoir le cours de l'infime ruisseau, au pied des arbres de l'enclos. Nous sommes ici à 200 mètres du chapelet des moulins.

PROLOGUE

LA PASSION DES SOUBIROUS

(1841-1858)

Tout allait mal chez les Soubirous. La série noire venait de loin. Elle avait précédé leur mariage. Elle en avait été l'occasion.

Un décès.

Tout commence le 1er juillet 1841, au moulin de Boly, une vieille bâtisse encapuchonnée de tuiles brunes sur le ruisseau du Lapaca. Hier encore, une maison heureuse. En quelques instants, tout a changé. La vanne est fermée; la roue, arrêtée. Les persiennes sont closes. A l'intérieur, une famille est en larmes : la mère, Claire Castérot (44 ans), et ses cinq enfants : Bernarde (17 ans), Louise (15 ans), Basile (13 ans), Jean (10 ans) et Lucile (2 ans).

Le père, Justin Castérot, dit Boly, vient de se tuer dans un accident de charrette sur la route de Poueyferré. Il est là, étendu, encore tout enfariné.

Un mariage.

Talonnée par la nécessité, la veuve Castérot commence à ruminer son problème en plein deuil. Il tient en ceci : quatre filles et un moulin.

Si seulement Jean, ce pitchoun, avait été l'aîné; si encore l'homme avait fini l'acquisition de Boly, rêve de sa vie, lentement poursuivi depuis vingt-deux ans. Mais non, il reste encore à payer, et la situation n'est même pas claire...

Pourtant, pas question de quitter ce moulin que les Castérot, parents des propriétaires, exploitent depuis 1786... Reste à marier la fille aînée pour continuer à « tourner », et, avec un peu de chance, finir l'acquisition. Il n'y a pas grand choix dans le cercle de la meunerie lourdaise où, sur une douzaine d'hommes valides, presque tous sont mariés, trop jeunes, ou trop vieux.

C'est ainsi que Claire Castérot fut amenée à faire des avances à François Soubirous, du moulin Latour, encore garçon à 34 ans. Placide et point contredisant, le gendre en espérance posa bientôt une énigme. Il venait volontiers à Boly, paraissait s'y plaire, mais rien n'avançait. Tout ce qu'on faisait pour le chauffer à l'égard de Bernarde restait vain, le rétractait même. Il souriait toujours, mais restait dans sa coquille. Et, pendant ce temps, le moulin chômait, ou tournait coûteusement avec un ouvrier.

Allait-il se décider, oui ou non ?... L'énigme s'éclaira peu à peu, à force d'indices et de conciliabules entre parents. Celle qui intéressait François, ce n'était pas l'aînée, c'était la cadette, Louise, blonde aux yeux bleus. On le raisonna. Voyons, on n'allait pas marier la seconde fille avant la première, et à seize ans à peine! Pas la moitié de son âge! Il ferait plus riche affaire avec « l'héritière », Bernarde qui était parfaite, et si habile en couture.

Mais non, rien ne l'entamait. Placide et têtu, il écoutait avec son imperturbable sourire, mais sans lâcher un pouce de terrain.

— Louise est meilleure ménagère, arguait-il, poussé dans ses retranchements.

C'est le contraire qui était vrai. Bernarde avait plus de tête, plus d'ordre; mais ce n'est pas de cette tête-là que voulait François. C'était Louise qui avait touché son cœur. Il lui restait tout de même assez de sens des convenances pour ne pas mettre en avant des motifs de sentiment qui n'avaient pas cours dans la meunerie de Lourdes en 1842; d'où la faiblesse de son argument. Mais, bonnes ou mauvaises raisons, une chose finit par s'imposer : François prendra celle-là ou personne.

C'est ainsi que la décision attendit plus d'un an.

Le mariage était fixé au 19 novembre 1842 (date où Louise avait atteint ses 17 ans). Et voilà que la mère de François meurt à son tour, le 21 octobre. On se contente de faire, dans le deuil, le mariage civil, qui permet les règlements d'affaires. Le mariage religieux et les réjouissances sont remis à des temps meilleurs. Ils auront lieu, après l'année écoulée, le 9 janvier 1843. C'est alors que François entre au moulin de Boly.

Débuts sans histoire. Les nouveaux époux ont trouvé le bonheur — un bonheur solide — et les problèmes matériels ne se rappellent pas trop à eux. Ils n'y songent guère, insouciants de nature, et de surcroît peu aptes à y réfléchir, puisqu'ils ne savent ni lire ni écrire, ... ni faire de comptes. D'ailleurs, la belle-mère et sa fille aînée, illettrées elles aussi, mais bien douées pour les affaires, sont là. L'autorité du nouveau « meunier » s'en trouve réduite. Mais il s'en est accommodé de bonne grâce. Après tout, n'est-ce pas elles qui mènent les affaires depuis près de deux ans ? Et puis, qui est-ce qui a changé de nom en se mariant ? Ce n'est pas Louise, mais son époux : de François *Soubirous*, devenu pour tous François *Boly*... Donc tout va pour le mieux dans le monde tel qu'il est fait à Lourdes, avec ce long chapelet de moulins à tout-touche qui se font concurrence du haut en bas de l'infime ruisseau du Lapaca. Certes, il y a quelque entassement à huit dans les trois pièces d'habitation, mais là-dessus, on n'est pas difficile. La vie a repris à Boly, doucement et petitement, comme le Lapaca.

Une naissance.

Un an après le mariage, le 7 janvier 1844, à deux heures de l'après-midi, naissance au moulin. C'est une fille. Elle est brune. Elle a des « yeux de velours ». Elle s'appellera Marie-Bernarde. On dira en patois : Bernadette.

Le lendemain, à sept heures du matin, François, fier et maladroit, présente le bébé à la mairie. L'officier d'état-civil, Jean-Baptiste Claverie, dresse l'acte de naissance, suivi de félicitations et d'un joyeux arrosage au café d'en face, avec les deux témoins : Jean Ségot et Jean Castérot, sergent de ville.

Le lendemain, 9 janvier, jour anniversaire du mariage, première entrée du bébé dans l'église romane où brillent discrètement de somptueux bas-reliefs de bois doré. Au-dessus du baptistère de granit (dans lequel, aujourd'hui encore, les Lourdais sont baptisés), le curé Forgues verse l'eau vive. La marraine, c'est Bernarde, encore à la recherche d'un mari (compensation), d'où le choix du prénom. Le parrain, c'est Jean Védère (13 ans), venu en carriole de Momères avec sa sœur Jeanne (16 ans), et ses parents : Michel et Thècle, sœur aînée de François Soubirous.

Les cloches sonnent à la volée, comme il est d'usage pour un enfant légitime. Et le sonneur aura sa double mesure de grain sur laquelle le meunier ne lésinera pas.

Bernadette hurla.

— Elle sera méchante, augura le jeune parrain, qui avait eu bien du mal à faire ses réponses en pareil tapage.

Le souvenir de la fête qui s'ensuivit a été fixé sous forme d'une courte note, mi-patois, mi-français :

> Uo tisto de crespets *et bouteilles de* piché sus era taoulo. *On fit une ronde.*

Les Lourdais comprennent. Les autres aussi, quand ils sauront qu'un *tisto* est un grand panier aux bords évasés; les *crespets*, des espèces de beignets; et que *piché* désigne de plantureuses bouteilles de deux à trois litres.

La ruine.

La première enfance de Bernadette fut entourée des bruits des rouages et des meules, des rires et cris des pratiques, qui faisaient collation en attendant la marchandise, tandis qu'au-dehors hennissaient les chevaux et brayaient les ânes.

Le soir, il se faisait un grand calme. Plus que le léger bruissement du Lapaca poursuivant, à travers la vanne, sa course vers le gave...

Un soir de novembre, cette période de bonheur calme est interrompue par un accident. Louise, fatiguée par les débuts d'une nouvelle grossesse, s'endort au coin du feu. La chandelle de résine suspendue à la cheminée tombe sur son corsage. Le feu prend. Eveil en cauchemar... Plus question de nourrir Bernadette à cette plaie. Cependant, là-haut, à Bartrès (4 kilomètres de Lourdes), Marie Laguës vient de perdre son unique enfant, Jean, âgé de 18 jours. Avec ce malheur, on rapièce l'autre. Bernadette sera pensionnaire à 5 francs par mois, en argent ou en blé. C'est Bernarde qui conduit sa filleule à la « maison Burg ». Elle y restera huit jours pour l'accoutumer...

Celui qui s'accoutume le moins bien (qui l'eût cru ?), c'est François. Il ne peut se faire à ce berceau vide, et prend le parti de monter « chaque jour » à Bartrès, sous prétexte de sac de blé à rendre ou de marché à traiter. Jamais le moulin de Boly n'a eu tant de clients là-haut... en apparence.

Louise s'est résignée plus facilement, absorbée qu'elle est par sa convalescence et par sa gestation. Et puis, son aînée lui avait déjà un peu échappé. Cette pouponne gracieuse et fragile, c'était à qui s'en occuperait. La grand-mère et la marraine s'en étaient affectionnées, et l'avaient prise en main. Habituée à plier comme fille et comme cadette, Louise leur avait abandonné sa tâche.

— Elle nous connaît autant que sa mère, observaient fièrement les deux autres.

Le 13 février 1845, le berceau est rempli de nouveau : c'est un garçon; il s'appellera Jean. Hélas! il ne fait que s'étioler. Trois mois après sa naissance, le 10 avril 1845, à sept heures du soir, ce n'est plus qu'une petite chose blanche et glacée qui va rejoindre les aïeuls au cimetière.

Mais ce n'est pas ce vide, ce sont les premiers symptômes de gêne qui ramèneront Bernadette au moulin, un peu plus tard.

— Il est temps de la sevrer, disaient depuis quelques mois les Soubirous.

Mais Marie Laguës, toujours sans enfant vivant, s'était attachée à sa pouponne et ne voulait pas s'en séparer, tant et si bien que malgré sa réputation d'âpreté, elle la garda gratuitement un dernier mois. Une grossesse très attendue facilita ensuite la séparation. Louise Soubirous, qui ne veut pas être en reste de cadeau, laisse un mouchoir pour étrenne, et Bernadette rentre à Boly, le 1er avril 1846, petit château branlant, qu'on tient à l'œil à cause des meules et du ruisseau.

A cette date, la situation s'est un peu tendue entre Castérot et Soubirous. Le *modus vivendi* qui s'était établi, dans l'euphorie du lendemain des noces, n'était pas des meilleurs. L'irresponsabilité à laquelle François s'était résigné sans trop de peine flattait chez lui une indolence de nature. On lui avait su gré de respecter la primauté de la mère. Mais maintenant que les affaires vont mal, il subit les reproches :

— Tu ne te lances pas...

— Tu es honteux... (timide).

— Ah! c'était autre chose du temps du père!...

Il fait le sourd pour éviter les histoires, mais ces reproches l'attristent, le désaffectionnent de la vie de famille. Ses moments de liberté, il les utilise le plus souvent à jouer aux cartes au café, avec des amis qui ne lui cassent pas les oreilles. Enfin, en 1848, cette situation se dénoue. Bernarde a mis au monde sa première fille, et son mariage fait encore problème. Louise attend un bébé pour septembre. La belle-mère décide d'aller habiter en ville avec ses enfants.

C'est un soulagement pour François et Louise. Enfin, ils ont leur vie à eux, après cinq ans de tutelle.

La « situation » n'est pas améliorée pour autant. Le moulin est vieux. Le Lapaca donne de l'eau à ses heures. Et puis, François est « indolent, peu débrouillard », Louise, « inexpérimentée ». Certes, l'ambiance de la maison est plaisante. C'est le bon accueil et la fête perpétuelle. La patronne verse à boire, fait des beignets (sa spécialité). Si la farine n'est pas prête, la collation est généreuse, et le rire est roi. On ne fait pas payer les amis, et les quêteurs sont bien accueillis (il y en a un, de Bétharram, Michel Garicoïts, qui passe de temps à autre...). Les clients insolvables trouvent compréhension; les meuniers ne lésinent pas à leur avancer (sans intérêts) quelques mesures de blé ou de farine, jusqu'à la prochaine récolte, sur l'espoir de laquelle tout le monde vit dans le métier, comme d'une issue à toutes les difficultés...

Cela multiplie la clientèle, mais une clientèle peu « intéressante » : celle qui ne paie pas. L'équilibre du budget se rompt invinciblement. L'établissement plus que mouvementé des sœurs de Louise alourdit la situation. Le meunier peut encore improviser le paiement du loyer : 250 francs, mais plus question d'acheter le moulin (qu'on avait considéré un moment comme acquis), ni surtout de réparer le matériel.

Sur ce chapitre, la malchance s'en mêle. Voilà justement François décidé à piquer ses meules devenues trop lisses. Monotone, le bruit du marteau vient meubler le silence inhabituel que fait l'arrêt du moulin. Un cri, soudain, jette la panique. François entre comme un automate, la main devant la figure, et découvre son œil gauche saignant et suintant. Il a pris un éclat.

Hélas! l'œil est perdu. Les médecins, habitués à cet accident, fréquent parmi les nombreux carriers de Lourdes, n'ont d'autre remède à cette situation qu'une consolation :
— L'œil qui reste remplacera l'autre par le nouveau degré de force qu'il acquerra.

François prend donc l'habitude de tourner la tête à gauche pour surveiller ses roues, et découvrir ce que lui cache maintenant l'aile du nez, si gênante les premiers jours. Décidément, le travail ne paie pas. Il laisse aller un peu plus. Les meules se polissent, les tamis se trouent. La qualité de la farine baisse. La bonne clientèle déserte. Les échéances deviennent tragiques. Deux ou trois verres de vin bus avec les pratiques restées fidèles font oublier l'angoisse, mais ne résolvent rien. Comme les méchantes langues les reprocheront plus tard aux Soubirous, lorsque la ruine sera venue, ces verres de vin pris de bon cœur avec eux! A la Saint-Jean de 1854, plus moyen de payer le loyer. Il faut partir.

Bernadette — dix ans et demi — voit entasser le mobilier sur la charrette, et, dans les larmes, s'éloigne du gai moulin de sa naissance.

On transporte tout à la maison Laborde, domicile provisoire. Tout en travaillant à la journée, de droite et de gauche, François, qui s'accroche à sa position de meunier, guette le premier moulin libre. C'est ainsi qu'il signera... d'une croix, les yeux fermés... un contrat de location onéreux, pour affermer le moulin Baudéan. Il n'y fera pas long feu.

Le choléra.

Triste période sur toute la ligne : à l'automne 1855, Bernadette est atteinte du choléra. L'épidémie ravage la ville : huit morts au 23 septembre; trente au 10 octobre. Beaucoup s'enfuient, tandis que des personnalités dévouées restent sur place : le curé Peyramale, notamment.

L'homme de premier plan que révèlent ces circonstances difficiles, c'est le nouveau commissaire de police, Dominique Jacomet (trente-quatre ans), nommé à Lourdes depuis novembre 1853. La panique générale fait de ce charmant homme une sorte de héros. Calme et hardi, il paie de sa personne à travers la ville transformée en hôpital. Sa seule attitude force les poltrons au courage. Il a entraîné dans son sillage le maréchal des logis d'Angla qui devient, dans ces circonstances tragiques, son ami pour la vie. Tous deux mettent la main à la pâte, au mépris de la contagion. Selon les méthodes énergiques préconisées par les hommes de l'art, ils frictionnent les dos malades avec des bouchons de paille jusqu'à les mettre à vif... (Cette technique leur est familière à cause des chevaux.) Le dos de Bernadette, sa peau fragile de onze ans subissent la friction, d'autant plus énergique qu'on craint pour sa vie. Est-ce grâce à cela ? Elle en réchappe. Mais sa santé, affaiblie depuis l'âge de six ans, est définitivement ruinée. L'art de Rosine Maillet, la sage-femme, qui avait amélioré les maux passés par des remèdes de sa composition, est maintenant impuissant. L'asthme ne la quittera plus jusqu'à la mort.

Dans la deuxième semaine d'octobre, l'épidémie s'est retirée sans avoir tué personne chez les Castérot. Petite ruse de la mort. Le 22 octobre, Claire Lavit-Castérot, mère de Louise, dernière aïeule vivante de Bernadette, meurt à son tour.

Le dernier moulin.

Encore un malheur qui en raccommode un autre. Au partage de famille, il revient 900 francs aux Soubirous (plus de trois ans de loyer!). Ils dénouent ainsi une situation difficile et vont tenter leur chance au moulin Sallabeyrouse, à Arcizac-ès-Angles (quatre kilomètres de Lourdes). Ils vont « se remonter » en cumulant la meunerie avec un petit élevage. Ils y investissent tout ce qu'ils ont, et un peu plus...

Expérience éphémère. A la première échéance, François doit revenir à Lourdes, sans plus d'espoir de trouver assez fou pour lui affermer un moulin. De maître meunier, il est peu à peu devenu « brassier ». Le mot dit bien ce qu'il veut dire : celui qui loue ses bras à tous usages. Ça vaut ce que vaut leur force brute : 1 fr. 20 par jour, moins cher que la location d'un bœuf (1 fr. 30) ou d'un cheval (1 fr. 55), qui sont plus musclés.

Avec quatre enfants à charge, avec dimanches et jours de chômage, le « pain quotidien » est souvent réduit à sa plus simple expression. Il faut que Louise travaille : ménage, lavage, extras au café de la place du Marcadal les jours de marché, et, plus souvent, les durs travaux des champs, sans trop pouvoir se demander si grossesses ou allaitement le lui permettent. Elle est fière. Et les gens mettent sa misère sur le compte de la paresse!

La mère désormais absente, c'est Bernadette qui garde les frères et sœurs : Toinette, Jean-Marie et Justin, né le 1er février 1855. Pour ce dernier, plus question de tétée à domicile. Lorsqu'il pleure de faim, la grande sœur l'emmène et s'enquiert du champ où sa mère « dépique » le blé, rentre le grain, ou ramasse le maïs, suivant la saison. L'été, à l'ombre d'une gerbe, le petit affamé tète avidement. Quelle nourriture trouve-t-il chez cette mère mal nourrie, surmenée ?... Sans doute pas son compte. Il mourra sans avoir atteint ses dix ans. Déjà deux petits frères (Jean puis Jean-Marie) l'ont précédé. Mais, en dépit de leur chagrin, les parents ne peuvent s'empêcher de se demander comment ils auraient fait avec deux « bouches » de plus « à nourrir ».

Lorsqu'il n'y a pas de travail pour la mère, ce sont les enfants qui sortent chercher du bois ou ramasser os et ferrailles qu'ils revendent pour quelques sous à la chiffonnière Letscina de Barou, elle-même fournisseuse du chiffonnier Casteret. Tant pis pour l'école. Il faut d'abord vivre et manger.

On y réussirait au jour le jour s'il n'y avait sans cesse quelque imprévu : la maladie, le loyer, un vêtement devenu trop étroit, des sabots irréparables. On a beau acheter d'occasion au Marcadal, il faut toujours prendre sur sa faim.

Au cabaret Nicolau.

Aussi les moindres dépannages sont-ils les bienvenus. Durant l'hiver de 1856-1857, tante Bernarde propose de prendre chez elle sa filleule Bernadette. Veuve le 1er juillet 1850, au bout d'un an de mariage, remariée à Jean-Marie Nicolau, dit Estrade, elle tient le cabaret légué par son premier mari, au coin de la rue du Bourg et de la rue du Baous : grande bâtisse où il y a de la place; du travail aussi; c'est la loi de cette maison où tout marche à la baguette... à la lettre, car la marraine se fait vertu de manier le bâton comme une main de justice. C'est que les temps sont durs, elle n'a pas envie de faire la culbute comme sa sœur. Et puis, elle a des principes d'éducation. On a un peu jasé sur elle autrefois. Mais sur ce qui se passe maintenant chez elle, nul ne trouvera plus à redire et qui s'y essayerait trouverait à qui parler.

Avec Bernadette, ça va bien, car cette enfant est docile, adroite et avisée. Elle est employée aux travaux de maison et de couture, où elle excelle; elle garde les petits : Pierre et Jules, trois et deux ans, avec succès. Elle sert aussi, au comptoir. Mais là, son activité est moins satisfaisante. Elle tient de ses parents une générosité naturelle, une carence du sens de la propriété qui n'est pas dans les principes de la marraine. Quand l'amie Jeanne-Marie Caudeban (ou quelque autre) passe au café, et que la tante n'y veille pas, elle a droit à un verre de vin gratuit.

Et puis, cette façon qu'elle a de remplir la mesure d'étain de telle sorte qu'une fois la bouteille du client bien pleine, il en reste encore une gorgée au fond!

— Bois-toi ça, Marie!

Avec tout cela, pas question d'école, évidemment. C'est déjà beau que les parents soient déchargés d'une bouche à nourrir.

Hélas! ce palliatif (et quelques autres) ne suffisent pas à les sortir d'affaire. Ils s'enfoncent. Chaque échéance de loyer les trouve à sec, et la question est vite résolue par une nouvelle expulsion, avec retenue d'une partie du mobilier.

Au cachot.

Ils sont maintenant dans un « pauvre réduit » : la maison Rives, que Soubies, dit Pélat, leur a cédée en sous-location.

De leur prospérité d'autrefois, il ne reste plus que « l'armoire », honneur du mobilier de Boly... Cette fois, il faut l'abandonner à l'échéance. Une charrette à bras suffit pour entasser le reste des « meubles », et, par-dessus, les deux petits qui hurlent, sentant d'instinct le malheur qui arrive. On ne sait plus où aller. Où trouver pis ?

Il y a la famille heureusement. Le cousin Sajous est propriétaire de l'ancienne prison désaffectée. Il n'en occupe pas la pièce la plus sordide, le cachot, comme on l'appelle : réduit dont l'insalubrité avait commandé le transfert des locaux pénitentiaires en 1824. « Un bouge infect et sombre », écrira bientôt, avec mépris, le procureur Dutour.

Sajous y logeait la pègre de la ville : les journaliers espagnols employés aux carrières. Pour un loyer de quelques sous, ils s'y entassaient à même le sol, bien serrés pour se tenir chaud l'hiver; ils avaient fini par trouver mieux. Mais écoutons plutôt le propriétaire, l'oncle de Bernadette, André Sajous, dont les propos ont été notés au vol en 1878 :

> *La chambre était... noire, pas saine... Dans la basse-cour, il y avait des communs qui débordaient et faisaient l'endroit très infect. Nous y avions le fumier... Je logeais là des Espagnols qui venaient piocher pendant l'hiver et se couchaient là sur les dalles avec leur couverture, souvent sans paille...*
> *Soubirous vint demander la chambre à mon oncle qui s'était réservé le revenu de la chambre d'en bas; il n'y avait plus de locataires. Mon oncle me le dit le soir. Nous dîmes :*
> *— Puisqu'ils sont sur la rue, il faut les loger.*
> *Je n'étais pas content! Ils avaient quatre enfants, moi, cinq; je comprenais que ma femme, très bonne, leur donnerait de mon pain...*
> *Ils étaient misérables : deux pauvres lits, un à droite en entrant, et l'autre du même côté plus près de la cheminée (j'ai fait moi-même cette cheminée). Ils n'avaient qu'une petite malle pour mettre tout leur linge. Je n'avais pas fourni le mobilier! Ma femme leur prêta quelques chemises; ils avaient de la vermine. Ma femme en a eu quand elle a couché avec Bernadette. Elle leur donnait souvent quelque peu de pain de milloc. Les petits cependant ne demandaient pas. Ils auraient crevé plutôt.*

Il est facile de lire entre les lignes : la résistance de l'oncle... l'attente de la réponse jusqu'au soir... l'installation dans le taudis où la vermine des précédents occupants ajoute une épreuve jusque-là inconnue, car « Louise était propre », reconnaît plus loin André Sajous. Quant aux « deux lits »... comment s'en arranger ? Au minimum, il en aurait fallu trois : un pour les garçons, un pour les filles, un pour les époux. Chez André Sajous, il y en avait quatre. Il fallait donc que chez lui ou ailleurs on prenne quelqu'un, ou bien qu'on en revienne à la méthode des ouvriers espagnols.

En prison.

C'est la misère. Ce n'est encore que la misère. Son cortège de honte ne tarde pas à suivre. Les amis du meunier du Lapaca se détournent du

« brassier ». Il est ruiné. C'est leur faute, à lui et à sa femme. Buveurs, paresseux, désordres; lui, joueur... La liste de leurs défauts est colportée en ville et s'aggrave et l'on oublie que leur bon cœur a été pour beaucoup dans leur ruine. De là à la prison, il n'y a qu'un pas qui sera vite franchi.

Dans la nuit du 26 au 27 mars 1857, deux sacs de farine disparaissent chez le boulanger Maisongrosse. Une échelle posée le long du mur mitoyen du jardin Lacrampe, un barreau brisé sous le poids, des traces de farine répandue, prouvaient le vol à l'évidence. Mais le voleur ? Interrogé là-dessus par le commissaire, le matin du 27, Maisongrosse n'hésita pas à accuser Soubirous. Le 31, il confirma ses soupçons devant le procureur. Mais lisons cette déposition qui nous a été conservée :

> *Le* [27] *au matin, je me hâtai d'annoncer le vol au commissaire de police qui se transporta immédiatement chez moi. Je lui dis que j'avais quelque soupçon sur le nommé François Soubirous que j'avais employé pendant le mois de septembre pour faire les voyages de Luz où il portait de la farine.*

Maisongrosse donnait pourtant un bon témoignage à son ancien employé :

> *Pendant le temps qu'il était resté chez moi (continuait-il), je n'ai pas eu lieu de me plaindre de sa fidélité.*

Mais il ajoutait aussitôt cet argument, qui parut péremptoire au juge Ribes :

> C'est l'état de sa misère qui m'a fait croire *qu'il pourrait être l'auteur de ce vol.*

En conséquence concluait le juge :

> *Nous avons donné ordre à la gendarmerie d'*arrêter *cet individu et de le conduire devant nous, après avoir saisi les chaussures que l'on trouverait en sa possession... L'inculpé a été conduit sur les lieux. Nous avons fait, en sa présence, l'apatronnement des deux brodequins qui lui appartenaient avec les empreintes...*

Nous avons remarqué que ces brodequins s'adaptaient parfaitement à trois d'entre elles en longueur et en largeur... quoiqu'il existât sur le devant des chaussures une double rangée de clous de chaque côté, tandis que l'on n'apercevait dans les empreintes qu'une rangée...

François, qui niait être l'auteur du vol, fit aussi observer que « la forme des brodequins était plus grande que celle des empreintes ».

Mais il restait le pelé, le galeux, d'où venait tout le mal. Inquiet, comme l'est un pauvre, même honnête, et bien cuisiné, il finit par se sentir coupable d'un forfait qu'on lui imputa, en attendant, à la suite d'une fouille de Jacomet à son domicile, et que le juge relate en ces termes :

S'étant levé à trois heures du matin dans la nuit du vol [*c'était l'heure habituelle où il commençait le travail*], *il avait mis ses brodequins et était parti pour chercher un fagot à Bartrès. Arrivé dans la rue des Petits-Fossés, en face du jardin Dozous, il avait aperçu un madrier appliqué contre le mur et après s'en être emparé, il était rentré chez lui... Ce madrier saisi au domicile des Soubirous... est déposé à la mairie jusqu'à ce qu'il soit réclamé par le propriétaire.*

De propriétaire, il n'y en avait point à cette minable pièce de bois, abandonnée depuis longtemps. Elle ne fut jamais réclamée, et encombra la mairie après avoir encombré la rue, durant près d'un an. On fut tout heureux de lui trouver un emploi. Lorsque l'accès de la Grotte fut interdit, l'année suivante, ce *patibulum* servit de support à l'écriteau : *Défense d'entrer*. Y avait-il quelque ironie volontaire dans ce choix ? (Honte à la famille de voleurs qui attire les foules vers cette grotte!) L'ironie devait se retourner contre l'autorité qui, à son tour, sera incriminée au-delà de toute raison.

Autre retour ironique des choses : lorsqu'à cette époque chacun voudra soulager la misère des Soubirous, lorsqu'on tentera d'ébranler leur refus systématique de toute aumône (encore nécessaire pourtant), le boulanger Maisongrosse sera chargé par une famille titrée et blasonnée, de leur porter un pain de douze livres. A son grand embarras, l'accusateur de 1857 essuiera un refus absolu, et devra s'en retourner avec son fardeau. Il ira porter l'argent à M. le Curé, et, violant le poteau de défense, faire une prière à la Grotte : c'est avec une sorte de soulagement qu'il y attrapera un procès-verbal avec amende de 5 francs à la clé.

Mais à la date où nous sommes, 27 mars 1857, les choses n'en sont pas là. Tandis que le madrier attend à la mairie, François est mis sous verrous, après délivrance d'un « mandat de dépôt » en bonne et due forme.

Que va devenir la famille privée des 1 fr. 20 du salaire quotidien ? C'est que ce que François se demande, pieds nus, dans sa cellule à haute fenêtre grillée, moins humide et moins malsaine que son minable domicile.

La situation s'y fait plus dramatique, à se demander s'il retrouvera les siens vivants... car la famine est venue à ce rendez-vous du malheur.

La famine.

Pour les pauvres, elle a commencé avec la mauvaise récolte de 1855 (l'année du choléra). Elle s'est corsée en l'été 1856; le 26 août, le procureur général de Pau (dont le ressort s'étend aux trois départements des Landes, Hautes et Basses-Pyrénées) a expédié à Paris un rapport alarmant (exceptionnellement, il l'a écrit de sa main, de peur que le secrétaire ne transmette l'affolement).

> *La crise alimentaire... est grave... elle se complique de la panique qu'une situation exceptionnelle entretient dans nos campagnes. La récolte de blé est en moyenne du tiers d'une récolte ordinaire... L'oïdium qui depuis trois ans supprime toute vendange est arrivé au maximum... Le maïs qui était à treize francs au mois de mai est à 27 francs. Le blé est monté jusqu'à 42 francs.*

Le problème, précise ensuite le procureur, est doublement insoluble; d'une part, le chemin de fer ne dessert pas encore la région; d'autre part, réussît-on à acheminer du blé, la plupart des gens n'ont plus d'argent pour l'acheter. L'empereur, saisi de la question, a vu longuement le procureur à Biarritz le 2 septembre 1856, sans trouver mieux que des palliatifs.

On comprend pourquoi on volait de la farine, cet hiver-là.

Au cachot où, par surcroît, l'argent manque, la faim redouble, creusant joues et estomacs, tournant avidement les yeux vers toute chose avec l'irréalisable désir de la voir devenir comestible.

Quand Bernadette joue alors avec sa sœur et ses cousins, c'est à faire la soupe, une fausse soupe qui nourrit l'imagination, mais exaspère le corps. Aussi, malheur à Jean Soubirous (12 ans) qui prend le jeu moins au sérieux et s'amuse à renverser la « marmite »; la main leste de sa cousine a vite fait de lui administrer une volée de gifles... suivie d'une demande de pardon et d'une réconciliation.... jusqu'à la prochaine dispute.

C'est ainsi que, rôdant à travers la ville à la recherche de ce qui pourrait bien se manger, le petit frère de Bernadette, Jean-Marie, cinq ans, entre un jour à l'église, dans la pensée sans doute de prier Dieu, car on priait chez les Soubirous. Et voici que sa prière lui paraît exaucée. Sur le sol, là où il se tient — c'est l'endroit où l'on dresse le catafalque —, il aperçoit des traînées d'un blanc jaunâtre qui ont un air de beurre ou de saindoux. Mlle Estrade était là; elle nous conte la suite :

> *Vers deux heures de l'après-midi... Je faisais mes prières devant l'autel de la Vierge, à l'église de Lourdes, je me croyais seule, lorsque j'entends remuer des chaises. Je me retourne : j'entrevois un enfant de quatre à cinq ans, mal vêtu, ayant une charmante figure, mais tout étiolée, et qui indiquait évidemment que le petit garçon était mal nourri. Je me remis à mes prières et le petit tapageur à son manège. Je lui imposai silence, cette fois, par un ziit très sec. L'enfant s'observa pendant quelques instants, mais quelques précautions qu'il prît pour ne pas faire du bruit, il ne put y réussir. Je regardais attentivement cet ange : il portait quelque chose à sa bouche. Qu'était-ce ? Des gouttes de cire! J'approchai :*
> *— Tu manges de la cire, petit ?*
> *— Oui (par un signe de sa tête).*
> *— C'est peut-être la faim... préférerais-tu manger autre chose?*
> *— Oui, oui (par signes).*
> *Je sortis immédiatement de l'église avec celui qui était déjà mon petit ami, et qui fut, pendant quelque temps, notre pensionnaire. Jamais il ne voulut consentir d'entrer dans nos appartements pour manger : le palier de l'escalier lui servit toujours de table.*

L'incarcération de François dura huit jours. Le 4 avril, le procureur fit en effet une découverte (qui avait laissé vingt ans après un baume sur sa conscience...)

> Des raisons d'humanité *réclament que l'inculpé ne soit pas soumis à une trop longue détention préventive.*

Il requiert donc

> *mainlevée du mandat de dépôt... à la charge pour ledit Soubirous de se présenter à tous les actes de la procédure et pour l'exécution du jugement.*

L'affaire se terminera par un non-lieu, faute de pouvoir fonder l'accusation.

Les affaires des Soubirous ne s'améliorent pas en attendant. Bien au contraire. Pour avoir passé en prison, François trouve moins facilement du travail. Et la famine est au plus creux, tarissant partout l'argent et l'emploi, tandis que monte lentement la récolte de 1857, enfin prometteuse.

La dignité.

En pareils temps, il n'y a pas grand secours à attendre des gens, tous en difficulté, à l'exception des vrais riches qui ne se plaignent pas moins de la dureté des temps où s'amenuise leur capital. Les jours sans travail, plutôt que de quémander, François reste étendu sur son lit pour économiser ses forces et laisser le pain aux siens. Du fond de cette hibernation avide, il ébauche parfois d'impossibles projets en forme de rêve, d'où il retombe sur une réalité de cauchemar. Il n'y a plus que deux choses qui tiennent, mais douloureusement, en l'absence de tout le reste.

D'abord Louise, vaillante et sans amertume. De son œil unique, muré à gauche par sa cloison d'ombre, il la voit passer entre lui et la fenêtre, affairée aux lavages, aux interminables raccommodages. Comme elle s'use, elle aussi. Sous le masque amaigri, anxieux, un peu vieilli déjà, il essaie de retrouver le visage insouciant et rieur de sa petite épouse blonde de dix-sept ans, cette enfant, comme disait la mère. Il sait bien qu'elle est là, derrière ce masque de misère. De la pénombre, son regard d'estropié lui dit très doucement (l'entend-elle ?) : Comment t'ai-je conduit là, moi qui avais rêvé de t'offrir le bonheur ?

Elle aussi regarde, entre les coups d'aiguille, ce grand corps étendu, sans emploi, qui saura bien se relever dès qu'un employeur voudra de ses deux bras : François, son dernier et très calme appui sur la terre dans la débâcle de toutes choses.

Comme dans les heures joyeuses des premières années, le *oui* qu'ils se sont dit l'un à l'autre, voilà bientôt quinze ans, reste entier. Depuis la disparition de leurs pères et mères, six naissances et deux morts d'enfants ont fait ce oui plus fort. Au creuset de la misère, il s'approfondit encore au-delà des mots qui ne disent entre eux que la surface et le quotidien. Les coups du sort n'ont jamais réussi à les dresser l'un contre l'autre. Entre eux, pas une mauvaise parole, pas un reproche. Ce qui ne va pas de l'un à l'autre, ils le supportent en toute affection, dans une vive conscience, chacun, de sa propre misère : ils ont fait ce qu'ils ont pu; le reste vient de la malchance. Les Castérot peuvent toujours monter Louise contre François, fainéant, incapable, et les Soubirous, monter François contre Louise, qui a « perdu le ménage » par le « désordre » et la « boisson ». C'est en vain. Tous deux restent ensemble, sans défaillance, pour le meilleur et pour le pire : François et Louise à jamais, l'un pour l'autre et dans leurs enfants.

Autre chose les réunit, au-delà d'eux-mêmes : la prière, une prière qui n'a rien d'extraordinaire, mais fidèle, aussi profondément sous-jacente aux mots stéréotypés que leur amour mutuel aux paroles banales qu'ils échangent quotidiennement. Chaque soir, dans la pénombre du cachot où meurt la dernière braise, elle monte de leurs voix rudes et lassées; elle monte du cœur aussi. Jamais ils n'ont songé à faire reproche au ciel de ce qui leur arrive, à eux, « pauvres pécheurs ».

Bernadette a reçu cela de source. Le chapelet (seule prière qu'elle sache encore) lui est déjà familier. Aux heures calmes, aux heures difficiles, elle répète volontiers ces phrases en français dont les mots lui échappent, mais qui lui suffisent à rejoindre une présence.

A Bartrès.

En septembre 1857, une proposition de Marie Laguës l'éloigne des siens. La « nourrice » a besoin d'une aide à tout faire, pour les brebis, les enfants, les travaux de maison et la garde du petit Jean, deux ans à peine, son dernier. Les parents accueillent la proposition avec empressement :

— Volontiers... et deux autres avec elle, si vous voulez.

Cela fera quelques sous de plus, et surtout « une bouche de moins à nourrir »..., ce qui est appréciable à l'heure irritante du partage des trop maigres rations... Toinette, qui va recueillir double tâche pour la garde des frères et le travail de maison, rage un peu de voir partir sa sœur : cette aînée qui lui paraît accaparer les rares chances familiales.

Pour Bernadette, cependant, ce n'est pas une telle chance d'être là-bas. Ici, à Lourdes, elle allait (enfin!) commencer à préparer sa première communion. A Bartrès, en dépit des promesses faites, cette préparation est interrompue. C'est que les moutons mangent aussi le jeudi.

La compensation qu'improvise la nourrice est la plus rude épreuve de cette nouvelle vie. Le soir, à la veillée, elle prend le catéchisme du diocèse, écrit dans un français abstrait, dont tous les mots lui échappent.

— Répète! dit la nourrice.

Elle fait répéter, matériellement, indéfiniment, avec l'idée sommaire que cela finira par entrer, comme un clou dans le mur, à force de cogner. Mais non, quand il s'agit de redire la phrase ânonnée par bribes, c'est le trou, le vide. Bernadette ne peut plus que terminer, en manière de devinette, les mots qu'on lui souffle, pour arriver jusqu'au bout, et parer à la colère qui monte en face.

— Répète!

Plus rien, tout s'est enfui... Alors la nourrice envoie le catéchisme par la chambre.

— Tiens, tu es trop bête! Jamais tu ne pourras faire ta communion.

Soirs de larmes dans le grand lit de la cuisine qu'elle partage avec les enfants, ou l'autre servante; elle s'endort sous cette menace d'excommunication perpétuelle que rien ne vient éclaircir.

Non, Bartrès, ce n'est pas la vie facile.

La nourriture y est austère, gérée avec la plus stricte économie : on ne voit de viande de boucherie que deux fois par an, à Noël et à la Saint-Jean. C'est toujours, matin et soir, cette pâte de maïs que l'estomac de Bernadette rejette, même quand elle a faim... Au cachot, on lui achetait sa part, à elle, en pain de froment... Ici, le pain de froment est le privilège des maîtres. Et puis Marie Laguës est une femme rude, dont l'affectivité rentrée se manifeste le plus souvent en duretés et brusqueries, surtout envers Bernadette. Cette petite reste liée, dans sa mémoire profonde, à un souvenir mal cicatrisé : c'est elle qui a pris le lait de son bébé mort : ce petit Jean, décédé le 23 *novembre* 1844... qu'a suivi un second Jean, mort à deux ans, le 1er *novembre* 1850, puis ce troisième dont Bernadette a la charge, et qui va mal... novembre approche et va lui porter malheur. La nourrice a pour sa bergère des duretés agressives dont elle ne se rend pas compte, car elle est attachée à cette enfant et « l'aime bien ». Lorsque l'abbé Aravant passe, il prend la défense de Bernadette, injustement abreuvée de reproches :

> *Elle changeait de conduite durant quelque temps (confiait Bernadette à Jeanne Védère sous le sceau du secret)... Après, elle reprenait son train ordinaire.*

Bartrès, pour la fille du meunier ruiné, ce n'est pas le lieu idyllique qui enchanta Zola, le saint Trianon où s'attendrissent les touristes désœuvrés, moins encore la terre des miracles; c'est le dur travail, l'alternance de la solitude et des gronderies, l'apprentissage de la souffrance. Bernadette le prend comme cela, elle pense déjà :

« Quand le bon Dieu le permet, on ne se plaint pas. »

Cette pensée lui donne la paix.

Elle a le loisir de la méditer aux heures de calme et d'interminable silence qu'elle passe à la bergerie. Là, tout est amical : le chien Pigou, les moutons, dociles avec la bergère qu'ils connaissent. Il n'y a que ses préférés, les agneaux les plus petits, qui lui font de petites misères. Ils viennent la cogner de la tête tandis qu'elle tricote, ou démolir les petits autels qu'elle échafaude. Elle les gronde, mais ne les aime que davantage, et, pour pénitence, leur donne le reste de pain que son estomac ne supporte pas.

Le troupeau prospère sous sa houlette, et lui tient à cœur. Un jour, elle remarque sur le dos des moutons des taches vertes.

— Qu'est-ce qu'ils ont ? demande-t-elle à son père venu la voir.

François prend un air sinistre.

— C'est l'herbe qu'ils ont mangée qui leur est remontée dans le dos... Ils vont mourir.

Le chagrin la prend jusqu'aux larmes. Il la console, mais d'une demi-consolation. La tache verte, c'est la marque du boucher. Oui, ces agneaux vont mourir.

Courageuse pour ses propres misères, Bernadette est toute compassion pour celles des autres... bonne humeur aussi. Cela en fait une bonne amie pour Jeanne-Marie Garros, servante à la maison Burg, qui lui prête un mouchoir quand elle lave son unique, et aussi pour Jeanne-Marie Caudeban, onze ans, bergère chez des voisins, avec qui elle garde parfois. L'amitié leur fait oublier leur dure condition de servantes-enfants, obligées d'obéir et de plier sans limites, au double titre de servantes et d'enfants.

La situation se durcit encore au creux de l'hiver. Le petit Jean décline avec le soleil. Il avait eu ses deux ans le 20 novembre. Le 5 décembre, le voilà mort, comme les deux petits Jean qui l'ont précédé. Bernadette, qui ne supporte pas la mort de ses moutons, a vu celle-ci approcher jour après jour. Elle est rassasiée de peine. La maison est attristée et la nourrice se fait plus rude...

Retour à Lourdes.

C'est en janvier 1858 que François Soubirous comprend l'excessive austérité de la condition de sa fille. Alors, sans trop calculer ce que coûtera

« la bouche à nourrir » qui peut faire basculer le budget, il décide le retour.

Oui, il faut s'occuper enfin de Bernadette, trop sacrifiée. Louise s'informe pour le catéchisme; pour l'école aussi : elle demande conseil à Fanny Nicolau, l'institutrice, chez qui elle lave. Celle-ci, désintéressée, veut bien prendre Bernadette, sans même l'avoir vue. Mais, après coup, la mère voit se dresser le spectre qui interdit tout : il faudra sans doute payer... Le projet est donc abandonné : la petite fréquentera la classe gratuite, à l'école tenue par les Sœurs de Nevers, et Fanny n'en entendra plus parler.

Le départ de Bernadette se fait sans heurt, selon la manière paysanne de régler ces sortes de choses. Le dimanche 17 janvier, la bergère descend à Lourdes voir ses parents, comme c'est l'usage. Mais on ne la revoit pas le soir. Lundi, mardi passent. Est-elle malade ? Ou bien les Soubirous ont-ils profité de ce qu'elle était moins utile là-haut, avec le désœuvrement hivernal et le berceau vide, pour l'utiliser à quelque travail ?

Enfin, la voici, mercredi. Pour ses patrons, mi-fâchés de cette incartade, mi-contents de la revoir (car tout le monde l'aime bien là-haut), elle a une explication toute prête.

— M. le Curé veut me faire faire ma première communion.

Rien à répondre à cela, d'autant que Bartrès est sans vicaire. (L'abbé Ader a quitté la paroisse, le 3 janvier, pour un essai de vie monastique à la Pierre-qui-Vire.)

Le jeudi 21, sans grand bagage, Bernadette part donc pour de bon!

Adieu la maison Burg. Adieu les amies, Jeanne-Marie Caudeban et Jeanne Marie Garros. Adieu les frères de lait, Zéphirin, Joséphine et Justine. Adieu grand-mère Aravant. Adieu papa Laguës et la nourrice, fondue en douceur et suavité, comme toujours au départ et à l'arrivée.

Voici la croix du carrefour et le mauvais chemin charretier dont les ornières sinueuses longent le rebord du plateau, avant de piquer vers Lourdes. A droite, le terrain descend vers le Gave, presque partout enfoui au creux de la vallée. De l'autre côté, les pentes noires qui ne voient pas le soleil de l'hiver, et vers le bas, à demi caché, l'amas abrupt des vieilles roches (Masse-vieille, ou encore Massabielle, comme on dit à Lourdes) : vues d'ici, minuscules et embrumées. Bernadette ne les discerne pas dans la masse montagneuse du paysage. C'est un coin perdu qu'elle ignore...

Au tournant, Lourdes se découvre à ses pieds. Le château sur son roc abrupt et, plus humble, l'église avec son clocher carré, émergent de l'entassement des toits serrés... l'église où bientôt elle espère faire sa première communion.

Voici la rue des Petits-Fossés, dont la terre battue se fait boueuse en cette saison. Voici le cachot obscur au fond de sa cour; l'air vicié fait hésiter sa respiration asthmatique. Et pourtant, c'est avec joie qu'elle retrouve, dans la pièce obscure et l'indescriptible entassement, le père, la mère, Toinette et les deux petits frères. Misère, puanteur, cela s'avale mieux, avec une affection sans ombre, que la solitude de là-haut.

Bernadette retrouve les maigres rations sur lesquelles on se jette, et François étendu sur son lit aux jours sans travail, qui donne à tous une leçon muette en prenant pour lui le plus petit morceau.

Telle était la situation des Soubirous au matin du jeudi 11 février 1858. Ceux que la police était venue chercher parce qu'ils étaient les plus pauvres, la Vierge va aussi s'adresser à eux — et par eux au monde — ne serait-ce que pour rappeler cette parole enfouie : *Bienheureux les pauvres...* et ce programme que le Christ prit pour exergue de sa prédication : « *Les pauvres sont évangélisés.* » En d'autres termes : *La bonne nouvelle est annoncée aux pauvres.*

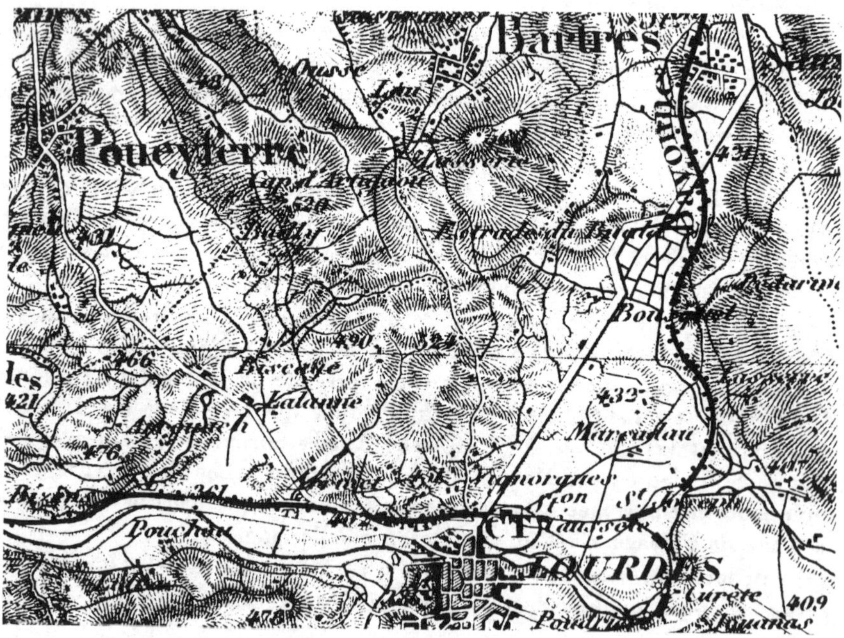

LOURDES. CARTE D'ÉTAT MAJOR TIRÉE EN 1865

1

JEUDI 11 FÉVRIER 1858

PREMIÈRE APPARITION

Jeudi 11 février 1858, 11 heures du matin; les Soubirous ont fait un maigre déjeuner à 9 heures. Bernadette file de l'étoupe avec sa sœur Toinette (11 ans). François Soubirous, malade, est couché sur son lit. Les deux petits jouent dans un coin. Louise s'affaire à préparer, avec des ingrédients de fortune, un maigre pot-au-feu.

— Mon Dieu, s'écrie Bernadette, il n'y a plus de bois.

— Et celui qu'on a été chercher hier ? proteste Toinette.

De fait, la veille, elle est allée en ramasser avec sa mère, à 4 heures du matin. Elle a eu si froid, nu-pieds dans ses sabots, que Louise a dû les lui envelopper dans son tablier tandis qu'elle ramassait le fagot...

Oui, mais le fagot, on l'a mangé... Il a rapporté les 6 sous de pain d'hier. Il faut repartir.

Là-dessus, entre Jeanne Abadie, dite Baloume, une grande fille de treize ans, montée en graine, « avec le petit frère sur les bras ». Elle le garde pendant que sa mère travaille. Elle a pris l'habitude de venir voir Toinette, qui garde aussi. A deux elles s'ennuient moins à surveiller cette marmaille. En entrant, Baloume voit les préparatifs de départ.

— Où allez-vous, Louise ? questionne-t-elle.

— Au bois.

— Nous irons, nous autres.

Et d'aller reporter le petit frère où elle peut.

— Il faut un panier pour ramasser des os, propose Bernadette.

C'est un moyen détourné de demander à sortir, elle aussi. Louise est inquiète pour l'asthme de son aînée. Est-ce prudent de la laisser sortir, même avec les bas qu'on lui a achetés (un luxe inconnu du reste de la famille) ? Elle a encore étouffé toute la nuit. Dehors, c'est brouillard et bruine. Qu'est-ce que ça sera la nuit prochaine...

Mais Bernadette préfère travailler et sortir. Elle aspire à l'air libre où elle respirera mieux qu'au cachot. Elle supplie :

— Je sortais bien à Bartrès!

Louise regarde, apitoyée, le visage pâlot. Quatorze ans depuis un mois! On lui en donnerait onze à douze. Elle cède à regret. En agrafant le capulet blanc tout rapiécé (acheté d'occasion en face de l'église) elle multiplie les recommandations. Deux grands yeux noirs très vifs, trop grands dans le visage tiré, la fixent sans mot dire.

Du bois et des os.

Les trois paires de sabots claquent sur les pavés de la rue des Petits-Fossés, tournent à droite dans la rue du Baous, passent sous la porte du Baous où la voûte résonne. Et voilà soudain la campagne.

Les enfants obliquent à droite devant le cimetière, et font le tour de la prairie du paradis en ramassant quelques os. Le panier passe de main en main : de Jeanne à Toinette, et de Toinette à Bernadette. Elles redescendent vers le gave. Il y a encore quelques os sous le Pont-Vieux. Là, un spectacle plein d'intérêt arrête les trois petites chiffonnières. Un peu plus bas, la vieille Pigou s'affaire. Elle fait une drôle de lessive de boyaux violacés.

— Tata, que faites-vous là ? Pour qui lavez-vous ces tripes ?

— C'est le cochon de M. Clarens. Et vous, que faites-vous ici, par ce mauvais temps ?

— Nous cherchons du bois.

— Allez dans la prairie de M. La Fitte, il a abattu des arbres.

— Non! proteste Bernadette... Pour être prises pour des voleuses.

— Allez toujours du côté de Massabielle.

Tout cela en patois, bien entendu.

Le petit groupe remonte sur le pont étroit, en dos d'âne, au parapet de maçonnerie couvert de lierre. C'est Jeanne qui mène. Elle seule connaît les lieux, les deux autres ne sont « jamais venues par là ». A deux cents mètres du pont, elle oblique vers le moulin de Savy et s'engage sur une passerelle de bois. C'est le seul accès à l'île du Chalet : à la belle saison, un coin de rêve, qui attire les pêcheurs de truites, les poètes, les amoureux, mais déserte en cette saison désolée. Tout est gris. L'herbe est fripée. Les peupliers dressent dans le ciel les squelettes de leurs branches desséchées.

Trois paires d'yeux y appellent le bois sec et les os, ces fruits de la mort qui sont la dernière ressource du pauvre, non sans contestation...

Du moulin, qui chôme aujourd'hui, les glaneuses ont été vues. Cette vermine de petites pauvresses, on n'aime pas beaucoup voir rôder ça. Et puis les Nicolau se sont réservé le bois mort autour du moulin. De la fenêtre, une voix de femme crie :

— Vous pouvez pas aller plus loin!

— Laisse donc, dit le meunier Antoine qui a vu aussi, ce sont les filles Soubirous. Elles ne peuvent pas en emporter beaucoup.

Antoine connaît bien François; ils buvaient souvent le coup, ensemble, entre meuniers, du temps où ils l'étaient tous deux. Mais les petites ont déjà filé. Elles sont hors de vue du moulin.

— Si on allait voir où le canal va rejoindre le Gave, propose Bernadette.

— Et s'il va le rejoindre à Bétharram! dit Toinette pour dire quelque chose.

Une grotte.

Pas besoin d'aller bien loin. A deux cents mètres de là, on atteint la languette de sable pointue où Gave et canal se rejoignent.

Curiosité satisfaite, il faut aller plus loin. Côté canal, ce n'est pas si difficile. Le moulin est arrêté, l'eau coule doucement entre galets et rochers. Juste quelques pas à faire avec de l'eau jusqu'aux genoux, tout au plus. Et il y a en face une vraie mine de bois et d'os.

C'est cela que les petites ont vu. Elles n'ont pas prêté grande attention au paysage qui se présentait en face d'elles. C'est une masse rocheuse de 27 mètres de haut, noueuse, boursouflée de protubérances, creusée de crevasses et d'anfractuosités grandes et petites, surmontées de maigres broussailles. Pour tout ornement, un panache de lierre vers le sommet, et dans une niche à 3,50 m du sol, juste en face, un églantier dont les branches tombent jusqu'au sol. Ce lieu porte bien son nom de Masse-vieille (vieille roche) ou Massabielle comme on prononce encore. La vieille roche semble portée par un énorme arc rocheux de 4 à 5 mètres de large, couvrant une grotte allongée de 8 mètres de largeur. Le pied gauche est arcbouté dans l'eau du Gave et s'élève doucement, obliquement, à une hauteur de 3 ou 4 mètres. Le côté droit retombe verticalement. A l'intérieur de cette grotte aussi profonde que large, le sol encombré de sable et de moraines, forme un plan incliné, qui rencontre la voûte, au fond. C'est sur cette pente que le gave a déposé le bois et les os.

Jeanne a jeté ses sabots sur l'autre bord, elle passe, le fagot sur la tête, et Toinette de la suivre les sabots à la main.

Voilà Bernadette seule dans l'île, avec son asthme et les recommandations maternelles. Elle appelle à l'aide. Mais les deux petites pleurent de froid de l'autre côté. Accroupies, elles frottent à qui mieux mieux dans leurs jupes leurs « pieds rouges et enflés ». Les yeux de Bernadette parcourent en tous sens le petit courant, où l'eau claire chante sur les pierres. Elle cherche un chemin à travers les lignes de rochers qui émergent. Partout, des trous infranchissables.

— Aidez-moi à jeter des pierres dans l'eau que je passe!

Peine perdue.

— Je pourrais te passer sur mon dos, propose Toinette une fois relevée.

Mais les onze ans de Toinette supporteront-ils les quatorze ans de Bernadette, si frêles soient-ils ?

— Tu es trop petite, répond-elle. Toi, Baloume, porte-moi ?

Baloume c'est du solide, comme son père le carrier. Mais le cœur n'y est pas...

— *Pet de Périclé*! Passe comme nous!

Elle est fâchée contre Bernadette qui n'a presque rien ramassé. Inutile de se donner du mal pour cette bonne à rien. Elle entraîne Toinette le long du gave où elles continuent la cueillette en gambadant pour se réchauffer.

Un souffle qui passe.

Voilà Bernadette, une fois de plus, laissée pour compte. Prise entre les moqueries des compagnes et les recommandations de la mère, elle tente une dernière chance de tout concilier :

> *Je fus un peu plus loin voir si je pouvais passer sans me déchausser. Impossible. Je revins devant la grotte et je commençai à me déchausser.*
> *A peine si j'avais ôté le premier bas j'entends un bruit comme si c'eût été un coup de vent.*

Quel est ce souffle qui passe ? L'air est calme, rien ne bouge. Bernadette tourne la tête derrière elle, du côté de la prairie, à l'opposé de la Grotte; les peupliers se dressent, immobiles. Je me serais trompée... Bernadette se penche et commence à enlever le deuxième bas.

Un sourire.

Même bruit! Cette fois... elle relève la tête, regarde bien en face. Au milieu du paysage immobile, dans une sorte de niche qui fait tache noire dans la partie droite du rocher, à trois mètres au-dessus du sol, un buisson de ronces s'agite. Une lumière douce éclaire progressivement ce trou d'ombre. Et dans cette lumière, un sourire; c'est une merveilleuse enfant blanche; elle écarte les bras en s'inclinant, dans un geste d'accueil qui semble dire : Approchez...

Bernadette n'ose, immobilisée par la surprise, saisie. Est-ce de la peur ? Peut-être, mais si douce! Pas la moindre envie de se sauver. Non, elle resterait là toujours à regarder.

En elle, pourtant quelque chose lutte. Elle n'a pas l'habitude de s'écouter, d'entretenir des rêveries agréables. Elle réagit. Voyons, je me trompe! Elle se frotte les yeux plusieurs fois avec énergie. La friction des deux paumes efface le paysage et la plonge dans la nuit. Les deux globes écrasés, réduits à leur consistance matérielle lui procurent une indéniable sensation de réalité. Elle ouvre les paupières à neuf. L'enfant blanche est toujours là, avec son sourire.

Le chapelet.

Bernadette, vaincue, cesse de lutter; elle cherche secours plus haut. D'un geste habituel, presque instinctif, sa main droite se porte à la poche du tablier, y découvre le chapelet, le chapelet rassurant des nuits d'asthme, elle lève le bras machinalement pour faire le signe de croix, avec le crucifix. Surprise! le bras s'arrête en route; la main lui tombe. Tout de même! Quand on veut, on peut... Mais non, le bras pend invinciblement comme une chose molle, et sans ressort, la croix de bois pourtant bien sensible au bout des doigts. Du coup, le saisissement devient de la peur. Sa main tremble. Au creux du rocher, l'apparition commence un geste, le geste que Bernadette voudrait faire. Elle a un chapelet dans la main elle aussi, un chapelet blanc, avec une grande croix brillante. Elle la porte à son front. Dans le sillage de ce geste, le bras de Bernadette monte de lui-même, et trace à son tour un grand signe de croix. Dans ce geste, toute crainte s'évanouit. Il ne reste plus qu'une grande joie. Elle se met à genoux. Les deux compagnes qui s'éloignent entrevoient, en se retournant, la minuscule silhouette en prière sur le banc de sable en plein gave. Jeanne hausse les épaules.

— Elle est folle de prier là. C'est bien assez de prier à l'église.

Tout d'un coup...

Tout en passant le chapelet. Bernadette regarde tant qu'elle peut, et ces deux choses vont ensemble, merveilleusement. Le temps vole et demeure comme une petite éternité. L'apparition fait courir les grains entre ses doigts, mais ne remue pas les lèvres. La récitation terminée, elle disparaît, tout d'un coup. Les yeux de Bernadette scrutent en vain une traînée de lumière qui se prolonge un instant puis se dissipe comme un nuage.

Plus que le rocher noir, la bruine, le ciel bas, le temps bouché! Mais rien de tout cela ne pèse. La fatigue, l'inquiétude de tout à l'heure ont disparu. Encore pleine de ce qu'elle a vu, mais point rêveuse, Bernadette enlève le second bas qu'elle découvre abaissé à la cheville, tel qu'elle l'avait laissé. Ses jambes maigres labourent l'eau claire et résistent au courant qui la pousse en aval.

N'avez-vous rien vu?

Elle se rechausse maintenant, assise sur une des trois grosses pierres qui dominent les galets, au seuil de la Grotte. Les deux autres sont là. Elles viennent d'arriver après un quart d'heure de glane, fagot terminé, le panier d'os maintenant bien rempli. Tout à l'heure, en remontant le long du bord, elles ont aperçu « d'assez loin » Bernadette agenouillée sur la pointe en grève. Encore! Elles l'ont appelée sans succès, et, sans plus insister, elles ont repris leur travail et leurs jeux. Transies, elles s'agitent de manière désordonnée pour se réchauffer. Elles dansent maintenant sous la voûte de la Grotte, à l'abri de la bruine. Bernadette n'aime pas les voir folâtrer dans cet endroit où maintenant elle n'oserait plus avancer qu'avec respect, comme à l'église. Elle interrompt leurs entrechats.

— Avez-vous rien vu ?

Elles s'arrêtent, un peu étonnées qu'elle ait passé si vite après avoir tant traîné.

— Et toi qu'as-tu vu ?

Bernadette détourne la conversation, regrettant presque d'avoir parlé.

— Farceuses que vous êtes! Vous disiez que l'eau était froide! Moi je la trouve douce.

Du coup, les voilà interloquées. Bernadette la frileuse qui joue les réchauffées! Elles approchent... C'est vrai qu'elle n'a pas l'air incommodée.

— Eh bien tu as de la chance! s'exclame Toinette.

Mais Jeanne s'impatiente. Elle en veut à cette paresseuse qui n'a pas encore fait son fagot.

— *Pet de Périclé*! lance-t-elle, une fois de plus, pour accélérer les opérations.

— Va-t'en jurer ailleurs, proteste Bernadette, mais avec un calme qui porte.

Et de s'activer pour réparer le temps perdu. Jeanne a déjà bouclé son fagot. Elle grignote un bout de pain retrouvé dans une poche...

Depuis que ce monde sombre et terre à terre l'a ressaisie, Bernadette se demande que penser. Se serait-elle donc trompée ? Elle inspecte la grotte cherchant quelque indice. Rien que le roc, le sol humide, par endroits rouge comme du sang, et quelques poils d'animaux le long de la paroi... La ronce, tout à l'heure agitée pend calmement de la niche vide. Non, il n'y a plus rien. Mais est-il possible que les autres n'aient rien vu tout à l'heure, ne serait-ce qu'un peu de cette lumière ? Elle ne peut s'empêcher de renouveler sa question.

	(Patois)
— Avez-vous rien vu ?	— *Aouet bis a ré ?*
— Non. Et toi qu'as-tu vu ?	— *Non. E tu qu'as bis ?*
— Alors, rien!	— *Labets, a ré!*

Elle en a trop dit. Toinette commence à se douter de quelques chose. Elle insiste. Mais l'agressivité de Jeanne redouble :

— Elle n'a rien vu, mais elle n'a pas voulu ramasser de bois! Maï la grondera.

Là-dessus, elle charge son fagot, prend le panier d'os, plante là les deux autres et disparaît dans les broussailles du coteau.

Bernadette et Toinette ont fini leurs fagots. Elles les bouclent à leur tour et les chargent chacune sur leur tête. Pour la première fois, Bernadette n'est pas à la traîne. Toinette en est surprise, elle qui n'arrive pas à grimper la pente raide avec son fardeau. Plus étonnée encore, lorsque Bernadette, après s'être déchargée sur la route, revient l'aider.

— C'est pourtant moi la plus forte!

— Que veux-tu! reprend seulement Bernadette.

« *Des bêtises.* »

En descendant la côte, Toinette revient à la charge.

— Dis-moi ce que tu as vu.

Bernadette se tait. L'autre insiste.

— Rien qu'à moi! Je te promets de n'en parler à personne; pas même à *Maï* (c'est-à-dire la mère selon l'expression patoise).

A force de promesses, Bernadette se laisse vaincre. Elle dit la chose en quelques mots, sans apprêt... Mais c'est trop pour Toinette. Le nouveau « privilège » de Bernadette, à qui sa mauvaise santé vaut tant de petits avantages, attise sa jalousie. La colère lui monte.

— Tu dis ça pour me faire peur! Mais je m'en moque bien, maintenant que nous sommes sur la route.

— Non, tu peux le croire.

— Té, laisse-moi tranquille!

Mais à peine Bernadette revenue à son silence, Toinette ne sait plus se retenir de la questionner de nouveau.

— « Moi, je suis fatiguée », dit Bernadette.

Elles sont arrivées au bas de la côte, « devant la scierie » La Fitte. Elles s'asseyent sur le bord du chemin pour souffler.

— « Mon Dieu, comme j'aimerais... revenir à la rive de Massabielle.

La joie inaccessible de Bernadette enrage Toinette. Tellement qu'elle prend « une des branches du fagot » et la bat.

— Des bêtises! Tout ça!

— « Tu peux me croire », redit Bernadette en parant les coups.

Elle ajoute, après :

— « Quand j'ai voulu faire le signe de croix, quelque chose m'a empêchée de lever la main, et quand cela (*Aqueró*) a fait le signe de croix, quelque chose m'a fait lever la main. »

Voici le pont en dos d'âne, et la côte où le fagot se fait plus lourd, sur la tête et sur les jambes. Voici la porte du Baous, où les sabots résonnent, mais tout a pris une couleur différente. Jamais retour a si peu ressemblé à l'aller. Voici le cachot. Devant la porte, ferrée comme une énorme semelle, Toinette se baisse et jette le fagot; Bernadette aussi. Voici la pièce sombre. La mère est encore là, toujours affairée avec on ne sait quoi, le père sur le lit, et les petits accroupis dans un coin, menant leurs jeux.

Le repas de deux heures est passé. L'air et l'effort ont creusé la faim des deux glaneuses, à manger des pierres. Toinette prend de la pâte de maïs dans l'armoire; Bernadette un peu de pain qui lui est réservé (son estomac rejette la pâte). Toinette louche sur ce pain, croûte brune et mie légère des jours de fête, qui est son tous-les-jours à elle...

Coups de peigne et coups de bâton.

Louise regarde la tête des deux bûcheronnes, pleine de branchettes, de débris de feuilles et de poussière comme de vrais nids d'oiseau. Elle craint la teigne, la gourme, ou on ne sait quoi. La propreté est sa hantise et sa lutte de tous les jours, non sans défaites, face au fumier dans ce fond de cour, dans cet entassement, où naît la vermine.

— Toinette!

Maï a poussé la chaise « contre la croisée ». Elle brandit le peigne familial; les petites filles connaissent le coup de râteau brèche-dent sur leur tête. Toinette fait la moue dans son coin.

— « Toujours vous me commencez la première. Commencez Bernadette. »

— C'est comme ça.

Tandis que le peigne fait voler les brindilles, l'araignée de sa jalousie ronge Toinette. Si elle n'avait pas promis... Quelque chose la « pousse » à toussoter drôlement, comme si elle retenait sa voix, pour piquer l'attention de Maï (si elle me demande alors, tant pis, il faudra bien que je lui dise!). Le peigne s'est arrêté...

— Pourquoi fais-tu cela ? Tu es malade ?

— Non, mais je pense à ce que Bernadette m'a dit.

Bernadette s'est mise dans le couloir, pour y manger le pain dont la vue fait tort à sa sœur. Elle s'y enfonce. Toinette a commencé son récit avec volubilité :

— Bernadette a vu une fille blanche perchée sur la roche de Massevieille...

— *Praoubou de iou*! Pauvre de moi! Que me dis-tu là.

Pour Louise, affaiblie par la misère, les mauvaises nouvelles prennent la forme de la catastrophe. Elle lutte cependant, contre sa panique, interroge Bernadette sans colère. Mais c'est le calme d'avant l'orage.

— Qu'est-ce que tu as vu ? Dis! Qu'est-ce que tu as vu ?

Les mots ne passent pas dans la bouche de Bernadette.

— Du blanc.

Il s'ensuit, pour les deux filles, une bonne raclée, avec « le bâton à battre les couvertures », moins fort sur Bernadette.

— « Tes yeux t'ont trompée! » Tu n'as vu « qu'une pierre blanche », assène la mère.

— « Non elle avait une jolie figure » (*Noun qu'aoue uo beroïo figuro*), proteste Bernadette.

— Tu es cause que ma mère me bat! geint Toinette.

— Je vous défends d'y retourner, conclut *Maï*.

De son lit, le père ajoute sa gronderie :

— « Il n'y a jamais rien eu à dire sur la famille et tu veux commencer! »

Il ne comprend goutte à cette aventure et gronde mollement par habitude de soutenir la mère. Celle-ci est poursuivie par son tourment.

— « C'est peut-être quelque âme de nos parents en purgatoire. Il faut prier Dieu... »

C'est toujours la conclusion de Louise dans ses malheurs, et c'est par là qu'elle tient.

Trois livres de pain.

Vers 4 heures, avant la nuit, Jeanne revient avec le panier. Tout à l'heure, au retour, elle a été battue, parce qu'elle s'était trempée et ne voulait pas se changer. On a plus intéressant à lui apprendre : ce qu'a vu Bernadette. Mais l'important maintenant ce sont les os et ce qu'ils vont rapporter. Toinette en sort tout un tas accumulé les jours précédents. C'est le moment de les vendre, puisque père ne travaille pas, et que les jours gras approchent. Si on pouvait acheter de quoi faire des *crespets* (beignets)!

Voilà les trois filles chez la chiffonnière Letsina de Barou, à qui elles font du charme. Après le petit marchandage habituel, elle se montre généreuse. Vingt sous pour le tout, dont six pour le panier du matin. Et c'est le bonheur d'aller chez le boulanger acheter, pour trois sous, une bonne livre de pain, et de rentrer le manger à la maison avec les frères, sans plus reparler de rien.

La prière du soir.

La journée s'achève, il fait sombre. Après un maigre souper de bouillon et pâte de maïs, la famille s'agenouille pour la prière à la lueur de l'âtre qui projette au plafond de grandes silhouettes mouvantes. Notre Père... Je vous salue... Monotones, les prières d'Eglise montent de cette misère, comme un *De profundis*. La voix fortement timbrée de Bernadette domine. Mais, à un moment donné (est-ce en disant *O Marie conçue sans péché* ?) sa voix fléchit; elle pleure. Maï s'en aperçoit, s'inquiète, questionne. Mais Bernadette est trop émue pour répondre, quelque chose de la joie de ce matin l'a ressaisie.

Là-haut, c'est le branle-bas du soir, tante Romaine couche ses garnements; Louise fait appel à ses conseils. Elle plante là sa marmaille. A la faveur de l'obscurité, toutes deux confessent doucement Bernadette.

Elles concluent calmement : « C'est un rêve. C'est une illusion. » Elles la bordent dans le lit qu'elle partage avec Toinette, en espérant que les rêves de la nuit emporteront ceux du jour.

Mais Louise ne peut s'empêcher de penser... Serait-ce une âme du purgatoire qui erre en peine ? Tandis que la braise meurt dans l'âtre, elle s'endort, la dernière, en priant que ce ne soit pas un malheur.

LA GROTTE AVANT 1858

2

LA JOURNÉE DU VENDREDI 12 FÉVRIER 1858

Ce matin, vendredi 12 février, Bernadette se lève songeuse.

Toinette guette la « grande sœur », ... pas plus grande qu'elle : 1 mètre 40 à peine, malgré ses deux ans de plus, et encore l'air d'une petite fille. Les yeux noirs, « les yeux de velours », dont elle est jalouse ont pris une expression nouvelle. Les pommettes, restées rondes et fermes, malgré les privations témoignent d'une sorte de résolution intérieure. Dévorée de curiosité, Toinette essaie de pénétrer ce que cache ce silence.

Bernadette peu loquace finit par dire :

— Quelque chose me pousse d'aller à Massabielle.

La commission est transmise à Louise.

— A l'ouvrage, est la réponse.

Bernadette essaie de tromper son attrait par le travail. Elle garde cette attitude calme et réfléchie qui, dès hier, avait frappé Toinette. Celle-ci, cependant, chuchote la nouvelle à quelques filles de l'école.

Quant à Louise, muette en présence des enfants, mais pleine de cauchemars, elle confie à ses amies l'inquiétude qui la ronge : Mais qu'est-ce qui est donc arrivé à Bernadette ?

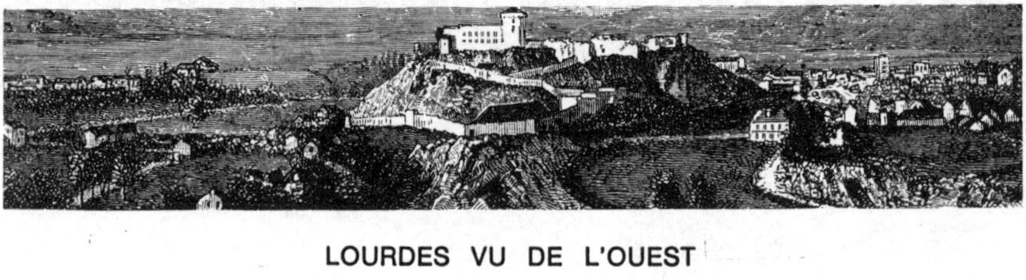

LOURDES VU DE L'OUEST

3

LA JOURNÉE DU SAMEDI 13 FÉVRIER 1858

Le 13 février, dans la classe des indigents, les chuchotements de Toinette achèvent de répandre la nouvelle dans une ambiance de mystère. Un projet s'ébauche.

— Si on allait demain voir cette Grotte ?

Bernadette se tient en dehors des conciliabules.

Après la classe de l'après-midi, Marie Fourcade (12 ans) se rend seule à Massabielle. Elle inspecte les lieux avec une curiosité attisée par la crainte. Deux choses retiennent son attention. Au fond de la Grotte, à gauche : un peu d'eau qui se perd dans la boue et quelque chose de rougeâtre... Du sang ? ou bien la couleur de cette terre sans soleil ? Marie n'approfondit pas davantage cette question troublante. La nuit tombe et la peur la gagne. Elle repart vers Lourdes d'un pas pressé.

A la même heure, l'abbé Pomian achève la série monotone des confessions du samedi. En ouvrant la grille sur l'avant-dernière pénitente, il reçoit de plein fouet cette étrange déclaration :

— J'ai vu quelque chose de blanc ayant la forme d'une dame.

La phrase, longuement préparée, est sortie, d'un coup, en patois. La voix un peu émue domine bien sa timidité. La pénitente guette la réponse à travers le grillage. L'abbé Pomian ne s'émeut guère. Un confesseur ne s'étonne jamais de rien... Il songe : on a dû me l'envoyer; mieux vaut s'arrêter le moins possible à ce genre de cas, ne pas leur donner d'importance... Qu'est-ce qui le pousse donc à questionner, pourtant ?

Bernadette (il apprend alors son nom) répond brièvement, au plus court, mais avec assurance, et nettement. Il en tire par bribes le récit de l'apparition du 11 février. Elle a le verbe haut, et de plus en plus, à mesure qu'elle prend confiance. Eléonore Pérard, qui attend son tour, entend... Voyons, ce n'est pas bien de surprendre ainsi le secret de la confession. Elle fuit, afin de rompre son involontaire indiscrétion.

L'abbé Pomian est perplexe. Autant l'aventure paraît étrange, autant les réponses de l'enfant font bonne impression. Une chose l'a frappé : *uo rumor coumo u cop de bent* (un bruit comme un coup de vent). Est-ce le fait même et quelque réminiscence du souffle de la Pentecôte ? Ou bien le ton sur lequel Bernadette a dit cela ? Il ne saurait préciser. Il se borne à quelques conseils de bon sens et demande en terminant :

— Me permettez-vous d'en parler à M. le Curé ?

Bernadette n'est pas habituée à tant de déférence. Elle permet sans hésiter.

Au sortir du confessionnal, l'abbé Pomian apprend que le curé est parti sur la route d'Argelès. Il l'y trouve en conversation avec le charretier Froument. Celui-ci parti, il transmet la confidence. L'abbé Peyramale écoute distraitement en respirant l'air frais de la nuit maintenant tombée, et répond brièvement :

— Il faut attendre.

Et l'on se met à parler d'affaires sérieuses...

L'ABBÉ POMIAN

4

DIMANCHE 14 FÉVRIER 1858

DEUXIÈME APPARITION

14 février 1858, dimanche gras. Dans la disponibilité de ce matin de congé, la curiosité des petite filles monte à son comble. Au fond de la place de l'église, à l'entrée de la grand-messe de 10 heures, des conciliabules se forment au soleil. Ils reprennent à la sortie.

La discussion passe inaperçue, car elle se déroule entre petites filles pauvres de la « classe gratuite »...

— Bernadette a vu quelque chose à Massevieille...

Tel est le thème de l'entretien. La principale intéressée ne s'y mêle pas, retirée dans ses pensées.

— On y va avec toi!

— J'aimerais bien, mais maman ne veut pas.

Bernadette est tiraillée. La grotte l'attire : curiosité, désir de vérifier, et quelque chose de plus qu'elle ne saurait dire. Mais, père et mère ont prononcé à ce sujet des paroles définitives sur lesquelles il n'est pas question de revenir.

Les autres n'ont pas la même retenue.

— Nous allons demander, nous!

La permission.

Toinette, flanquée de Thérèse Courouau et Catherine Mengot, entraîne Bernadette dans la rue biscornue qui relie la place de l'église à la rue des Petits-Fossés. Malgré l'ingéniosité et les sourires des petites, Louise ne se laisse pas amadouer. Elle se raidit dans son refus, débordante de craintes, d'objections.

— Vous allez tomber dans l'eau.

— Non, on fera attention.

— Vous ne serez pas revenues pour vêpres.

— Si! on vous le promet.

Ces gamines ont réponse à tout, mais Louise reste inébranlable. Elle croit clore l'affaire en se retranchant derrière l'autorité du père avec qui elle a pris la décision. Mauvais calcul. Les petites savent bien que François ne sait rien refuser à Bernadette. Elles y courent.

Pour le moment, François Soubirous travaille au « Champ commun », il a trouvé emploi chez Cazenave qui exploite la diligence de Bagnères. Pas de « dimanche » pour ce travail-là. Ça rattrape le chômage du milieu de cette semaine. L'affaire de la Grotte inquiète François. Il n'a pas oublié son inculpation de mars dernier... cette satanée histoire de farine qu'on voulait lui mettre sur le dos. Si la police va fourrer son nez dans celle de la Grotte, qu'est-ce qui va encore en sortir ? Rien de bon en tout cas.

— Non, répondit-il sèchement, d'autant plus ferme que Cazenave est là sur le seuil, silhouette noire à contre-jour... Qu'est-ce qu'il va penser de tout ça, Cazenave ?...

Mais le « patron » se révèle un allié inattendu pour les fillettes qui lui ont déjà fait du charme.

— Laissez faire les petites, une dame avec le chapelet, ce n'est toujours rien de mauvais...

François est piteux, inquiet. Il a la larme à l'œil. Il échafaude un compromis qu'il essaie de proposer avec un air d'autorité.

— Va, mais je ne te donne qu'un quart d'heure.

Bernadette observe honnêtement qu'un quart d'heure ne suffit pas, mais veut bien faire au plus vite. Retour triomphant chez Louise dont les craintes redoublent.

— Et si c'était quelque chose de mauvais ?

— On va emporter de l'eau bénite.

L'autorisation est enfin lâchée, enveloppée de recommandations. Cinq paires de sabots galopent dans la rue biscornue. Les premières arrivées reprennent leur souffle à la porte de l'église en attendant Bernadette, toujours dernière avec son asthme. Génuflexion, signe de croix, un brin de prière sous la voûte en lambris. La fiole plongée dans le bénitier lâche un collier de bulles. On rebouche et on repart : direction Massabielle.

Elles sont maintenant presque une douzaine de filles, « les unes plus grandes, les autres plus petites que moi », note Toinette. Il se forme deux groupes. Les petites se hâtent avec Bernadette et sa sœur. Les grandes vont leur pas derrière.

Sur le chemin de la Grotte.

Trajet connu : la descente du Baous, la tour, le Pont Vieux... mais au lieu de continuer vers Savy comme jeudi (Toinette a compris pour l'eau froide!) elles obliquent par le chemin du bois.

En montant la côte du *Chioulet,* aux ornières profondes, elles croisent un promeneur intéressé par leur groupe, apparemment averti de quelque chose, Dieu sait comment! Il prend un air entendu, inquiétant, et, les voyant si bien lancées, il jette sur leur ardeur cet avertissement énigmatique :

— Prenez garde que *cela* ne vous emporte.

Ce propos ne brise pas l'élan du groupe, mais rallume, sans qu'il y paraisse, des craintes secrètes : cette inquiétude qui faisait un des attraits de l'équipée — sauf pour Bernadette. En haut de la pente qui domine les roches Massabielle, elle a pris son élan dans la ravine creusée par le piétinement des porcs. Elle sème tout le monde, glisse, se rattrape avec une aisance déconcertante, comme suspendue à la joie qui plane au-dessus d'elle.

« *Vois-tu rien?* »

Les autres l'ont perdue de vue dans les taillis. Elles la retrouvent en bas, à genoux, chapelet à la main, à côté d'un bloc rocheux allongé en travers de l'entrée de la Grotte, recueillie, pas l'air essoufflé.

— Ce que tu as couru!

Elle n'écoute pas, toute à sa prière. Celles qui ont un chapelet le tirent : des chapelets de deux sous. Celui de Toinette, c'est Bernadette qui le lui a acheté à Bétharram. Le sol est humide, rocailleux, inégal, dur aux genoux. Plusieurs restent debout. Trop inquiètes et dévorées de curiosité pour bien prier, elles observent les trous de la voûte et s'agitent autour de Bernadette :

— Vois-tu rien ?

Pendant ce temps, le groupe de Jeanne en est encore à la montée, vexé que les petites n'aient pas attendu. Si elles croient qu'on va courir! Au contraire, les grandes ralentissent avec dignité. Elles cherchent un point d'observation et mijotent confusément une représaille.

La clarté.

En bas, la deuxième dizaine vient de s'achever. Bernadette tressaille imperceptiblement.

— Voici la clarté...

Et un instant après :

— *Querat lo!...* La voilà! Le chapelet passé au bras droit. Elle vous regarde.

Les petites écarquillent les yeux, s'interrogent, et ne voient rien. Pas davantage lorsque Bernadette annoncera les saluts ou les sourires de la dame et passera le bras autour du cou de sa voisine pour l'amener dans l'axe de la niche. Intriguées, émues, irritées, elles voient seulement leur compagne qui commence à s'agiter avec vigueur. Elle tient à la main la bouteille que sa voisine lui a passée. Laissons-la raconter.

> *Je me mis à lui jeter de l'eau bénite tout en lui disant : si elle venait de la part de Dieu de rester sinon de s'en aller, et me dépêchais toujours de lui en jeter.*
> *Elle se mit à sourire, à incliner la tête et plus je l'arrosais, plus elle souriait et inclinait la tête, et plus je lui voyais faire ses signes... et alors, saisie de frayeur, je me dépêchais aussi de l'asperger, et je le fis jusqu'à ce que la bouteille fût épuisée.*

Les autres continuent de suivre la scène avec une curiosité inquiète. Devant cette caverne, forée de tant de trous mystérieux, l'énigme de la présence invisible (bénéfique ou maléfique ?) les hante plus qu'elles ne se l'avouent à elles-mêmes. S'il n'y avait le sentiment d'être en groupe...

La peur.

Soudain, là-haut, un roulement bref et sourd, une sorte de crépitement dans le lierre, quelque chose tombe à pic, éclate en bas, tout près de Bernadette... et « bondit » dans le Gave où l'eau gicle.

Que se passe-t-il ? Avant de l'avoir réalisé, plusieurs filles sont en fuite, poussant des cris stridents. La terreur s'est abattue sur elles. « La chose » les poursuit, leur semble-t-il. Frère Cérase qui, à cet instant, se promène sur la route de Pau, à trois cents mètres au-delà du Gave, voit cette volée de gamines sur la pente, courant face à celles qui descendent, et discerne dans leurs cris quelque chose comme :

— Sauvons-nous! Ça nous suit!

Là-haut Jeanne Abadie qui s'apprêtait à jouir du « bon tour » qu'elle avait imaginé n'est plus si fière... Car c'est elle qui a semé la panique. Impulsive, elle a traduit le mécontentement du groupe d'en haut.

— Puisqu'on ne nous a pas attendu, je vais leur faire peur, a-t-elle annoncé d'un air mystérieux.

Aussitôt dit, aussitôt fait, elle a basculé du haut de l'escarpement une pierre « grosse comme un chapeau ».

— Je vais te l'assommer ta dame blanche!

La pierre est tombée, projetant des éclats à droite de Bernadette; elle a terminé sa course dans le gave. A peine avait-elle commencé à rouler sur la pente que Jeanne, la main sur sa bouche encore ouverte, s'est aperçue qu'elle a fait une bêtise. La terreur de celles qui fuient la saisit à son tour.

Tandis qu'on commence de s'expliquer, une fille remonte d'en bas, moins agitée, mais non moins effrayée que les autres.

— Tu l'as tuée, crie-t-elle à Jeanne Abadie.

La dernière venue avait retenu son envie de fuir et avait tenté d'entraîner Bernadette. Mais la voyante restait là, pâle, immobile, et ne répondait pas... A cette nouvelle, les unes s'enfuient, les autres redescendent. Elles trouvent leur compagne dans le même état : yeux grands ouverts, blanche comme cire.

Le passage de la pierre dont elle a un instant éprouvé quelque peur l'a presque aussitôt retranchée dans l'extase qui avait commencé à s'emparer d'elle. Durant toute la première partie de l'apparition, elle avait pu, tout en « voyant », parler aux autres avec une grande liberté. Maintenant, retirée du monde extérieur, elle est absorbée par la vision.

— Qu'as-tu ? Où as-tu mal ? Réponds!

Pas de réponse. Elle reste à genoux, les mains jointes; les yeux ne cillent pas et restent fixés vers le trou du rocher. On l'empoigne, on la secoue, on essaie de la relever. Elle résiste peu, mais paraît lourde, lourde... Un vrai sac de farine.

Est-ce l'état mystérieux où elle se trouve qui la rend si pesante ? Ou bien est-ce la crainte qui retient les filles de la toucher et de l'empoigner comme elles feraient autrement ? En tout cas, le fardeau dépasse leurs forces. Il faut courir à l'aide.

De la Grotte au moulin.

Celles qui s'y rendent n'ont pas long chemin à faire : la mère du meunier de Savy, Jeanne Barrau-Nicolau, et Jeanne-Marie, sa sœur, qui se promenaient en bas de la côte, ont entendu les cris. Elles sont montées. Elles descendent maintenant le sentier. A leur tour, elles tentent d'entraîner

Bernadette. Sans plus de succès. Elles repartent au moulin. Il faut un homme en cette affaire.

Antoine, le meunier, un gaillard de vingt-huit ans, petit et râblé, marié depuis deux ans, s'habille pour aller à l'auberge fêter Carnaval.
— Bernadette Soubirous est à la Grotte. Elle voit quelque chose. Je ne sais pas quoi, mais je ne peux pas l'amener. Viens nous aider, toi qui es fort.

Antoine Nicolau interrompt sa toilette, il accourt, sans béret, ni veste. En route, il croise Pauline Bourdeu qui s'enfuit « effrayée ». En bas, il ne trouve plus que « trois ou quatre filles pauvres » qui pleurent.

Bernadette est toujours dans le même état. Mais pour le meunier que nulle crainte ne porte à dramatiser, la scène prend un autre visage que pour les gamines. Tout pressé qu'il était, il reste un moment rien qu'à « regarder »...

> *Bernadette était à genoux..., les yeux très ouverts, arrêtés vers la niche,... mains jointes... chapelet entre les doigts; les larmes coulaient des deux yeux. Elle souriait et avait un visage beau... plus beau que tout ce que j'ai vu. J'eus peine et plaisir* [*à la voir ainsi*] *et toute la journée, j'avais le cœur touché en y pensant... Je demeurai quelque temps immobile, à la regarder... Les filles étaient comme moi, se disant quelques mots l'une à l'autre; ma mère et ma tante étaient ravies comme moi... Je regardai vers la niche, mais je ne vis rien. Malgré son sourire, j'avais peine comme elle était blême.*

C'est la mère Nicolau qui met fin à cette contemplation :
— Prends-la et nous allons l'amener chez nous.

Nicolau la relève en la prenant sous le bras par-derrière; elle n'a « pas un gémissement mais une respiration un peu pressée ». Pour l'emmener, il garde le bras droit, tandis que sa mère prend le bras gauche. Il voit de plus près le visage où brillent des larmes. Il les essuie de ses doigts, à défaut d'autre chose, puis entreprend de la sortir de là. Elle résiste, plus qu'on n'attendrait de ce chat maigre qui ne fait pas la moitié d'un sac de farine. Nicolau comprend : Ce qui la retient, c'est ce qu'elle voit, les yeux « collés en haut ». Il attaque la difficulté par la cause :

> *... Je lui mis la main sur les yeux et j'essayais de lui faire courber la tête, mais elle la relevait et rouvrait les yeux avec le sourire.*

On l'amène tout de même au bas du petit sentier. Mais ici la difficulté s'accroît, avec la pente raide et le sol friable.

> *Ma mère tenait une main et moi l'autre, nous deux tirant en avant,... ma tante et les filles [poussant] après. Elle faisait effort pour descendre sans parler et il fallait être fort pour l'entraîner. En montant le visage demeura blême, les yeux... ouverts et fixes. Arrivé au plateau, je suais.*

Le meunier s'éponge. Il est partagé entre l'admiration et l'inquiétude. Il lui en coûte de contraindre cette petite fille d'un autre monde. C'est avec un peu de confusion qu'il l'entraîne dans la descente où sa tâche devient plus facile. Il a le cœur touché, à regarder ce visage d'enfant transfiguré. Et de temps en temps, il essuie les yeux de ses gros doigts comme pour s'excuser. Ce qu'il n'arrive pas à comprendre, c'est comment elle verse des larmes en faisant des sourires si pleins de bonheur.

Toinette, si ardente tout à l'heure pour provoquer l'expédition, en rend maintenant responsable Marie Chouatou :

— Tu es cause de tout... Que ma sœur devient imbécile.

Un monsieur à canne et chapeau, Romain Pimorin, le propriétaire de la prairie d'en face, qui fait sa promenade, jette sur le groupe un regard désapprobateur, et passe, lointain.

Un homme de la vallée de Batsurguère, en blouse et béret, monte aussi la côte, rentrant chez lui. Il s'arrête un instant devant le cortège en plein désarroi, se fait bonhomme et encourageant. La gamine qui sourit n'a pas l'air bien malade.

— N'ayez pas peur, ça ne sera rien.

Le groupe reprend cœur, quoique Bernadette reste de même. Encore une pause près de la fontaine Brioulente, et c'est la dernière étape. Voici le moulin de Savy. Sur le seuil, Bernadette dont le visage et les yeux étaient restés tournés vers le haut baisse la tête, le sourire s'éteint, les couleurs reviennent sur son visage.

Depuis la pierre lancée, la voyante avait perdu conscience du monde extérieur. Il n'y avait plus pour elle que le sourire d'Aquerό. Le trajet, le changement de paysage n'avaient pas existé pour elle, ni l'effort et les cris. Elle retrouve ce monde terre à terre : du bruit, de l'agitation. On est en train de l'asseoir. Un cercle de visages curieux l'environne. Au premier plan, pointe le nez effilé du meunier, et ses yeux bleus verts interrogent, très vifs, du fond des arcades. Un peu ému, il sourit comme il peut, et plaisante maladroitement pour donner le change :

— Qu'est-ce que tu vois dans ce trou-là ? Tu vois quelque chose qui n'est pas joli ?

— Oh si! Une belle jeune fille, je vois! avec un chapelet au bras...

Bernadette encore toute pénétrée de ce qu'elle a contemplé mime le geste d'Aqueró : mains jointes, « plat contre plat » comme traduit le meunier.

D'autres questions fusent du cirque de visages qui se pressent alentour, dans une grande confusion. Ce retour au monde ordinaire est pénible. Dans son corps qui revient à une vie plus terne, Bernadette sent maintenant les ongles des amies qui l'ont agrippée comme un sac, et la rude poigne du meunier à la naissance du bras droit. Elle éprouve le désordre de ses vêtements, tiraillés en tous sens, et la fatigue de la lutte qu'elle a menée sans s'en rendre compte, contre cette meute bien intentionnée qui voulait l'arracher à son bonheur. Cela fait un peu mal... Malgré tout un grand calme l'isole au-dessus de tout cela : quelque chose de neuf dans son cœur, qu'elle ne saurait dire. Il pourrait y avoir dix fois plus de visages, de questions, de douleur, de désordre dans ses vêtements, cette paix lui resterait, renouvelée du premier jour, mais devenue plus sûre, car l'aventure et la surprise devant l'inconnu ont fait place à une impression nouvelle : le retour d'une amie, au visage et au sourire certains. Heureusement qu'il y a cela, car les assauts vont être rudes.

En attendant, l'entourage est plein de sollicitude pour elle. De la chaise, on l'a fait passer sur un lit pour qu'elle s'y repose, puis de nouveau sur une chaise près du feu. Les gens arrivent, des femmes surtout. On ne tient plus dans le moulin.

Maï et son bâton.

Brouhaha devant l'entrée :

— *Het plaça! Het plaça!* (Faites place!)

C'est Louise Soubirous qui arrive essoufflée, la trique à la main. Elle était allée causer avec Cyprine Gesta, pour passer cet après-midi de dimanche, lorsqu'un groupe de filles a fait irruption. Toinette en larmes n'a pu aligner deux mots. Les autres ont expliqué :

— Bernadette est au moulin, elle voit une dame qui la suit, on ne peut pas la bouger. Venez la chercher.

Elle est accourue, flanquée de sa voisine, suivie de Toinette, des filles, En les voyant arriver, Jeanne Baloume s'éclipse. Elle sait que Louise ne l'aime guère et croit deviner où ce bâton veut aller frotter... Elle file, impunie, avec son caillou sur la conscience. Elle le gardera longtemps.

Louise a du mal à entrer. Il y a « un plein moulin de monde ». Les promeneurs du dimanche, les commères qui ont vu le retour larmoyant des petites filles. On se presse à la porte sans pouvoir entrer. Les gens mettent de la bonne volonté pour laisser passer la mère. Elle lance sa gronderie en hâte, autant qu'il lui reste de souffle :

— Vilaine, tu fais courir tout le monde!

— Je ne dis à personne de me suivre.

Bernadette a dit cela simplement, uniment, sans provocation. Cela porte. La mère lève son bâton comme elle l'a décidé. Elle est fâchée, exercée aussi au devoir de sévir. Mais le public est sympathique à sa fille. On la retient, on l'amadoue, on intercède, notamment Cyprine Gesta, et la mère Nicolau qui reste très impressionnée par l'extase.

— Mère Soubirous, si vous l'aviez vue comme moi je l'ai vue, vous ne penseriez pas à la battre. Un ange, que je vous dis!

La colère de Louise fond en larmes. Elle ne sait plus que faire ni que penser. Elle s'écroule sur une chaise. Les épreuves et la sous-alimentation l'ont transformée en fontaine... C'est elle qu'il faut consoler.

« *Je ne veux plus qu'elle y aille.* »

La dispersion est déjà commencée. Nicolau était parti avant l'arrivée de Louise. (Les amis l'attendent au café.) En passant à l'angle de la rue du Baous et de la rue du Bourg, il prévient Bernarde Castérot, la marraine de Bernadette. Elle hoche la tête :

— Mon Dieu! Cette petite, qu'est-ce qu'elle pense d'aller là ?

Cyprine Gesta et d'autres vont voir la fameuse Grotte... « Rien que le trou et le rosier » — et quelques autres visiteuses, fureteuses et déçues.

Louise, elle, ramène ses filles. Sur le chemin, elle vide son sac de reproches contenus :

— Et ce quart d'heure que ça devait durer ? Et les vêpres ? Tu les manquais si je n'étais pas venue te chercher... C'est ça que tu apprends à la Grotte ? Tu seras contente quand on viendra mettre ton père en prison ?

Cela fait mal, plus mal que les ongles des compagnes et la poigne du meunier.

Il peut être deux heures et demie. Cyprine Gesta, à qui sa visite à la Grotte n'a rien appris, entre au cachot. Il faut que Bernadette raconte ce qu'elle a vu. Mais Louise est fâchée :

— C'est des illusions. Je ne veux plus qu'elle y aille.

Bientôt trois heures. Les vêpres sonnent. Bernadette y vide son cœur de ses joies et de ses peines contradictoires. Elle essaie de faire par obéissance ses adieux à la Grotte.

Ce soir, la nouvelle commence à courir dans la ville en fête du dimanche gras :

— Bernadette s'est trouvée mal à la Grotte, dit-on chez tante Bernarde.

— Elle est tombée comme imbécile.

— Elle a vu quelque chose qui l'a poursuivie! dit-on ailleurs.

On mélange l'apparition et la pierre tombée. L'événement ne suscite pas grand intérêt : une histoire de gamines. On en cause pour tuer le temps, faute de meilleure nouvelle à se mettre sous la dent.

L'ÉCOLE DE BERNADETTE A L'HOSPICE DE LOURDES

5

LA JOURNÉE DU LUNDI 15 FÉVRIER 1858

Lundi matin, rassemblant son courage, Bernadette part pour l'école, où elle réussit mal. Des voix molles et avinées se dispersent avec l'aube. Les derniers fêtards du dimanche gras regagnent leur domicile, la paume contre les murs.

Il y a deux entrées à l'école. Par la première passent les petites filles en souliers, gentiment vêtues; par l'autre, les gamines en sabots dont les vêtements frangés et rapiécés ne sentent pas toujours bon. C'est la « classe gratuite », la « classe des indigents », où l'on achève d'user le vieux matériel. Bernadette y prend son rang.

« *Carnavalades.* »

Mère Supérieure (Mère Ursule Fardes) accueille les petites filles, avec l'air sévère des grands jours. Elle jette sur le groupe son coup d'œil auquel rien n'échappe, et s'arrête plus spécialement à cette Bernadette, arrivée depuis moins d'un mois, en plein cours d'année, ignorante comme tout, et qui s'adapte mal au travail scolaire. Elle la fixe... On lui a parlé de quelque chose.

— Tu as fini tes carnavalades ?

Celles qui étaient là-bas hier baissent le nez piteusement. Mère Supérieure saurait-elle aussi l'affaire du caillou ? Celles qui n'y étaient pas sourient, chuchotent, se poussent du coude, pointent de-ci de-là des index bien renseignés. Un regard circulaire arrête ce manège et revient sur Bernadette qui fait un « oui » penaud. La Sœur expliquera tout à l'heure :

— C'est une illusion.

— ?

— Comme un rêve. Il ne faut pas s'y arrêter.

Bernadette a toujours très bien compris : « il faut ». « Il faut » travailler; « il faut » se résigner; il faut faire le plus souvent autre chose que ce qu'on aimerait. Elle s'applique à tourner la page. Cette grotte, c'était si bon, eh bien, c'est fini, bien fini. Elle revient à grand-peine au travail scolaire qui la fuit... Pourquoi les lettres ne veulent-elles pas entrer ? Et pourquoi la résolution de ne plus aller à la Grotte ne veut-elle pas entrer... Ça doit être pour ça qu'on me dit toujours : Tu as la tête dure. Bernadette enfouit son rocher de tête dans ses deux mains et essaie de la fixer sur l'abécédaire...

A la fin de cette matinée interminable, l'autorité du devoir va se manifester de façon plus frappante. Il est onze heures. Bernadette sort avec soulagement. Elle n'a pas remarqué deux silhouettes sous la colonnade : Sophie Pailhasson, presque quadragénaire, rude et sèche, en compagnie de Sœur Anastasie, la plus « dure » des maîtresses de classe, celle que les enfants « détestent ». Sophie est au courant de la Grotte; elle a ses idées sur l'éducation. Les parents devraient tenir leurs enfants au lieu de les laisser traîner à faire des bêtises; il y aurait moins de filles à se perdre s'il y avait plus de sévérité. Laissons-la raconter la suite :

> *Sœur Anastasie me dit :*
> *— Montrez-moi cette drôle quand elle passera.*
> *Elle désignait ainsi Bernadette qu'elle ne connaissait pas encore.*
> *Quand j'aperçus Bernadette, je lui appliquai un violent soufflet en lui disant :*
> *— Tenez, la voilà, la drôle.*
> *La Sœur la saisit par le bras et la secoua rudement en lui disant :*
> *— Drôle! Drôle! Si tu retournes encore à la Grotte, tu seras enfermée.*

On ricane alentour. Bernadette s'éloigne abasourdie et sans rancune, s'efforçant de sourire... Mais qu'est-ce qui m'arrive donc ? Oh oui! c'est fini, bien fini...

A l'ouvroir.

Fini, c'est vite dit. L'affaire va rebondir dès cet après-midi. C'est le travail manuel, à « l'ouvroir ». Ici Bernadette est à son affaire. Elle a les doigts intelligents. La réussite rend plus heureux ses efforts. La mère Laguës en a profité à Bartrès. Ici, à l'école, cela lui vaut des petites jalousies...

C'est Jeanne Baloume, féconde en idées cocasses, qui le raconte elle-même... Un jour, elle lança un espèce de concours à qui fera la plus belle blague à tabac. La sienne n'était pas belle : de dépit, elle la jeta par-dessus la haie du jardin. Celle de Bernadette faisait plaisir à voir. Le cerveau de Jeanne en conçut un projet diabolique :

— Tu dois l'offrir à X.

X, c'était un garçon qui paraissait l'avoir remarquée au catéchisme. La prudente Bernadette n'en fit rien, en dépit de toutes sortes d'insistances. Mais Jeanne chargea une compagne d'aller porter la blague au garçon « de la part de Bernadette ». De là, rires, chuchotements et sous-entendus, que le calme lointain de l'intéressée eut vite découragés.

Aujourd'hui, il ne s'agit pas de « blagues », mais de couture sérieuse avec cette bonne pâte de Sœur Damien Calmels, toujours si recueillie qu'elle n'est au courant de rien. Pas même de ce que pense sa supérieure. C'est double tentation de la mettre dans l'embarras et de taquiner Bernadette. On se pousse du coude avec des airs mystérieux qui attireront l'attention de la religieuse.

— Raconte à la Sœur ce que tu as vu!

Bernadette n'a pas envie...

— Je ne sais pas parler français.

Qu'à cela ne tienne. Les autres se mettent à raconter à leur façon; tout à fait à côté. Ont-elles compris de travers ? Y mettent-elles un malin plaisir ? Bernadette sait tout de même assez de français pour comprendre que cela ne va pas. Elle rectifie énergiquement : Non, il n'y avait pas de bouquet là-dedans et la vision ne l'a pas poursuivie! Sœur Damien est perplexe. Tout cela paraît bien étrange, et pourtant l'assurance tranquille de Bernadette, la pertinence de ses interventions, lui donnent envie d'y croire... Mais non, ce ne serait pas raisonnable. La religieuse donne à sa perplexité le visage de l'indifférence, et conclut comme Sœur Supérieure :

— Tu as dû te tromper. Ne répète cela à personne. On se moquerait de toi...

Se moquer, les autres ne s'en font pas faute. Elles commencent à improviser le cycle de plaisanteries qui sera inlassablement répété pendant des mois.

— Bernadette va à la tute aux cochons! Elle y voit une va-nu-pieds...

Et puis, ce sont les questions sans fin, et le jeu des comparaisons. Cette fille de la Grotte, *belle comme qui* est-elle ? Est-elle plus belle que Mme Pailhasson ? En dépit du prestige quasi mythique de Mme Pailhasson, dont le charme naturel se rehausse des 3 000 francs de dettes laissés chez son tailleur, Bernadette récuse l'analogie avec commisération...

Décidément, mieux aurait valu s'en tenir à sa première idée : garder pour elle cela que nul ne peut comprendre. Pourquoi, ce 11 février, au retour de la Grotte, n'a-t-elle pas eu la tête plus dure ?...

Il faut en revenir au silence qui arrange à la longue bien des choses, la bergère de Bartrès le sait par expérience. Elle s'efforce à l'indifférence et croit y parvenir.

LOURDES VU DE L'EST

6

LA JOURNÉE DU MARDI 16 FÉVRIER 1858

Ce mardi gras au matin, l'affaire semble bien classée. La sagesse des parents et des Sœurs, les moqueries et vexations des compagnes, le silence placide de Bernadette ont tout remis dans l'ordre...

Pourtant, à la sortie de l'école, une domestique aborde discrètement Bernadette :

— Mme Milhet veut te parler.

Une ancienne servante.

Bernadette la connaît, cette quadragénaire opulente qui fut la servante de M. Milhet avant de devenir son épouse. On la remarque à son ampleur, à ses riches toilettes, un peu excentriques, qu'elle confectionne avec l'aide d'Antoinette Peyret. Qu'est-ce qu'elle veut, Mme Milhet ? Des renseignements sur la Grotte. Eh bien, tant pis pour elle, c'est non. La domestique revient bredouille.

Ce refus devrait mériter des félicitations. Il inquiète *Maï* qui s'inquiète de tout. Elle fait parfois la lessive pour Mme Milhet. Une partie du pain vient de là. Il faut être aimable avec Mme Milhet...

D'ailleurs, qu'on le veuille ou non, Mme Milhet arrive toujours à ses fins. A la sortie de l'école, l'émissaire revient, bien stylée, avec consigne de ramener Bernadette par n'importe quel moyen... La maison est située rue Saint Pierre, à côté de celle du commissaire Jacomet. Bernadette y est d'autant mieux accueillie que le refus du matin a donné du prix à l'acceptation du soir...

Elle est toute en curiosité, Mme Milhet. Elle a entendu parler de l'équipée du dimanche. Hier, elle a dit à Antoinette Peyret :

— Nous enverrons chercher Bernadette et nous la questionnerons pour voir si elle ment.

L'interrogatoire.

Maintenant elle interroge avec adresse, soulève des difficultés que la gamine résout d'une réponse brève et pertinente. Mme Milhet est de plus en plus intéressée.

— Nous irons ensemble à la grotte.

— J'ai défense d'y aller...

Bernadette a fait son adieu à Massabielle. Elle soutient le point de vue de l'autorité. Mais son interlocutrice ne se résigne pas, elle.

— Si, si! Il faut éclaircir cela... Je te reconduis chez toi. Je connais bien ta maman. Elle ne saura pas me refuser.

Mme Milhet pénètre avec décision dans l'antre des Petits-Fossés. Un peu saisie par l'odeur, elle sait n'en rien montrer, se fait aimable, insistante :

— J'emmène Bernadette à la Grotte dimanche pour éclaircir cette affaire.

Louise tente de protester. On a eu tant de mal à la décider à se tenir tranquille, cette drôle! Ce n'est pas le moment de lui redonner des idées pour qu'elle retombe moitié morte et que tout Lourdes aille courir là-bas.

— Personne ne le saura!

Mme Milhet énonce les choses avec une autorité définitive. Rien ne lui résiste. Et puis Louise sent son estomac creux et sa bourse vide au fond de sa poche. Est-il possible de contrarier davantage une employeuse ? Il faut être aimable avec Mme Milhet.

Dès demain.

La dame rentre chez elle satisfaite, se lave les mains, s'ébroue pour se libérer de l'odeur pénétrante des Petits-Fossés dont il lui reste quelque relent..

Voici Antoinette Peyret. Elle avait été convoquée à l'interrogatoire de Bernadette. Elle n'a pu venir à temps. Elle trouve du moins un programme bien établi.

— J'ai convenu avec elle et sa mère d'y aller dimanche... Je ne veux pas qu'on nous voie!

Antoinette lève un sourcil étonné :

— Le dimanche ? C'est mal choisi.

Elle voit d'ici la foule des promeneurs en quête de distraction dans le morne désoeuvrement du jour férié. Mme Milhet n'aime pas reculer; elle réplique, définitive :

— C'est arrangé.

Mais la couture porte à la réflexion. Avant le départ de son ouvrière, elle suggère :

— Antoinette, allez donc voir chez ces Soubirous si cela ne pourrait pas s'arranger pour jeudi.

Antoinette se dérobe. Trop timide pour aller discuter avec les habitants du cachot... Cette misère lui fait peur, surtout si François est là, avec son œil crevé, qui « fait tort » à regarder en face. On dit qu'il boit... Elle bat en retraite, se découvre des raisons pressantes de partir, et laisse Mme Milhet aux prises avec ses réflexions.

7

LA JOURNÉE DU MERCREDI 17 FÉVRIER 1858

Mercredi 17 février, la conversation reprend à la faveur des travaux de couture. Heureuse d'avoir l'ouvrage pour contenance, Antoinette risque ses réflexions intimes :

— Vous savez, madame, à quoi j'ai pensé ?

— ?

— Une robe blanche, une ceinture bleue, un chapelet, cela ne vous dit rien ?

— ?

— C'est notre costume d'enfants de Marie.

— Et alors ?

Antoinette s'enfouit dans son ouvrage, et cravachant sa timidité, lance tout d'un trait :

— J'ai dévotion aux âmes du purgatoire, madame. Il y a des choses... Alors j'ai pensé qu'Elisa Latapie... C'est peut-être elle qui vient demander des prières.

La mort d'Elisa Latapie, le 2 octobre dernier (1857), « a fait l'impression la plus profonde dans toute la ville ». L'abbé Peyramale en a envoyé un long récit à Mgr Laurence pour « réjouir son cœur d'évêque ». Quelques heures avant sa mort, elle avait demandé qu'on fît sa toilette mortuaire, tenant à s'assurer qu'elle serait ensevelie dans une mise pauvre : « Sa robe de congréganiste sans ruban ni dentelles. » M. le Curé avait donné à son enterrement « le plus d'éclat, le plus de pompe possible ». Elle continuait d'édifier ses intimes par ses « volumineux écrits plus étonnants encore que sa vie et que sa mort ». N'était-ce donc pas Elisa qui voulait manifester à la Massevieille un message d'outre-tombe ?

Décidément, cela ne peut attendre! Ce soir donc, mercredi 17, Mme Milhet enfile de nouveau la rue des Petits-Fossés, remorquant Antoinette. Celle-ci reste « sur la porte », intimidée. Mme Milhet entre d'une démarche sûre et déjà triomphante. Elle sort de même : ce sera demain avant le jour.

8

JEUDI 18 FÉVRIER 1858

TROISIÈME APPARITION

Jeudi 18 février, de bon matin, Jeanne-Marie Milhet et Antoinette Peyret reprennent, en grand mystère, le chemin du cachot : pas encore convaincues, bien sûr, mais plus émues qu'elles ne veulent se l'avouer, au seuil de cette aventure d'outre-tombe. L'émotion les a réveillées avant l'heure prévue. Elles sont en avance...

Les coups frappés à la porte du cachot tombent dans le silence. Suit un remue-ménage de gens qui se retournent et se hèlent d'une voix alourdie de sommeil. Bernadette dormait encore paisiblement. Elle va se dépêcher...

La voici enfin dans la rue. Antoinette jette un regard curieux : elle la voit « pour la première fois ». Dans l'obscurité, elle ne distingue encore qu'une silhouette : le halo blanc du capulet émergeant de la nuit. Elle voit mieux à l'église où la « première messe » commence, autant qu'on peut voir la lueur des cierges lointains. Selon le plan établi par Mme Milhet, le groupe est resté dans un coin sombre, et part un peu avant la sortie.

Et c'est le trajet habituel, par le Pont-Vieux et les fondrières du chemin du bois. Mme Milhet renouvelle une fois de plus ses consignes, surtout les questions à poser à l'apparition : qui elle est, ce qu'elle veut. Deux silhouettes frêles encadrent l'opulente matrone et retiennent leurs pas au rythme du sien. C'est la première fois que Bernadette fait la route de nuit; mais elle s'y retrouve bien. Au sommet du casse-cou, la voilà qui prend son vol.

— Bernadette, attendez!

Peine perdue. Elle est déjà à mi-chemin. Elle est rendue, tandis que Mme Milhet, parvenue au plus fort de la pente, descend précautionneusement sur le fond de sa robe, avec de grands soupirs.

En bas, Bernadette comprend qu'emportée par son élan elle est partie trop vite. Il est entendu qu'elle doit attendre. Elle retient sa hâte.

Voici Mme Milhet adhérant à la pente de toute l'épaisseur de ses bases, qu'elle déplace lentement avec de petits mouvements craintifs des mains et des pieds arc-boutés. Elle s'époussette maintenant et recompose son autorité.

« *Qu'ey yé.* »

Chacun prend sa place. Bernadette à genoux sur une pierre plate, en face de la niche, légèrement en biais. Cette fois ce sont les deux autres qui l'encadrent.

« A sa gauche », Antoinette vient d'allumer le cierge et l'abrite du courant d'air contre un rocher en surplomb. « A sa droite », Mme Milhet s'est mise « à genoux » elle aussi. Pour elles deux, la niche est la porte du purgatoire qui va mystérieusement exhaler ses souffrances et ses requêtes. Elles se défendent contre ce vertige qui les hante et s'accrochent à leur chapelet comme à une main secourable.

A peine la récitation commencée :

— *Qu'ey yé!* (Elle y est),

murmure Bernadette. Les deux autres regardent dans la direction de la niche sans y rien voir... D'un même mouvement, leurs regards se tournent vers la petite fille. Antoinette la voit bien, à la lueur vacillante du cierge : un visage calme, heureux, sans cette pâleur d'un autre monde qui avait émerveillé ou effrayé les témoins de dimanche dernier. Les yeux clairs regardent droit en haut, brillants de joie. Mme Milhet voit à contre-jour, dans le halo vibrant du cierge, un profil noir tendu vers le creux du rocher. La vision est venue plus vite que prévu... Mais les aléas, fussent-ils célestes, n'ont jamais modifié les plans de Mme Milhet. Tout doit se dérouler comme prévu.

— Tais-toi, récitons le chapelet, réplique-t-elle avec autorité.

Et chacune de l'égrener pour son compte. La voyante, au rythme de l'enfant blanche qui, là-haut, fait glisser les grains sans mot dire; les autres, chacune à leur pas.

Une plume et du papier.

Antoinette « se lève ». Elle a « fini la première ». Mme Milhet achève, elle aussi. Elle rentre le chapelet dans sa poche. Le mince bruit des grains émerge du silence. Antoinette qui porte le sac se penche.

— Nous allons *envoyer* à cette dame.

C'est la deuxième partie du programme...

Elle tire la feuille blanche, la plume et l'encrier : tout l'attirail de son père M. Peyret, l'huissier. Purgatoire ou non, il faut que tout soit clair comme un constat.

— Va demander à la dame ce qu'elle veut et qu'elle le mette par écrit.

La recommandation a été faite plus de dix fois depuis hier, avec tous les détails. Bernadette se lève, s'avance vers la niche. Les autres la suivent; mais soudain la voyante s'arrête et, « sans se retourner », d'un geste expressif de la main droite derrière le dos, les arrête net. Les deux femmes reculent comme des écolières en faute. Elles obtempèrent sans avoir compris encore le sens de la réprimande. Elles s'éclipsent vers la droite, et se blottissent dans un creux du rocher, hors de la grotte, mais de manière à voir ce que fait Bernadette.

La petite fille paraît perplexe; elle a obliqué vers la gauche; elle gravit le plan incliné sous la voûte (trois ou quatre pas), puis fait un quart de tour vers la droite, regarde en haut, avec une surprise joyeuse, sourit...

Sous la cavité intérieure.

Qu'est-ce qui se passe donc ? Tout à l'heure, tandis que Bernadette avançait, Aquerò a reculé dans le fond de la niche. Bernadette, interdite, s'est arrêtée. Est-ce qu'en approchant elle ferait fuir la jeune fille blanche ? Elle a voulu avertir ses compagnes, mais sa voix s'est arrêtée dans sa gorge. C'est alors qu'elle a fait signe aux autres, sans quitter des yeux l'apparition. Celle-ci était en train de s'effacer vers la gauche tout en continuant ce geste du doigt qui semblait vouloir dire : Venez par ici.

Par ici ? Comment ? Instinctivement, Bernadette a obliqué dans la direction indiquée. C'est ainsi qu'elle est arrivée sous la voûte percée en cet endroit d'une large crevasse, en communication avec la niche extérieure. La jeune fille blanche est là. Descendue par le couloir rocheux ? Elle plane... Jamais Bernadette ne l'a vue de si près. Pour un peu, elle la toucherait.

Elle se dresse sur la pointe des pieds, et tend à bout de bras plume et papier, en récitant la leçon de Mme Milhet :

Boulet aoue era bouentat de mettre vosto noum per escriut (Voulez-vous avoir la bonté de mettre votre nom par écrit) ?

La merveilleuse enfant blanche rit, dans sa lumière, d'un rire comme les petites filles en ont au ciel. Qu'est-ce qui l'amuse ? Est-ce l'attirail sorti des greffes du tribunal aux mains de Bernadette qui ne sait pas lire ? En tout cas, c'est un rire bienveillant; et Bernadette rit pareil, de cette drôle d'offrande qu'elle tend au bout des doigts. Cela met entre elles une complicité. Quelle amitié dans le regard de la blanche visiteuse, et qu'il est doux d'entrer dans cette amitié, en riant! Depuis l'expérience de l'eau bénite, qu'elle regrette maintenant comme une sorte d'indélicatesse, elle ose aimer sans crainte. Le rire d'Aqueró s'achève en réponse souriante :

— *N'ey pas necessari* (Ce n'est pas nécessaire).

C'est la première fois que Bernadette entend sa voix « fine et douce ». Elle est sûre maintenant que ce n'est pas une illusion. Elle sent le roc sous ses pieds, et dans ses mains les trois objets dérisoires. Aqueró, plus réelle encore que tout cela, plus présente, enchaîne, très sérieuse cette fois :

— *Boulet aoue ra gracia de bié aci penden quinze dias* (Voulez-vous avoir la grâce de venir ici pendant quinze jours) ?

La fille Soubirous, peu habituée à tant de déférence, en est tout interdite. Aqueró dit *vous* à la gamine que tout le monde tutoie, elle dit voulez-vous *avoir la grâce,* une jolie expression de politesse du « patois de Lourdes ». Bernadette répond, d'un élan de cœur, sans s'arrêter aux conséquences.

A cette promesse répond une autre promesse :

— *Nou proumeti pas deb hé urousa en este mounde, mès en aoute* (Je ne vous promets pas de vous rendre heureuse en ce monde, mais en l'autre).

Cette parole austère paraît douce sous le regard de Celle qui la prononce.

Les deux autres s'impatientent, moitié cachées à droite de l'entrée...

— Bernadette! *Demande-lui!* comme je t'ai dit!

Comment ne l'ont-elles pas entendue ? La petite descend vers elles, tout étonnée.

— Mais je lui ai demandé, bien fort.

Il n'y a pas moins d'étonnement du côté des grandes personnes, un peu d'agacement même. A-t-elle vraiment parlé sans qu'on l'entende ?...

— Alors ?

— Elle s'est mise à rire.

— Tu lui as bien dit ?

— Oui.

— Elle ne t'a rien répondu ?

— Elle m'a demandé de venir pendant quinze jours.

Mme Milhet reste vexée de s'être sentie évincée tout à l'heure. L'ex-servante, décriée à Lourdes, a retrouvé sa souffrance secrète. Quoi! Même ici, elle serait rejetée!

— Demande à ta dame si ma présence lui est désagréable ?

Sous l'air d'autorité supérieure qu'elle continue à se donner, transparaît sa détresse.

— Demande-lui si nous pouvons venir maintenant, ajoute Antoinette.

Bernadette a un geste encourageant pour toutes deux :

— Rien n'empêche que vous veniez.

Elles s'approchent, tout heureuses, comme de la fin d'une pénitence; Mme Milhet, que son ascension sociale a laissée entre deux classes, moquée d'en bas, méprisée d'en haut, attache grand prix à se savoir agréée. Elle se remet à genoux et prie... Mais « la vision a déjà disparu » en s'élevant dans la cavité où le halo de lumière s'est un instant prolongé. L'apparition a duré un peu moins d'une demi-heure.

Sur le chemin de retour

Bernadette se lève. Les deux autres l'imitent, pensives.

— Cela vous a regardée longtemps, dit Bernadette à Antoinette.

Mme Milhet n'aime guère cette différence. Parbleu, dans cette nuit! Elle ne pouvait regarder que de ce côté :

— C'était le cierge qu'elle regardait.

Antoinette est perplexe, peu portée à croire trop vite, et surtout à se croire digne d'un privilège...

— Non c'était bien vous! La dame vous a regardée et a souri (*Era damo qué ha espiado en a ride*).

En repartant, Mme Milhet prend sa revanche :

— Si tu mens, le Bon Dieu te punira.

Mais à peine dit, elle comprend que c'est un vain avertissement, et se laisse aller à la paix toute neuve qui la pénètre.

Les voici aux trois quarts du sentier. Il y a du bruit plus haut, dans le fourré. Heureusement, le jour se lève et leurs cœurs sont rassurés. Elles continuent leur ascension sans crainte. Là-haut, débouche un groupe de trois congréganistes : Germaine Raval, sa sœur Marie et Alexine Latapie. Ont-elles eu vent de quelque chose ? Les deux groupes se saluent « sans rien dire »... Trop tard! pense Mme Milhet. Et elle adresse à Antoinette un coup d'œil triomphant. On a bien fait d'y aller de bonne heure...

Le repentir de Maï.

Elle ne se doute pas à quel point elle a été bien inspirée... Ce matin, en effet, après le départ de Bernadette, Louise Soubirous a été laver de bonne heure chez Fanny Nicolau, l'institutrice. « Informée » par ses élèves, celle-ci a proféré des avis alarmants, presque des remontrances :

— Pourquoi laissez-vous la petite aller à cette « tute » ? Il va vous arriver des désagréments avec le commissaire.

Un rien suffit à chavirer Louise. Elle a planté là sa lessive pour le cas où il serait encore temps de rattraper sa fille : celle-ci est déjà sur le chemin du retour.

Leur souffle repris, les deux compagnes questionnent Bernadette sur les allées et venues qu'elles n'ont pas comprises, et surtout sur le principal :

— Tu n'as pas reconnu Elisa ?

Bernadette hoche négativement la tête.

— Et qui est-ce à ton avis ?

Non, Bernadette ne sait pas.

— Et si c'était la Sainte Vierge ? hasarde Mme Milhet...

« *Pas en ce monde.* »

Bernadette se tait. Comment savoir puisqu'elle n'a rien dit ? Et comment la Sainte Vierge se dérangerait-elle pour si peu que Bernadette Soubirous... Mais cette pensée lui donne de la joie. Elle confie là-dessus la dernière parole reçue :

— Elle m'a dit aussi qu'elle ne promettait pas de me faire heureuse en ce monde, mais dans l'autre.

Pas en ce monde ? Mme Milhet qui a si bien su bâtir sa fortune terrestre en est tout interdite. Comme c'est étrange! Le mystère de cette enfant la pénètre. Mais chez elle les impressions prennent vite la forme d'une décision pratique : « Je vais bien m'arranger en attendant pour qu'elle soit un peu moins malheureuse, la pauvre petite. » Au retour, contente de la réussite de son équipée (Je l'avais bien dit que personne ne le saurait!) elle s'adresse à Louise d'autorité :

— Je me charge de votre fille. Je la prends chez moi.

Louise ne sait plus que dire. Le dictat de Mme Milhet, cette responsabilité qu'elle prend, calment les inquiétudes soulevées par Fanny Nicolau. *Maï* renvoie la décision à l'autorité de son mari, et retourne à son ouvrage qu'elle a déjà trop abandonné. Bernadette va donc à l'écurie Cazenave soumettre la question à son père, qui acquiesce.

Comme tout s'arrange! Un moment elle avait vu surgir un insurmontable conflit entre la promesse donnée ce matin et la défense maternelle. Et la voilà autorisée à se rendre à la Grotte quinze jours de suite.... Jamais elle n'a eu devant elle la perspective d'une pareille joie. « Je ne vous promets pas de vous rendre heureuse en ce monde... » Cette austère parole n'entame pas son bonheur. Elle en fait même partie. Oui, c'est déjà un bonheur pas de ce monde...

La voilà donc installée chez Mme Milhet, en fin de matinée. La maison fait face au chevet de l'église, tout près du Marcadal. Bernadette s'étonne de cette vue plongeante sur la place où grouille la foule des jours de marché. Elle s'étonne plus encore de ce luxe de bibelots, de pendules, de tapis, de rideaux à ramages, de ces parquets pleins de reflets, de ces draps blancs ajourés sans reprises. Agréable ? Mais surtout gênant. Ce n'est pas comme les séjours chez tante Bernarde. Là, c'était encore la famille. Ici, toute cette blancheur, ça la sépare des siens. C'est un autre monde : celui où on mange autant qu'on a faim, dans de la vaisselle blanche et des couverts d'argent... Mme Milhet sert plantureusement l'assiette de sa pensionnaire. Pour elle, ce lever à l'aube l'a mise en appétit. C'est étonnant de la voir manger tant. M. Milhet a l'air bonhomme et résigné de qui a depuis longtemps perdu l'habitude de commander chez lui. La nouvelle fantaisie de son épouse l'a trouvé prêt à tout.

Bernadette se sent un peu honteuse. Elle trouve un prétexte pour retourner chez les siens. Toinette enrage des nouveaux privilèges de sa sœur, et le fait sentir à « Mme Milhet »...

« *L'héritière.* »

L'arrivée de tante Bernarde fait diversion. C'est elle qui, dimanche dernier, avait dit au meunier : « Cette petite! Qu'est-ce qu'elle pense d'aller là! » Maintenant la curiosité l'emporte sur sa réprobation. Elle voudrait voir. Et puis, cette hospitalité de Mme Milhet ne lui plaît pas. Elle a pour l'ancienne domestique la sévérité des gens décriés dans leurs mœurs, qui éprouvent le besoin de se blanchir en se comparant aux autres. Non, tout ça ne va pas à tante Bernarde. Et surtout cet accaparement de sa filleule. Mme Milhet n'a rien à voir là dedans. C'est l'affaire de la famille. Et dans la famille, tante Bernarde connaît ses responsabilités. C'est elle qui est l'aînée, « l'héritière » comme on dit à Lourdes. Elle n'est pas de la race de celles qui abdiquent.

— J'irai demain à Massabielle, annonce-t-elle.

Louise rappelle le secret des opérations combiné par Mme Milhet.

— Il faut surtout que ça ne se sache pas...

Mais tante Bernarde, qui a su l'aventure on ne sait comment, en a déjà parlé... un peu.
— Il te faut prendre quelque chose de bénit, dit-elle à Bernadette pour détourner la conversation.

Demain matin, on amènera le cierge de congréganiste de tante Lucile.

Lucile, Bernarde et ses amies, c'en est trop pour que le secret soit gardé. En ce jour de grand marché, la nouvelle commence à courir Lourdes et la campagne.

9

VENDREDI 19 FÉVRIER 1858

QUATRIÈME APPARITION

Vendredi, de bonne heure, Mme Milhet et Bernadette en capuchon noir, frappent à la rue des Petits-Fossés. Louise sort du cachot. Josèphe Barinque, la cordonnière, débouche de l'ombre où elle guettait, avec des amies qu'on ne reconnaît pas dans la nuit. Deux petits coups aux volets de tante Bernarde, en passant à l'angle de la rue du Bourg : elle arrive, enveloppée dans son capulet. S'il sort du monde ainsi tout le long du chemin, cela va faire une foule. La tactique victorieuse de Mme Milhet serait-elle déjouée ? Heureusement, la rue du Baous est déserte, à cette heure. L'opération reste discrète... au moins pour aujourd'hui. On se comptera moins de dix à la Grotte, où attendaient Germaine Raval et son amie; elles y ont devancé les autres quoique transies de crainte. Cette fois encore, les nouveaux témoins sont frappés de voir descendre Bernadette.

« Elle va se casser le cou », pense Josèphe Barinque qui a « grand peine... pour arriver en bas ».

Bernadette n'a pas attendu. Lorsque les grandes personnes arrivent, elle est à genoux, à droite d'une grosse pierre. Elle commence le chapelet. Près d'elle, Germaine Raval et son amie, heureuses du succès de leur équipée : cette fois, elles sont à l'heure!

Tante Bernarde prend la bonne place, à droite de sa filleule. Elle allume le cierge et le lui met dans la main droite. La flamme qui tremble révèle la voûte et le fond de l'antre dont le mystère se fait bienveillant; elle y met une note chaude et rassurante. Il est environ six heures du matin. Les yeux sont fixés sur Bernadette, calme et confiante.

A peine « trois Je vous salue Marie », et « sa figure change »; elle devient « très pâle » : « On dirait de la cire », pense Germaine Raval. Sa bouche est entrouverte. « Ses yeux ne vacillent pas. » Elle sourit.

Elle salue avec les mains et la tête : c'était un plaisir de la voir, comme si toute sa vie elle n'avait fait autre chose que d'apprendre à faire ces saluts. Je ne savais faire que la regarder (se souviendra toute sa vie Josèphe Barinque).

Tout le monde s'est agenouillé. La prière, le recueillement montent d'eux-mêmes, l'émotion aussi. Cette pâleur, cette fixité du regard, cela fait un peu peur.

— *Quès mourech!*

(Elle se meurt!) s'est écriée Madeleine Pontic.

Tante Bernarde qui a les émotions à fleur de peau, pleure à chaudes larmes. Elle s'est repliée, en deçà de quelques mésaventures, sur la ferveur de sa première communion. Mais cette émotion est traversée d'une inquiétude qui grandit d'instant en instant, et devient insoutenable. Que cela cesse, et qu'on soit sûr que la petite ne va pas mourir! Car si cela dure, elle va rester là, morte... Est-ce qu'elle ne s'affaisse pas ? La marraine la saisit à bras-le-corps en poussant un cri déchirant :

— « *Praoubou de iou de la maïnado!* »

(Pauvre de moi et de la gamine)

Le charme est rompu. Le visage de Bernadette a repris ses couleurs. Elle se réveille, très calme, de ce monde inconnu, et rassure la marraine d'un regard où il y a une nuance de reproche. Pourquoi se mettre en pareil état!

Pour les autres comme pour elle (pour Josèphe Barinque surtout), le temps a paru court. Serait-ce « plus d'un quart d'heure », comme pense l'inquiète marraine ? Elles croiraient moins, et toute idée d'heure leur était sortie de la tête. Malgré le froid humide, elles pensent : Déjà!

Le retour est joyeux, recueilli. On croise des gens qui se rendent à la Grotte. Bernadette parle peu. Elle n'a rien à dire, rien de plus que les autres jours : *Aqueró* sourit en silence...

La silhouette du château émerge d'un halo blanchissant. Elle grossit et monte dans le ciel qui s'illumine, tandis qu'on descend. Tante Bernarde est heureuse comme d'une résurrection.

Au coin de la rue du Bourg, elle fait entrer sa filleule pour qu'elle se repose; elle la couve comme une convalescente. En se séparant, tous ont le même mot et le même regard de joyeuse espérance :

— A demain matin!

En ville, les enfants trottent vers l'école. Le bruit des apparitions court aussi. Plus vite. Germaine Raval à Lourdes, Madeleine Pontic aux Angles, le confient à leurs amies. Tante Bernarde ne sait pas renfermer ses émotions. Elle en parle à tort et à travers, avec des alternances d'enthousiasme et de crainte :

— « Que le Bon Dieu nous garde du mal! »

Josèphe Barinque, la cordonnière, est perplexe, elle aussi. Retour de la Grotte, elle ouvre son échoppe, face au chevet de l'église. Elle brûle de communiquer ses impressions à quelqu'un. Justement, Emmanuélite Estrade sort de la maison Cénac, toute voisine... Josèphe voudrait l'aborder, mais les mots lui manquent. Comment dire cela ? Les phrases mûrissent dans sa tête. Tandis qu'Emmanuélite fait son marché, et dès lors, elle la guette :

— Mademoiselle, il y a une maïnade qui voit une belle jeune fille, si belle que ça pourrait être la Sainte Vierge ou bien notre Elisa.

Emmanuélite sourit comme d'un propos aimable et sans portée.

Elle s'éloigne sans insister.

Maintenant, Josèphe en parle avec son homme, tout en travaillant. L'émotion de la nuit dissipée, doutes et questions se lèvent : Qu'est-ce que cela peut bien être ? Bernadette n'a rien précisé : Elle a revu « cela » (*aqueró*), ou, comme elle dit encore, « la petite demoiselle », « la fille blanche », « la petite fille »... comme si c'était petit. Justement la voilà qui passe. Ils lui font signe.

— Veux-tu prendre une petite médaille de la Sainte Vierge ?

Ce serait une sécurité de plus, après l'eau bénite de jeudi et le cierge de ce matin. Avec son tranchet, Barinque découpe un mince lacet à même la pièce de cuir, y enfile la médaille et agrafe les deux bouts. Une odeur tonique de peau et de tanin les enveloppe tous trois. Josèphe passe le cordon au cou de Bernadette qui se signe d'un geste sobre. On se quitte comme au sortir de l'église[1].

1. Si nous n'avons pas relevé en ce chapitre l'épisode des « voix diaboliques », c'est pour des raisons très précises qui sont examinées dans *Lourdes, Histoire authentique*, Paris 1963, t. 4, pp. 19-20. Ce récit mythique qui repose sur un seul témoignage indirect est à plusieurs égards suspect.

10

SAMEDI 20 FÉVRIER 1858

CINQUIÈME APPARITION

Le 20 février, avant le jour, des silhouettes noires descendent le casse-cou. En tête, le pas agile d'Eléonore Pérard, accompagnée d'autres congréganistes; à l'arrière garde, Mme Lannes (née Louise Baup) massive et précautionneuse, assistée de sa bonne. Peu importe que son mari, l'entreposeur de tabac, ait levé les épaules, à l'annonce de cette équipée. Ce que femme veut...

Avant six heures, à pas feutrés, elle a quitté la maison Lavigne en espérant que M. Peyramale, colocataire, ne s'apercevra de rien.

Entre six et sept heures, Bernadette, revêtue comme hier, d'un capuchon noir, sans doute prêté par Mme Milhet, dévale à son tour le sentier, suivie de l'escorte de la veille. Il y a près de trente personnes autour d'elle, quand elle commence le chapelet.

Cependant, deux congréganistes courent encore sur la route. Retour de la première messe, Rosine Cazenave, la sœur du voiturier chez qui François Soubirous travaille, a vu Bernadette avec Mme Milhet. L'envie l'a prise de les suivre là-bas. Juste à point, elle a trouvé son amie, Germaine Raval, qui déjà s'y rendait. Elles se hâtent maintenant sur les traces de Bernadette. La descente glissante du casse-cou refroidit Rosine. « Mais c'est un vrai précipice ». Elle regrette l'idée folle qui l'a entraînée ici. La Sainte Vierge n'a pas pu choisir un lieu si revêche... Et se donner tant de mal pour arriver trop tard, peut-être!

A la Grotte ce mouvement d'humeur s'évanouit. Quelque chose même la pousse à dire un *Ave*, « en cas que ce soit la Sainte Vierge. » Mais la prière n'étouffe pas chez elle le sens pratique. Elle repère les lieux. Il y a là, entre les gens un petit passage qui permet de se glisser, juste à la droite de la voyante. L'y voilà. Bernadette ainsi bousculée se tourne vers elle. Ce regard est sans doute un reproche à son sans-gêne, mais elle est contente de le rencontrer. Non, l'extase qu'on lui a décrite n'est pas commencée... Elle a de la chance. Cela tarde un peu aujourd'hui.

Il y a un quart d'heure environ que Bernadette est à genoux. Elle tourne de nouveau la tête vers la niche.

— A présent, elle voit! murmurent les femmes.

Oui, Bernadette sourit, elle salue, et ses paupières « ne baissent pas, même quand elle incline la tête pour les salutations. » Sans se gêner, Rosine s'avance et se plante vis-à-vis d'elle pour mieux observer ce phénomène étrange et beau. Tout autour, c'est une prière, mêlée d'émotion et de curiosité : « J'avais le chapelet comme maintien, distraite à cause de Bernadette », avoue Louise Lannes. Peu à peu le recueillement gagne tout le monde.

Un quart d'heure après, un dernier salut, un voile de tristesse sur le visage, les cils noirs battent de nouveau. Bernadette se relève. C'est fini.

Bien des questions l'assaillent maintenant sur la route. Mais on n'en tirera rien. Elle marche vite. Elle n'a rien à dire. Elle a vu cela (*aqueró*), cette demoiselle blanche, qui sourit et la salue. C'est tout...

Pourquoi ? Comment ? Elle n'en sait rien.

Son plus grand désir serait de planter là cette escorte de mouches questionneuses. Justement, dans la rue du Baous aux vieilles maisons à pans de bois, tante Basile passe à la fenêtre son nez en forme de poire. Bernadette entre chez elle.

— Adieu ma tante!

Elle a un air joyeux et calme qui fait plaisir à voir. Mais la tante a préparé sa remontrance.

— On parle trop de toi, ma fille! Il ne faut plus aller là!

— Tant pis pour les gens. Laisse-les parler, répond Bernadette.

Et après un temps :

— Si tu veux y venir demain matin avec moi...

Sans trop se l'avouer, tante Basile en a un grand désir. Ce qui l'ennuie, ce sont tous ces gens qui viennent là...

— Alors, allons-y plus tôt ou plus tard, qu'il n'y ait pas tant de monde.

Il est convenu que ce sera plus tôt.

Les spectateurs d'aujourd'hui rentrent en ville, comme ceux d'hier, pénétrés de l'atmosphère de la Grotte : ce visage de Bernadette, ce sentiment de l'au-delà, cette prière facile et douce... Après avoir remonté le casse-cou, plus facilement qu'elle ne l'a descendu, Rosine Cazenave est certaine de trouver le courage d'y revenir.

L'enthousiasme de Josèphe Barinque a monté d'un ton. Aujourd'hui, c'est sans hésitation qu'elle accroche Emmanuélite Estrade :

— Vous savez, mademoiselle, cette *maïnade* a encore vu! Ce n'est pas ordinaire. Croyez-moi! Ce serait la Sainte Vierge que je n'en serais pas étonnée!

Emmanuélite reste aussi indifférente qu'hier, croit-elle. Pourtant, au retour, quelque chose la pousse à frapper au « bureau » interdit où son frère, le commis des contributions, aligne les colonnes de chiffres récoltés dans sa tournée à cheval d'hier. Il est pourtant bien établi qu'il ne faut pas le déranger dans ces moments-là.

— Tu ne sais pas ?

Jean-Baptiste prend l'air absent qui est sa manière de rappeler la consigne. Il s'absorbe exagérément dans le registre des contributions indirectes.

> *— On dit en ville que la Vierge est apparue aux Espélugues à une petite des bas-fonds de la ville.*
> *— C'est bien, ça...*

Jean-Baptiste a murmuré ces mots en chantonnant, du ton le plus parfaitement absent qui soit possible.

A la maison Cénac, ce sera tout pour aujourd'hui.

Au cachot, par contre, la famille Soubirous tient conseil avec perplexité. Tante Bernarde fait irruption. Elle a réfléchi. Ça ne peut pas durer, cet accaparement de Bernadette par Mme Milhet qui se l'est prise et qui se la montre, comme si c'était sa petite à elle! Et puis, qu'est-ce que c'est, Mme Milhet ? Oui... qu'est-ce que c'est ? Une pas-grand-chose, qui fait bien la fière avec ses robes de soie, au lieu de récurer ses casseroles, maintenant qu'elle a épousé son maître... etc. Tante Bernarde a le sens de la propriété familiale. Et puis, elle est un rien jalouse. Elle reçoit souvent sa filleule... Cette hospitalité oisive qui éclipse la sienne, déchaîne son éloquence. Elle aura gain de cause, comme toujours. (Ce n'est pas pour rien qu'elle est « l'héritière » et la marraine). Bernadette rentre donc dans sa famille aujourd'hui même. Elle ne reparaîtra plus chez sa logeuse. Mme Milhet en est aussitôt informée.

Décision providentielle, car cette circonstance aurait augmenté les graves difficultés avec lesquelles Bernadette sera aux prises dès demain, et dont nul ne se doute encore.

11

DIMANCHE 21 FÉVRIER 1858

SIXIÈME APPARITION

Dimanche matin, 21 février. Il est encore loin de six heures, et il fait nuit, Bernadette frappe aux volets de tante Basile, rue du Baous. Celle-ci est prête comme convenu. C'est elle qui avait conseillé un départ plus matinal, pour éviter les curieux. Mais ce n'est pas une réussite. Jamais encore il n'y a eu tant de monde : une centaine de personnes contemplent ce matin l'extase silencieuse de Bernadette, et se retirent heureuses.

La nouvelle fait boule de neige.

Ce matin encore, au retour de la Grotte, Josèphe Barinque aborde Emmanuélite sur le pas de la maison Cénac; cette grande maison qu'habitent en bon voisinage le vicaire Pène, le commis à cheval Estrade et le commissaire Jacomet : le clergé, les contributions et la police. Cette fois c'est l'enthousiasme.

— Oui, oui, mademoiselle, c'est bien vrai, la petite voit la Sainte Vierge!

Plus question aujourd'hui d'Elisa Latapie et des âmes du purgatoire. Le prestige de la vision a monté d'un cran. Josèphe jette un coup d'œil sur les volets du rez-de-chaussée : l'appartement Jacomet. Elle ajoute en baissant la voix :

— M. le Commissaire doit l'interroger.

Cette fois, Emmanuélite est intéressée, presque impressionnée. En dépit de l'accueil décourageant d'hier, elle va droit à la chambre de Jean-Baptiste. Il est encore au lit, profitant du dimanche pour réparer les courbatures de ses tournées à cheval.

— Tu sais, cette apparition. Les gens en sont émerveillés. Notre voisine Milhet tourne à la piété et fait brûler des cierges dans sa chambre.

— « Veux-tu bien me laisser dormir! »

Jean-Baptiste s'est retourné vers le mur.

Chez l'abbé Pène.

La journée s'avance, morne et endimanchée. La nouvelle jette dans la monotonie ordinaire une note d'intérêt qui reste encore loin de la passion. Comme Jean-Baptiste, beaucoup haussent les épaules. Du moins est-ce là un de ces riens dont les Lourdais nourrissent l'ennui du repos dominical. Cela vaut à Bernadette un harcèlement de questions tel qu'elle n'en avait encore jamais connu.

Ce matin, tandis qu'elle passe aux abords de la maison Cénac, un groupe de femmes l'aborde :

— L'abbé Pène veut te voir.

— Je ne le connais pas.

— Il te demande.

Bernadette hésite. Ça ne lui dit rien d'entrer dans la maison du commissaire : l'homme qui a mené le père en prison, l'an dernier : chat échaudé...

— C'est un prêtre, tu dois obéir.

L'ordre est cousu main. Ces femmes viennent de l'appartement du vicaire : elles sont montées tout exprès pour lui proposer de lui « amener la petite ».

Bernadette ne connaît pas l'abbé Pène, mais connaît l'obéissance. Elle s'exécute. Une fois de plus, il lui faut raconter ces choses difficiles à dire, que les gens comprennent mal, chacun à sa façon.

Ici elle trouve une bienveillance discrète. Sa simplicité, sa modestie, la calme netteté de ses réponses produisent grande impression sur le vicaire... mais surcroît de fatigue pour elle.

Heureusement, il y a la messe, les vêpres où elle trouve un silence qu'elle n'a jamais tant apprécié. Elle voudrait prolonger ce calme. Hélas! la plus rude épreuve de cette journée va commencer.

Chez le commissaire.

Cela commence à la sortie des vêpres, sous le porche. Il est deux heures et demie. Les religieuses retiennent les pas précipités de la cohorte des filles engoncées dans le lourd appareil du costume régional : jupes tombant jusqu'aux chevilles, châles rigides formant cuirasse.

Face au porche, un bonhomme est posté, mi-paysan, mi-soldat : blouse à liséré rouge et casquette galonnée, l'aigle impériale sur la poitrine et la mine bonasse.

C'est le garde champêtre Callet. Ses gros yeux scrutent le groupe qui descend les marches. Soudain il pointe l'index :

— La voilà!

— Laquelle ?

— Celle-là!

« Celle-là », c'est bien Bernadette que le garde champêtre attrape ce disant par le capuchon.

Celui qui a posé la question est un homme habillé en bourgeois, mais plus vif, moins engoncé que les bourgeois du lieu : trente-six ans, grande taille, silhouette vigoureuse et svelte, regard imposant. Il prend le bras de la petite d'un geste courtois, mais ferme :

— *Qu'em bats segui.*

Tu vas me suivre.

— *Oui moussu oun bouillat.*

Oui, monsieur où vous voudrez.

Elle y est maintenant. Ce monsieur à la démarche alerte et cavalière, elle l'a vu l'an dernier dans une autre tenue. C'est lui qui est venu chercher la poutre à la maison et emmener le père en prison. C'est le commissaire de police Jacomet, dont le seul nom réveille des jours de honte et de crampes d'estomac. Pourtant Bernadette se sent étonnamment calme. « Juste avant de tourner à l'angle de la mairie », des gens compatissants s'approchent :

— Pauvre Bernadette, on va te mettre en prison.

Elle se surprend à répondre :

— « *N'ai pas pooû si mi metten que m'en sourtiran.* »

(Je n'ai pas peur, s'ils m'y mettent, ils m'en sortiront.)

Un attroupement s'est formé : quelques carriers endimanchés, des femmes du peuple sortant de l'église. Certaines murmurent contre le commissaire :

— « Qu'il est méchant : »

Callet, bonasse, laisse dire, mais il n'aime pas cette situation. Jacomet se tait, lui aussi, mais rien ne le trouble. Il prend Bernadette auprès de lui. Le garde reste derrière. Les gens suivent.

Le groupe longe la mairie, traverse la rue Saint-Pierre. Cinquante mètres à peine, et les voici au seuil de la maison Cénac : porte cochère au milieu, formant voûte; à gauche dans la descente, une autre porte plus petite, à laquelle on accède par une marche. C'est par celle-là qu'entre Jacomet :

— Suis-moi, dit-il à Bernadette.

Un murmure s'élève chez ceux qui suivent. On y sent passer l'idée de

défendre la petite et d'entrer avec elle. Des membres de la famille s'apprêtent à le faire au premier rang... Jacomet se retourne sur la marche :
— Vous n'avez rien à voir ici!

Les velléités des défenseurs s'enfuient en déroute. La foule a reconnu son dompteur, l'homme devant lequel nul ne bronche. Callet savoure la gloire de son chef :

> *Une grande autorité, un toupet énorme. Pas un procureur de la République qui puisse lui mettre sa platine devant,*

aime-t-il à dire lorsqu'il fait l'éloge du patron... Ils entrent tous trois, la porte se referme...

Dans le « bureau » (la première pièce à droite), Jacomet dépose son chapeau et cherche un insigne qui, sans être trop impressionnant, marquera ses droits et sa fonction. Non, pas le chapeau à claque... Ce sera le calot, orné d'un gland.

La fenêtre donne sur la rue. Bernadette voit la foule guetter aux vitres. Le commissaire s'en est-il aperçu ? Il fait passer la petite dans la pièce voisine, qui donne sur la cour intérieure. Voilà les curieux attrapés. Callet aussi, qui aurait bien aimé entendre. Il est resté de l'autre côté avec Mme Jacomet.

La salle d'interrogatoire a bon air : c'est le salon du commissaire. Il s'est assis derrière la table, et fait asseoir Bernadette, courtois, indifférent.

Quelque chose au fond de la pièce capte son attention. Dans le dos de la petite fille, la porte s'est entrouverte sans bruit. Un regard interroge. C'est Emmanuélite Estrade, la locataire du premier. Ce matin, au sortir de chez son frère, elle est allée trouver Mme Jacomet :
— Ce que Josèphe Barinque a dit au sujet de cette Bernadette, est-ce vrai ?
— Oui, mon mari doit l'interroger... Je vous ferai avertir.

Ce qui fut fait.

Entre les familles Estrade et Jacomet, il y a depuis des années assez de parties de cartes et de joyeuses farces pour que les choses se passent en famille. D'un geste imperceptible, le commissaire recommande la discrétion tout en désignant une chaise près de la porte. Emmanuélite pourra entendre, mais elle ne verra de Bernadette que le dos d'un capuchon usé...

Le commissaire rompt le silence. Surprise : il est bienveillant, souriant, ses yeux n'ont plus l'indifférence concentrée du trajet devant la mairie, ni l'éclat autoritaire du seuil de la porte. Sa physionomie a pris très naturellement cet air avenant et direct qui lui attire la confiance et l'amitié.

— Alors, Bernadette Soubirous, tu vas tous les jours à Massabielle ?

— Oui, monsieur.

— Et tu y vois quelque chose de beau ?

Il s'intéresse, il encourage du ton et du regard.

— Oui, monsieur.

De la minuscule silhouette encapuchonnée sort une voix forte, naïve, mais sans timidité. Cela promet d'être intéressant.

Un regret saisit pourtant Emmanuélite. Jean-Baptiste va manquer ça! Tout est commun dans l'association fraternelle qui a écarté de l'un comme de l'autre tout projet de mariage. Que penserait-il de ça, Jean-Baptiste ? Elle n'y tient plus et monte dans le bureau où il s'est calfeutré, prétextant ses éternelles écritures. Elle entre très excitée :

— C'est commencé... Je t'assure, Jean-Baptiste...

Jean-Baptiste a molli depuis hier.

Il écrit sans conviction. Tout à l'heure, au bruit de l'arrivée de Bernadette, il a senti l'envie de mettre la tête à la fenêtre. Il en est au point de désirer qu'on lui force la main. Emmanuélite l'a bien compris. Elle le tire par le bras et secoue sa chaise tout en riant. Il proteste pour la forme (Voyons, c'est ridicule!). Mais il la suit dans l'escalier.

Il entre doucement, sans frapper, et tandis qu'Emmanuélite reprend sa mauvaise place, sur un simple signe d'intelligence, il va s'asseoir plus en avant, sur le côté.

Le jour d'hiver, tamisé par la fenêtre de la cour qu'a gagné l'ombre vespérale éclaire discrètement le profil de Bernadette : elle est assise naturellement à petite distance de la table où elle ne s'appuie pas, mains posées sur les genoux, tête légèrement penchée en avant, calme, attentive. A quoi tient l'impression qu'elle est frêle et timide ? A sa très petite taille, à sa réserve, à sa douceur; mais les pommettes sont rondes et vigoureuses; les lèvres fermes. C'est comme si la petite fille avait réagi aux privations en concentrant en miniature une perfection d'équilibre et de grâce. Sous le foulard strié, le regard ne fuit pas, mais reste posé droit en face, noir et doux.

Est-ce la bonhomie bienveillante du commissaire qui a obtenu ce résultat ? La petite fille ne manifeste aucun trouble, elle va parler de confiance. Les préambules sont terminés. A l'arrivée d'Estrade, le commissaire commence les opérations. Avec une négligence affectée, mais d'une main rapide et sûre, il commence à écrire au crayon, sans rien perdre de son air de connivence rassurante :

— Tu t'appelles ?

— Bernadette.

— Bernadette comment ?

Elle hésite un instant. Est-ce « Boly » qu'il faut dire ? ou bien..

— ... Soubirous!

— Ton père ?

— François

— Ta mère ?

— Louise.

— Louise comment ?

— Soubirous.

— Non, je te demande le nom d'avant, son nom de jeune fille.

Elle hésite un moment, puis avec l'empressement de l'écolière qui a trouvé :

— Castérot.

— Ton âge ?

— 13... ou 14 ans.

— C'est 13 ou 14 ?

— Je ne sais pas.

— Tu sais lire... écrire ?

— Non, monsieur.

— Tu ne vas pas à l'école ?

— Pas souvent.

— Que fais-tu donc ?

— Je garde les petits frères.

— Tu vas au catéchisme ?

— Oui, monsieur.

— Tu as fait ta communion ?

— Non, monsieur.

— ... Et alors, Bernadette, tu vois la Sainte Vierge ?

— Je ne dis pas que j'ai vu la Sainte Vierge.

— Ah bon! tu n'as rien vu! (Le problème serait-il supprimé par la racine ?)

— Si quelque chose, j'ai vu!

— Alors qu'as-tu vu ?

— Quelque chose de blanc

— C'est *quelque chose* ou *quelqu'un ?*

— Cela (*Aqueró*) a la forme d'une petite fille.
— Et *cela* ne t'a pas dit : Je suis la Sainte Vierge ?
— *Cela* ne me l'a pas dit.
— Tiens, c'est pourtant ce qu'on dit en ville. Il paraît même que ça s'imprime dans le journal.

Jacomet est embarrassé. Les propos réservés de la petite ne cadrent pas avec la rumeur publique : tout le monde parle de la Vierge ou encore d'une dame... C'est plus compliqué que ça ne paraissait. Il faut procéder par ordre :

— Quel jour l'as-tu vue pour la première fois ?

Bernadette hésite, cherche un repère. Ces voitures sur la route..

— Le jour du marché de Tarbes!
— Bon! jeudi 11 février. Et comment ça s'est passé ?
— Jeanne Baloume vint me chercher pour aller ramasser des os...

Jacomet continue d'écrire négligemment tout en interrogeant.

— Et quand tu as vu, tu étais où ?
— Au bord du canal du moulin... pour passer l'eau.
— Et alors ?
— Les autres drôles *(eras aoutos drolos)* ont passé l'eau.
— Et toi, tu as vu quelque chose ?
— J'ai entendu dans la ronce (*sega*) un bruit comme un coup de vent (*uo rumor coumo u cop de bént*)
— Et tu as vu ?
— *Uo sarrot de brancos que anaouen.*
(un amas de branches qui remuaient)
— Et alors ?
— Alors j'ai vu *cela (Aqueró).*
— Il y avait d'autres filles avec toi quand tu as vu ?
— Oui, monsieur.
— Elles ont vu ?
— Non, monsieur.
— Comment le sais-tu ?
— Elles me l'ont dit.

Le commissaire continue l'examen des faits, par ordre. Un feu nourri d'interrogations aiguës, directes, souvent inattendues. Bernadette répond à la cadence, nettement, brièvement, sans jamais dépasser les termes de la question, sans émotion non plus, après un léger temps de réflexion parfois, mais toujours avec assurance; d'autant plus net qu'il touche à l'essentiel :

Là-dessus, plus d'hésitation comme sur les dates et l'état civil. De temps à autre, Jacomet s'arrête à une expression obscure, à une apparence de contradiction. La petite fille reste sans embarras; ses réponses ramènent invinciblement une cohérence. Oui, il s'agit bien d'une personne réelle et vivante, qui sourit et parle comme nous. Mais Bernadette évite et récuse tout terme précis pour la désigner. Elle en revient toujours à *Cela : Aqueró*. Si elle paraît accepter, de loin, quelque terme de comparaison, elle le rejette dès qu'on le presse avec une commisération irritante. Jacomet a du mal à entrer dans cette espèce d'abstraction :

— Mais enfin, cette dame!... Euh!. cette fille, elle est habillée ?

— Une robe blanche serrée par un ruban bleu, un voile blanc sur la tête et une rose jaune sur chaque pied... un chapelet à la main.

— Elle a des pieds ?

— La robe et les roses les cachent, sauf les doigts.

— Elle a des cheveux ?

— On les voit un peu (*drin*) ici (Bernadette porte les doigts aux tempes, où elle trace deux lignes obliques et symétriques).

— Et tu sais qui c'est ?

— Non, monsieur.

— Elle est belle ? (*bero*).

— Oh oui, monsieur, bien jolie *(beroï)*.

— Belle comme qui ?... Comme Mme Pailhasson, comme Mlle Dufo ?

Le commissaire apprécie visiblement les beautés locales. Il est orfèvre en la matière. Bernadette n'est qu'apitoyée.

— *No poden pas hé* (Elles ne peuvent pas y faire).

— Quel âge a-t-elle ?

— ... jeune.

— Et comment t'est-elle apparue ?

— Je vous ai déjà dit.

— Tu t'es mal expliquée.

Bernadette recommence. Elle n'a pas fini. Le commissaire écrit toujours.

Plus qu'à la mystérieuse apparition, il s'intéresse aux personnages palpables qui se sont trouvés mêlés à l'événement, ont pris des initiatives. Mme Milhet retient particulièrement son attention : femme habile, Mme Milhet, et désœuvrée... Intéressant cette histoire de plume et de papier qu'elle a fait emmener à la Grotte. Le plus étonnant, c'est que la feuille ne soit pas revenue pleine de révélations en bonne et due forme. Oui, c'est décidément plus compliqué que ça ne paraissait.

— Alors maintenant, cette dame t'a prise chez elle et te dit ce que tu dois faire.
— Non, hier, je suis rentrée à la maison.
— Pourquoi ?
— Ma tante n'a pas voulu que je revienne chez elle.
— Elle t'a donné beaucoup d'argent, Mme Milhet ?
— Pas d'argent.
— Tu es bien sûre ?
— Oui, monsieur, bien sûre.

Un bruit imperceptible filtre de la pièce voisine. Mme Jacomet a collé son oreille à la porte. Elle se détourne avec des gestes et des rires, vers le garde champêtre Callet. Il reste en retrait, déférent, mais n'a que « de mauvaises idées d'elle », et se passerait bien de ce bruit qui l'empêche d'entendre. S'il osait, il collerait bien l'oreille à la porte, lui aussi... Il « maronne » d'entendre le commissaire et pas Bernadette. C'est en se tournant « pour rire vers lui » que Mme Jacomet a fait ce léger bruit, savamment retenu pour ne pas provoquer les foudres du commissaire. C'est qu'il ne plaisante pas avec le service, cet homme-là!

Il poursuit minutieusement l'inventaire des premiers confidents de l'affaire : pistes possibles.
— A qui as-tu raconté en premier ce que tu as vu ?
— Aux autres drôles.
— Qui ça, déjà ?
— A ma sœur Marie, en nous retirant, puis à Jeanne, l'après-midi.
— Et qu'est-ce qu'elles ont dit ?
— Elles se sont moquées de moi.
— A qui en as-tu parlé ensuite ?
— A ma mère (*maï*), le soir.
— Qu'est-ce qu'elle a dit, maï ?
— C'est un rêve. Il ne faut plus y retourner.
— A qui as-tu parlé encore ?
— A ma tante Romaine, en même temps.
— Qui c'est ça, tante Romaine ?
— Elle loge au-dessus de nous.
— Ah oui! Romaine Sajous (brave, mais elle boit, note en son intérieur le commissaire qui sait tout)... Et qu'a-t-elle dit, tante Romaine ?
— C'est une illusion.
— A qui l'as-tu dit encore ?

— A Cyprine, dimanche après vêpres.
— Cyprine comment ?
— ... Gesta.

Jacomet hoche la tête. Cette fille qui a deux enfants sur les bras. Pas grand-chose, les relations des Soubirous!

— Et les sœurs, tu en as parlé aux sœurs ?
— A la supérieure, et à la sœur qui nous fait la couture.
— Et elles t'ont dit ?...
— Il ne faut pas t'arrêter à cela. Tu as rêvé.
— Eh bien oui, ma fille, tu as rêvé...
— Non, j'étais bien réveillée.
— Tu as cru voir.
— Mais, monsieur, j'ai vu *Aqueró* plusieurs fois, je ne peux pas toujours me tromper.
— Si! Ton imagination s'est montée. Tu m'as bien dit que les autres n'avaient rien vu. Elles ont des yeux, elles aussi.
— Je ne sais pas expliquer, mais je suis sûre d'avoir vu.
— Ecoute, Bernadette, tout le monde rit de toi, tout le monde dit que tu te trompes, que tu es folle. Dans ton intérêt, il ne faut plus retourner dans cette Grotte.
— J'ai promis d'y aller pendant quinze jours.
— A personne tu as promis, puisque tu t'es trompée. Allons! tu vas être raisonnable, tu vas me promettre, à moi, de ne plus y retourner.

Bernadette se tait, mais les yeux noirs disent bien clair : puisque j'ai promis je ne peux pas promettre autrement.

La persuasion a échoué. D'ailleurs cette lucidité calme et détendue, ce n'est pas le style d'une folle. Alors un coup monté ? Une leçon apprise ? Le commissaire songe à l'aventure de son ami, l'abbé Clouchet, débarqué des pampas d'Amérique, qu'il avait accueilli chez lui, l'an dernier, et que les ragots des bigotes ont fait éloigner de Lourdes comme objet de scandale, tout ça, parce qu'il avait chassé la palombe, et grignoté un bout de saucisse en oubliant que c'était vendredi. Ces femmes, assez fortes pour discréditer un prêtre, ne seraient-elles pas de taille à créditer une histoire d'apparition ? La voilà, la bonne piste. Mais si c'est ça, il ne faut pas y aller par quatre chemins.

Le commissaire marque une pause. Il change de visage et compose l'air entendu de l'homme-qui-sait-tout, un numéro où il excelle et qui lui a valu bien des aveux depuis le début de sa carrière.

— Eh bien, Bernadette, je t'ai écoutée jusqu'au bout, bien patiemment. Mais, ton histoire, *je la connaissais d'avance* et je sais qui te l'a soufflée.

Il la regarde, bien en face, de ces yeux dont il sait le pouvoir, sans dureté, comme de connivence, car il s'agit de faciliter l'aveu. Il projette sur elle une sorte d'évidence sans ombre de drame.

— Monsieur, je ne sais pas de quoi vous parlez.

— Eh bien, je vais être clair. Qui t'a appris l'histoire de la demoiselle blanche de Massabielle ? Et qui t'a fait de belles promessses si tu la répétais ?

— Personne.

— Et qui, après cela, raconte que c'est la Sainte Vierge ?... Voyons, tu ferais mieux de le dire, puisque je le sais. Je te le demande seulement pour voir si tu vas enfin être franche.

— Monsieur, j'ai dit la vérité.

— Non, tu mens... Et je vais être clair. Si tu avoues, j'arrange cela en famille, et tu n'en entendras plus parler. Sinon, je te dresse procès-verbal.

Elle se tait. Est-ce l'émotion ? Il tire une nouvelle feuille de papier, guettant la crise de larmes qui va s'ensuivre. Il entend seulement cette réponse très calme :

— Monsieur, faites comme vous voudrez.

— Tant pis, murmure-t-il comme se parlant à lui-même, elle l'a voulu, elle sera punie.

Il brandit son papier :

— Je vais mettre par écrit tout ce que tu as dit. Et on verra bien si tu mens...

Il recopie, à l'encre cette fois, sur une grande feuille, deux fois grande comme les cahiers d'école. Le grattement de la plume, et des mimiques graves alourdissent le silence. Il plane des menaces dans l'air. Le commissaire est parvenu presque en bas de la troisième page qu'il sèche de poudre dorée ; il revient à la première :

— Récapitulons.

Bernadette cherche un sens à ce mot inquiétant. Il enchaîne :

— Je me nomme Bernadette Soubirous, âgée de 13 ou 14 ans. Le 11 février, jour du marché de Tarbes, Jeanne Baloume vint me chercher...

Bernadette écoute attentivement. C'est bien cela.

Il continue :

— La Sainte Vierge m'est apparue.

— Je n'ai pas dit la Sainte Vierge.

Jacomet écarte la correction d'un revers de main. (Alors pourquoi le dit-on en ville que c'est la Sainte Vierge ?) Il concède toutefois :

— Bon... une fille habillée de blanc, âgée de 20 ans.

— Non. Je n'ai pas dit 20 ans.

— Belle comme Mme Pailhasson.

Le commissaire prend plaisir à nommer cette dame, sans plus de succès.

— Non, j'ai dit plus belle que toutes ces dames que vous avez dit.

— Que les cheveux tombaient en arrière comme un voile.

— Non... les cheveux, c'est à peine si on les voit.

La lecture continue, semée à rythme irrégulier de fantaisies grandes ou petites. Chaque erreur est relevée.

— Non, monsieur... Vous m'avez tout changé.

Ici ou là, il insiste soit par feinte, soit parce qu'il avait réellement mal compris.

— Si! tu m'as dit cela.

— Non, monsieur!

— Si!

— Non!

Cela dure, et le ton monte. Callet croit entendre à travers la porte les mots.

— Ivrognasse... *couquino... putarotto...*

La colère est ici de rigueur, mais trop bien réussie pour être entièrement feinte. Cette gamine est irritante! Toutes les tentatives glissent sur cette naïveté sûre d'elle-même, et Jacomet supporte mal l'insuccès. Il bout. Il force la note pour en sortir. « Ça pique », comme quand il fait le tour du marché, son grand numéro. Il éperonne. Il menace du regard et de la main :

— Tu fais courir tout le monde après toi, tu veux devenir une petite p...

— Je ne dis à personne d'y aller.

— Oui, tu es bien contente de te faire voir.

— Non, j'en suis fatiguée.

— Eh bien, si tu en es fatiguée, dis que tu n'as rien vu.

— Mais j'ai vu!

Il écrit quelques lignes d'une écriture agitée qui grossit jusqu'à doubler en quatrième page. Visiblement, il lui est venu une idée terrible.

Il y a plus d'une heure que cela dure. Devant la maison, côté rue, une rumeur monte. Vite, il faut en finir. Qui sait ? La petite s'use peut-être, elle aussi. N'est-ce pas des larmes au bord de ses yeux ? Peut-être va-t-elle céder *in extremis,* comme souvent, de plus durs qu'elle. Jacomet reprend une dernière fois, avec une dernière énergie, les armes qui lui sont tombées des mains :

— Ecoute-moi, Bernadette, j'ai écouté tes histoires, supporté tes entêtements. Une dernière fois : vas-tu avouer ?

— Monsieur, je vous ai dit la vérité.

— Ecoute bien, Bernadette! Tu t'es mise dans un mauvais cas. Je veux bien arranger ça entre nous, en famille, mais, à une condition : reconnais que tu n'as rien vu.

— Monsieur, j'ai vu, je ne peux pas dire autrement.

— Du moins, tu vas me promettre de ne plus revenir à la Grotte. C'est ta dernière chance.

— Monsieur, j'ai promis d'y revenir.

— Alors, tu l'as voulu. J'envoie chercher les gendarmes. Tu vas aller en prison.

Jacomet s'est levé. Bernadette n'a pas bronché. Pourtant, la menace paraît sérieuse Le doux Estrade ne sait qu'en penser. Il est malheureux pour les deux : pour le commissaire acculé à cette solution extrême, et pour la petite qui l'a intéressé, touché même. Il voudrait tout arranger. Il s'approche tandis que Jacomet sort d'un pas décidé par la porte du couloir.

— Voyons, Bernadette, ne t'obstine pas. Le commissaire te veut du bien. Reconnais que tu as pu te tromper. On peut toujours se tromper.. Ou, du moins, promets de ne plus y retourner. Que gagneras-tu si on t'enferme ?

Elle ne répond pas. Ce monsieur-là n'a pas qualité dans ce débat. Elle l'a compris d'instinct. Il comprend aussi, à son regard.

Pourquoi Jacomet est-il sorti ? C'est que la rumeur s'est enflée, côté rue. Elle éclate en cris, en coups frappés sur les portes et les croisées :

— Laissez-la sortir!

Ici, les tempéraments sont incandescents. Le groupe rassemblé devant la maison Cénac a grossi dans le désœuvrement du dimanche finissant. La température monte. L'arrivée de François Soubirous, qu'on a été chercher, catalyse les colères.

— Le commissaire est dans son tort. Il n'a pas le droit d'interroger ta fille sans toi.

— Vas-y si tu es un homme!

Oui, François l'aime, sa fille, et il ne sera pas dit qu'il ne sait pas la défendre. Il s'est laissé pousser au premier rang, il s'échauffe et cogne avec les autres, sur la porte où l'enfant est entrée. Lui, le faible, le craintif, écrasé par sa misère, il s'apprête à parler en maître...

Et soudain, la porte s'ouvre d'elle-même. Le voici face au commissaire.

Il entre sur son élan, mais seul; le battant se ferme derrière son dos. Dans le corridor, sous ce regard, coupé du flot qui le portait, il sent son courage refluer. Il n'y a plus qu'un pauvre homme inquiet, abrité derrière un grand béret qui tourne entre ses deux mains embarrassées. Sa revendication meurt en imploration :

— Je suis le père de la petite.

Jacomet n'ignore pas les droits paternels, et il est fin joueur. Sa colère de tout à l'heure était-elle superficielle, ou est-elle tombée tout d'un coup ? C'est un Jacomet avenant et compréhensif qui rentre dans la salle d'interrogatoire avec l'ancien meunier.

— Eh bien, père Soubirous, je suis content de vous voir. J'allais vous envoyer chercher, car cette comédie ne peut plus durer. Vous attirez les gens chez vous...

— Mais...

— Je sais tout maintenant, la petite elle-même est fatiguée de ces gens qui courent après elle. Elle en a assez qu'on la force d'aller là-bas.

— Qu'on la force... mais on l'empêchait!...

— Ecoutez, je viens de l'interroger et je sais à quoi m'en tenir (Il prend la feuille et lit ces dernières lignes qu'il a écrites d'une grande écriture agitée :) Voilà ce qu'elle m'a dit en pleurant : « Papa et maman sont de l'autre côté, il faut que vous leur défendiez de me forcer à aller à la Grotte, j'en suis fatiguée, je ne veux plus y aller. »

François est abasourdi; il regarde anxieusement de son regard borgne et illettré ces papiers pleins de menaces, comme ceux qui l'ont fait emprisonner il y a onze mois. Bernadette proteste. Que lui fait-on dire encore ? Mais le commissaire ne se laisse pas couper dans cette passe difficile. Il enchaîne :

— Ecoutez, père Soubirous, moi, je veux bien vous croire. Mais alors ne renvoyez plus votre fille là-bas. S'il en était autrement, je saurais à quoi m'en tenir. Vous n'avez pas l'intention de retourner en prison, je pense, et pour ma part, je serais navré de vous y renvoyer.

— Mon Dieu, monsieur, je ne demande pas mieux que de vous obéir, car c'est vrai que nous sommes fatigués de recevoir des observations sur notre fille et de voir notre maison envahie. Votre ordre m'arrange plutôt. Je fermerai ma porte aux gens et ma fille n'ira plus à la Grotte.

Le voilà enfin, le succès de dernière heure qui n'échappe jamais à Jacomet. Sur cet accord, il se paie le luxe de féliciter le père Soubirous de ses bons sentiments, et tout en achevant son compliment, il ouvre la porte donnant sur la cour... la referme. La séance est terminée.

Restés seuls, commissaire et commis des contributions échangent leurs impressions. Ils s'accordent sur un point : cette gamine se défend bien. Pour le reste, ils diffèrent.

— « Coup monté par les dévotes », opine Jacomet, « je saurai » bientôt.

— « Surexcitation organique brillamment colorée », dit Estrade qui a échafaudé dans le désœuvrement ces expressions savantes.

Pour l'un comme pour l'autre, la pensée du surnaturel est exclue.

En sortant, Jean-Baptiste dira plus simplement à sa sœur : La petite est de bonne foi, mais elle peut s'être trompée.

Sur-le-champ, le commissaire recopie au propre la minute de l'interrogatoire. Il n'y reprendra pas le faux aveu en grandes lettres agitées.

Au cachot.

Pendant ce temps, Bernadette se retrouve dans la cour, tout étonnée. La prison n'est pas pour aujourd'hui. Elle sèche les larmes qui lui sont montées aux yeux, lorsque le père s'est rangé à l'avis de Jacomet. Avec la liberté recouvrée, elle goûte la satisfaction de la tâche accomplie.

Jamais elle ne se serait crue capable d'affronter pareille épreuve. Elle en est reconnaissante autant qu'émerveillée. Oui, ce courage inconnu lui a été donné. Et d'où il vient, elle le devine. Tandis que ses galoches claquent sous la voûte de la porte cochère, elle aspire à retrouver enfin paix et tranquillité.

Mais à peine sortie, elle est cernée par une cohue de visages, de questions.

— Qu'est-ce qu'il t'a dit ?

— Qu'est-ce qu'il t'a fait ?

— Il ne t'a pas mise en prison ?

Elle se dégage comme elle peut et regagne le cachot... mais pour y retrouver les mêmes questions, et les lamentations de Louise, épuisée par l'émotion.

La petite reste calme. Avec l'éloignement, le commissaire lui paraît rapetissé. Comment peut-on dire ainsi tantôt une chose, tantôt le contraire, avec tant d'assurance ? C'est avec le sourire qu'elle songe maintenant à ses feintes, à sa colère...

— Qu'est-ce qui t'amuse ?

— « Il tremblait. Il avait à sa calotte un gland qui faisait tintin. »

Le rapide souper du dimanche — jour sans travail — s'achève. La nuit

Sur cette page : Imagerie classique de l'interrogatoire du commissaire. Jacomet n'est pas sans quelque ressemblance, mais le lecteur attentif dépistera bien des fantaisies : la maison du commissaire n'a ni cette apparence, ni cette inscription. Bernadette est assise et non debout. Estrade est derrière elle. Il n'y a pas là de gendarme et la porte est fermée, etc.

En haut : le moulin de Boly où Bernadette rentra après l'interrogatoire

est tombée. Les braises meurent. Six voix débitent la prière : celle de François, un peu traînante, tranche en basse, sur celles de Louise et des enfants. La voix de Bernadette domine. C'est elle que Sajous entend le mieux à travers le plafond. La faim, la fatigue, les soucis, les inquiétudes montent vers le ciel, en un lourd envol d'espérance; il en redescend un grand calme.

L'asthme ramènera tout à l'heure des images oppressantes : cette montagne sur sa poitrine, n'est-ce pas le commissaire qui est assis sur elle, avec sa plume, son papier, ses menaces et les mots inquiétants que tous répètent depuis le premier jour : « C'est un rêve.. C'est une illusion... Tu t'es trompée » ? La voici écrasée sur place, empêchée de diriger ses pas vers Massabielle, où elle a pourtant promis d'aller pendant quinze jours... un cauchemar que le réveil ne dissipera pas. Mais Bernadette ne se laisse pas happer par le vertige. Elle s'en remet à cette assurance qui lui est donnée au fond d'elle-même depuis quelques jours, chaque fois qu'il en est besoin. Elle retombe dans le sommeil jusqu'au matin, où quelque chose encore, peut-être, la protégera...

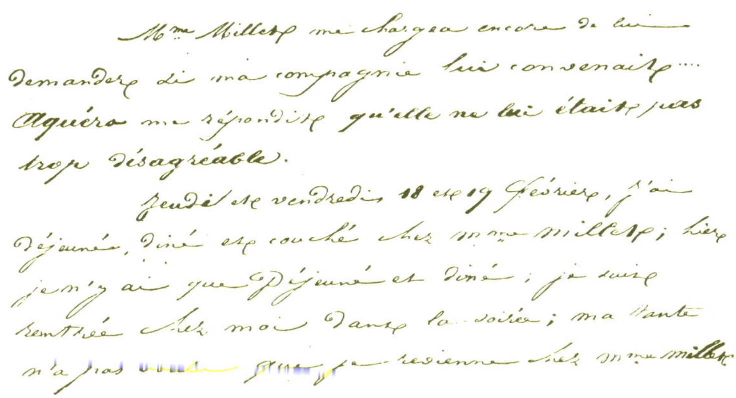
Mme Millet me chargea encore de lui demander si ma compagnie lui convenait.... Aquéro me répondit qu'elle ne lui était pas trop désagréable.

Jeudi et vendredi 18 et 19 février, j'ai déjeuné, diné et couché chez Mme Millet; hier je n'y ai que déjeuné et diné; je suis rentrée chez moi dans la soirée; ma tante n'a pas voulu que je revienne chez Mme Millet

Procès-verbal autographe du commissaire Jacomet (dernières lignes).

12

LUNDI 22 FÉVRIER 1858

JOUR SANS APPARITION

22 février. Bientôt huit heures. Munie de son petit sac, Bernadette s'achemine tristement vers l'école. François Soubirous a maintenu la défense d'aller à la Grotte.

La décision a été discutée dans le quartier. Fanny Nicolau, l'institutrice, est venue féliciter les Soubirous. Cette approbation lui a valu des reproches.
— Qui êtes-vous pour empêcher cette petite de faire son devoir ? La dame lui a dit d'y aller pendant quinze jours.
— Irez-vous en prison pour elle ?

Des voisins auraient voulu intervenir en sens opposé, mais ils ont trouvé porte close. La décision est prise.

Bernadette qui se sentait pressée d'aller à la Grotte a supplié encore une fois ce matin :
— Ça me fait bien de la peine. Il faut que je vous désobéisse à vous, ou à cette dame.

Elle fait pitié. La mère a lancé pour gagner du temps :
— On verra à midi.

Mais elle ne cesse de gémir.
— On va nous enfermer tous, si elle y va!

Le père a renouvelé l'ordre d'aller à l'école « sans dévier à droite ni à gauche ». Rien à faire désormais : il a promis au commissaire.

C'est ainsi que Bernadette est partie, triste et troublée, car elle a fait une promesse, elle aussi : celle de venir « pendant quinze jours ».

En classe.

Elle est accueillie par une algarade de la supérieure qui l'a vu emmenée hier par le commissaire : Alors, c'est fini, cette fois, « les carnavalades » ?

Puis, l'épreuve de la classe commence, pour elle accablante, faute d'avoir pris à temps le pli de la discipline scolaire. L'application qui lui donne tant de joie à la couture, par exemple, débouche ici dans le vide. Elle ne sait même pas assez de français pour comprendre les explications. Les mots, les lettres ne « rentrent pas »; les leçons qu'elle apprend, fût-ce le catéchisme, s'enfuient à peine entrées. Devant l'impossible, le découragement la saisit : « Je n'apprendrai jamais rien. Il faudrait que vous me fourriez le livre dans la tête. »

Ce matin, aussi souvent qu'elle se reprenne pour s'attacher à son travail, sa pensée s'envole vers Massabielle...

A la Grotte.

Là-bas, quelques groupes se sont rendus au petit matin, ignorant la défense du commissaire. D'autres guettent sur la route pour voir si « la petite » va s'y rendre quand même. Peu à peu, les curieux se découragent et se dispersent. En remontant, Anna Dupas, la chapelière-charcutière, entraînée par Marie Ségot, passe aux nouvelles, rue des Petits-Fossés. La blonde Louise, dans ses vêtements usés, est là, sur le pas de sa porte, toute chavirée. Pour se donner compagnie, elle tient sur les bras son petit dernier : Justin, trois ans. Les deux commères engagent la conversation avec elle :

— Vous êtes la mère de Bernadette ?

— Oui, je vous reconnais vous, vous êtes marchande. Je suis venue chez vous plusieurs fois.

— Où est Bernadette ?

— Je ne veux plus qu'elle aille à la Grotte. Elle est à l'école.

A l'hospice, l'interminable matinée s'achève. Onze heures enfin! Bernadette rentre déjeuner, elle implore à nouveau sa permission. Ne lui a-t-on pas laissé espérer, ce matin, qu'à midi on verrait ? Rien à faire. Elle insiste; elle n'y tient plus; ça l'emporte. La mère commence à craindre qu'elle n'échappe et décide de l'accompagner jusqu'à l'école.

« *Une force irrésistible.* »

Jamais il n'en aura tant coûté à Bernadette de faire cette route qui l'éloigne de la Grotte : rue Basse, pont des Ruisseaux, puis la côte assez raide qui débouche sur la route de Tarbes. L'y voici : à sa droite, la gendarmerie; à sa gauche, en surplomb, l'hospice, qui abrite aussi l'école. Elle avance à grand-peine sur la courte montée sinueuse; mais elle cache si bien ce qui lui en coûte, elle paraît si calme, si maîtresse d'elle-même, que la mère s'en retourne. D'ailleurs la petite n'est-elle pas sous les yeux des gendarmes qui, faute de meilleure distraction, regardent l'entrée des gamines ? Bernadette est arrivée sur le seuil du portail, de plus en plus mal à l'aise. Elle vient de s'arrêter, face à la colonnade blanche, incapable d'aller plus loin. L'attrait intérieur a pris soudain une puissance nouvelle, il la pousse littéralement vers la Grotte. La résolution d'obéir qui avait jusqu'ici commandé sa démarche, est débordée. Elle a pivoté sur place, ses pas l'emportent vers Massabielle sans qu'elle comprenne ce qui lui arrive. Elle dévale la pente qu'elle vient de monter.

Elle ne repassera pas par la ville haute. Arrivée au pont des Ruisseaux, elle tourne à droite, sans franchir le Lapaca. A sa gauche, les moulins, à sa droite, en surplomb, le sordide quartier des « cagots ». Un peu au-dessus de Boly, sa maison natale, elle franchit le ruisseau et s'engage dans le sentier de Pet de Pesqué. Côté Lourdes, le château l'écrase de sa masse à pic. Côté Grotte, le Gave coule à l'inverse de ses pas. Elle est en pleine campagne, mais pas seule...

Deux gendarmes.

Lorsqu'elle a pris le départ devant la gendarmerie, elle était observée. Il y avait des consignes. Deux gendarmes ont bouclé leur ceinturon et couru à ses trousses. Ils la rejoignent, l'encadrent, mais ne l'arrêtent pas... Mission de surveillance seulement.

Tandis qu'ils descendaient la pente, Julie Pimorin, qui se trouvait là, s'est précipitée vers le haut de la ville pour prévenir sa bonne amie Jacquette Pène, la sœur du vicaire. Julie se fait discrète, car Jacquette est colocataire de la maison Jacomet, mais son air de mystère intrigue les plus avisés. Tout un groupe dévale au galop le chemin du Baous. Tandis que Bernadette traversait le quartier du Lapaca, l'alerte a été donnée dans la ville basse. Des enfants la suivent, quelques femmes aussi, tandis que les meuniers, haussant les épaules, restent à leurs meules, plus tentés de suivre qu'ils ne paraissent.

Cependant, quelques promeneuses, ignorant ce qui allait se passer, descendent tranquillement le chemin du Baous pour visiter, faute de mieux, la fameuse grotte : ce sont Emmanuélite Estrade, Joséphine et Eléonore Pérard, Hélène Pailhasson, la sœur du pharmacien, et Mme Lannes (ou Mme Rivière). Arrivées un peu au-delà du château, elles sont toutes surprises de voir la petite fille déboucher en contrebas sur leur droite, entre les deux gendarmes, suivie de son cortège. Le maréchal des logis d'Angla

LE PONT DES RUISSEAUX

les a rejoints. Devant ce rassemblement si vite improvisé, il hausse les épaules :
— Et ce serait au XIXe siècle qu'on voudrait nous faire croire à de pareilles superstitions!

Sur le pont.

Bernadette paraît calme, mais une inquiétude secrète la travaille. Le conflit entre le devoir et la force qui l'entraîne lui laisse une sorte de trouble. Elle éprouve le besoin d'une protection, d'une lumière... Parvenue au Gave, elle s'arrête et demande le cierge bénit qu'on avait amené les jours précédents : le cierge de congréganiste de sa tante Lucile. On court le chercher.

Suspense autour du Pont-Vieux où une cinquantaine de personnes attendent. L'impatience est d'autant plus vive que la plupart sont là pour la première fois. Le groupe stationne de part et d'autre du Gave. Beaucoup se tiennent à distance respectueuse, à cause des gendarmes. Le maréchal des logis s'en est allé. Il avait bonne mine d'attendre les lubies de cette gamine!

Sur le chemin du Baous, de nouveaux groupes descendent...

Enfin, parmi eux, voici tante Lucile et tante Bernarde avec le cierge. Une heure vient de sonner. Le groupe se hâte vers Massabielle. Dominique Vignes qui travaille à la scierie de Savy abandonne son ouvrage et suit. Un peu plus haut, Germaine et Eugénie Raval, qui aident à la grande lessive de la ferme des Espélugues, plantent le linge qu'elles étendaient et se joignent au groupe déjà nombreux.

Où le maréchal des logis intervient.

Arrivée à la grotte, Bernadette allume le cierge, s'agenouille et commence le chapelet. Ses tantes sont près d'elles, agenouillées aussi. Les gendarmes sont là, debout. Autour, il y a bien cinquante personnes.

Nulle transformation ne se produit dans le visage de l'enfant. Sa prière se prolonge, sans plus.

Voici le maréchal des logis de retour. Il inspecte les lieux d'un air supérieur, arrive derrière Bernadette. Sa haute silhouette colorée se penche sur le petit bout de fille. Il lui murmure quelque chose à l'oreille. Les plus rapprochés seuls entendent :
— « La vois-tu ? »

Il dit ça sur un ton de bonhomie ironique, selon lui amical, tout en lui tapant sur l'épaule.

Pas de réponse. Il insiste :

— « La vois-tu ? »

Ceux qui étaient déjà venus ont déjà la réponse : la physionomie triste et anxieuse de Bernadette contraste avec la joie des jours précédents. Le maréchal des logis a penché ses moustaches tout près du visage de la petite fille. (Comment voulez-vous que la Vierge lui apparaisse avec cet escogriffe devant elle! pensent les assistants, avec indignation.)

— La vois-tu ? répète-t-il.

Il ajoute d'un air entendu :

— Tu vois comme moi.

Le silence de Bernadette est imperturbable. Mais la marraine ne supporte pas cette situation. Elle éteint le cierge et entraîne sa filleule, non sans un mot aigre-doux à l'adresse du maréchal des logis.

Il part avec un haussement d'épaules : il avait bien dit que c'étaient des superstitions.

Des personnes amies interrogent, à leur tour, Bernadette au bord des larmes.

On commente l'événement. L'absence de vision accroît le scepticisme de ceux qui ne croyaient pas et trouble « la foi » de beaucoup d'autres. Les plus réfléchis en tireront bientôt un argument favorable. Si elle jouait la comédie, cette petite, pourquoi ne l'aurait-elle pas jouée aujourd'hui ?

— Ce sont des bêtises, disent les uns.

— C'est à cause du gendarme, disent les autres.

— L'heure était passée, constatent certains.

Et les « croyants », comme on commence à les appeler, se mettent facilement d'accord sur cette dernière explication.

Bernadette fait pitié. Elle murmure :

— « Je ne sais pas en quoi j'ai manqué à cette dame. »

Le moulin des mauvais jours.

On l'invite à se reposer au moulin de Savy. Emmanuélite Estrade, qui a quitté la Grotte dans les dernières, l'y rejoint.

Entrons avec elle. Bernadette est assise. A côté d'elle, une femme, jeune mais usée, très pâle, et tout en sueur, jette de temps en temps « un regard plein d'angoisse ». Emmanuélite l'interroge :

— Connaissez-vous cette enfant ?
— Eh! mademoiselle, je suis sa malheureuse mère.
— *Malheureuse* mère, et pourquoi ?
— Vous voyez ce qui se passe : la police nous menace de nous mettre en prison. Les uns rient de nous, les autres nous plaignent et nous disent que l'enfant est malade.
— Et vous, que pensez-vous ?
— La petite n'est point menteuse. Je la crois incapable de nous tromper. Lorsque je lui demande si elle souffre, elle me répond qu'elle n'est pas malade. Je lui avais défendu de venir à la Grotte : elle y est venue quand même. Pourtant, elle n'est pas désobéissante, d'habitude. Mais elle me dit qu'elle est forcée d'y venir par quelque chose qu'elle ne sait pas expliquer...

Lorsque mère et fille reprennent le chemin du taudis, elles sont aussi déconcertées l'une que l'autre. Ce soir, à la nuit, Bernadette se glisse pour la deuxième fois au confessionnal de l'abbé Pomian qui l'écoute avec attention et conclut :
— On n'a pas le droit de t'en empêcher.

Contre toute attente, en quelques heures, l'inextricable situation se dénoue. Le père, ému, comme la mère, du désarroi de l'enfant, retire sa défense.

Du côté des fonctionnaires.

En rentrant en ville, le maréchal des logis a rendu compte avec satisfaction et complaisance :
— Les ailes de mon chapeau ont fait envoler l'apparition!

Mais, comme on craint déjà le retour à Massabielle, il tient conseil ce soir avec le maire et le procureur. La discussion louvoie entre deux exigences contraires : il faut faire quelque chose... Mais on a beau chercher et rechercher, il n'y a pas de délit à se rendre à la grotte. Les mesures d'intimidation ayant échoué, que faire ? Le maire laisse la discussion patauger, puis l'oriente insensiblement vers les positions préparées à l'avance : il n'aime pas qu'on tracasse ses administrés. Il en résulte toujours plus de mal que de bien. Il approuve, suggère, soutient, au détour de la conversation, de menus arguments qui font mouche.
— Il serait vain d'agir sans bases légales. Et puis, il faut bien le constater, l'opinion est pour la petite. On ne manquerait pas de nous « jeter la pierre », si nous agissions contre elle.

Imperceptiblement, les décisions énergiques souhaitées par le maréchal des logis sortent du champ de la perspective. Le plus sage n'est-il pas de s'en tenir à l'expectative ?... Le maire, secrètement triomphant, n'a bientôt plus qu'à féliciter ses interlocuteurs de la sagesse de leurs réflexions et de leur décision. Demain, Bernadette retournera sans encombre à la grotte.

LE PONT-VIEUX, SUR LE CHEMIN DE LA GROTTE

13

MARDI 23 FÉVRIER 1858

SEPTIÈME APPARITION

— Ira!
— Ira pas!
— Verra!
— Verra pas!...

Tel était le thème des conversations dans l'après-midi d'hier : 22 février. Dans la soirée, un bruit venu on ne sait d'où se répand en grande confidence d'amie intime à autre amie intime, dans le cercle animé des enfants de Marie : La petite va y retourner demain (mardi 23).

Un chaperon récalcitrant.

C'est le grand sujet de conversation chez Emmanuélite Estrade : à voix étouffée, car on n'oublie pas que le commissaire habite l'étage au-dessous.
— Je ne peux pas vous dire comme j'ai le désir d'y aller, avoue Emmanuélite.
— Allons-y ensemble!
— A quelle heure est-ce ?
— Six heures au plus tard... m'a-t-on dit.
— Mais c'est en pleine nuit!

Le mot fatal est lâché. Des jeunes filles convenables ne peuvent sortir nuitamment sans escorte.
— Jean-Baptiste va bien nous accompagner!...

La gentillesse de Jean-Baptiste est inépuisable, sauf raison professionnelle. Demain, justement, le commis à cheval des contributions indirectes n'est pas en tournée. A son passage au salon, il est entouré, flatté, supplié. Il reste aimable, mais fuyant, s'esquive de prétexte en plaisanterie, et finalement bat en retraite, souriant à l'extérieur, mais passablement mécontent de lui.

Au sortir du salon, son sourire de façade l'abandonne. Il lui en coûte d'avoir refusé. Il serait même curieux de la voir à l'œuvre, cette étonnante petite bonne femme, qui, dimanche, tenait si bien tête au commissaire. Pourtant, c'est impossible. Si ces demoiselles pouvaient entendre ce qui se dit au Café Français ces jours-ci, ce soir encore, pareille idée ne leur viendrait même pas. Libre à elles de se ranger parmi les faibles d'esprit venus admirer cette gamine que le journal dit *cataleptique*, mais les adeptes des lumières ne peuvent se jeter dans pareil ridicule. Non, ce n'est pas possible!

Pour en finir avec un malaise qui se dissipe mal, Jean-Baptiste quitte la maison et se dirige vers le presbytère, avec la secrète idée de faire approuver son refus par son curé : on le dit sévère pour « la comédie de la Grotte ».

Voici, sur la gauche, dans la descente, en retrait de la chaussée Maransin, la puissante maison carrée qui sert de presbytère; la lueur des lampes troue cette masse noire d'énormes carrés jaunes, à l'endroit des fenêtres; d'un côté, celles de M. Lannes, l'entreposeur de tabac; de l'autre, celles de l'abbé Peyramale.

L'abbé Peyramale! Le vacillant Estrade va vers lui comme vers un point solide. Il le connaît bien, ce pasteur aux apparences redoutables, prompt à brandir du haut de la chaire les foudres de Dieu contre les pécheurs, et plus généralement contre ceux qui mettent le désordre, et pourtant, le plus charmant des hommes. Bourru avec les paroissiennes, il prodigue la générosité du cœur (son trait dominant) à deux catégories de personnes.

D'abord les pauvres qui, avec lui, ont tous les droits, ont droit à *tout*, jusqu'à sa dernière chemise, à la dernière pièce de son porte-monnaie, ou même, à défaut d'autre chose, au poulet que rôtit la gouvernante... Sur ce point, on le juge ordinairement excessif, déraisonnable, imprudent. Il méconnaît les vertus bourgeoises d'économie, de prévision. Il entretient sur ce point unique une sorte de « désordre ». Cette manière de commencer le trimestre en donnant royalement et de le finir avec des moyens de fortune, en vivant comme un vrai pauvre, est-ce convenable pour un curé doyen, pour un « curé de première classe » ?...

La deuxième catégorie de visiteurs qui bénéficie de son amitié, ce sont les hommes de la paroisse, et paradoxalement, ceux de la plus haute société : pas toujours les plus dévots. Avec eux, le curé est à l'aise : un homme comme les autres, bon vivant, droit, tout d'une pièce, et pourtant, plein de contrastes qui auraient de quoi surprendre, si l'on s'arrêtait à y réfléchir : sa supériorité ne condescend pas, et pourtant, n'écrase pas; elle rayonne chaleureusement, élève d'emblée le visiteur à son niveau, sans que l'un ni l'autre n'y songe; elle fait vite naître une conversation au tour gai, pittoresque, inattendu. L'abbé Peyramale a sa manière à lui de passer du plaisant au sévère, de l'optimisme le plus contagieux aux plus sombres inquiétudes, d'un jeu de mots impayable à une réflexion profonde, de la partie de quilles au service d'un malade, sans jamais cesser d'être de plain-pied et tout entier à ce qu'il fait.

Jean-Baptiste Estrade n'a pas besoin de multiplier les précautions oratoires pour amener la conversation sur la Grotte. Le curé va au-devant. Visiblement, il est préoccupé; il s'y intéresse même, plus qu'il ne voudrait le montrer. Ah! s'il n'y avait que ces racontars de bonnes femmes, cette histoire de dame blanche dans un trou du rocher, il aurait lâché ses foudres. Mais il y a cette affluence au confessionnal : des gens revenus de loin, des conversions sincères. Un vent de grâce passe sur la paroisse. Bien sûr, il y a toujours un mouvement au début du carême; il y a ce jubilé aussi (... pour lequel il n'a pas encore trouvé de prédicateur); mais il y a autre chose. Incontestablement, les conversions sont en rapport avec la Grotte.

Lorsque Estrade en vient à raconter, comme chose dérisoire, la demande qu'il vient d'esquiver, l'abbé Peyramale interrompt presque :
— Allez accompagner ces dames!
— Mais, monsieur le Curé...
— Allez-y! On en parle beaucoup et je ne serais pas fâché qu'un homme sérieux comme vous aille voir ce qui se passe là-bas.

Sur la route.

Le lendemain donc, mardi 23 février, vers cinq heures et demie du matin, Jean-Baptiste et Emmanuélite descendent à pas de loup les escaliers de la maison Cénac où dort encore le commissaire. Ils prennent au passage les amies qui attendent derrière leur porte, craignant qu'on les oublie.

Epaisse nuit sans lune. Il faut écarquiller les yeux pour deviner, au plus court, le tracé du chemin.

Nous serons seules, avait pensé Emmanuélite. Mais il y a de l'animation sur la route : des sabots, des chuchotements, des prières, des rires. D'autres groupes sont en marche. Dans celui d'Estrade, on en est au fou rire. Jean-

L'ABBÉ PEYRAMALE ET SON PRESBYTÈRE

Baptiste est passablement surexcité par le mystère de l'aventure, par l'importance que lui donne sa situation de protecteur de ces demoiselles et l'attention qu'elles lui portent, par une inquiétude aussi. Que va-t-on dire au Café Français, si on sait que « M. le Contrôleur » des contributions a été vu à Massabielle ? Il tient à dissiper toute équivoque sur ses sentiments, et plaisante la Grotte, le carnaval et la gamine. On a de la chance! On va voir la comédie en plein carême... avec la permission de M. le Curé. On rit beaucoup, ne serait-ce que par reconnaissance, et pour encourager le chaperon qu'on avait bien craint de ne pouvoir fléchir...

— Soyez sérieuses, mesdemoiselles, et ouvrez grand les yeux. Vous semblez oublier que vous allez voir la Sainte Vierge! Vous en avez de la chance!

Le rire est si complaisant que le contrôleur ne se fatigue plus et multiplie les ironies sans portée.

— Avez-vous apporté vos lorgnettes ?... Et si le diable allait vous emporter!... Avez-vous bien pris de l'eau bénite, et le cierge de la Chandeleur ?

Voici la Grotte. Six heures n'ont pas sonné. Une centaine de personnes sont déjà réunies, surtout des femmes du peuple; elles égrènent le chapelet, certaines à genoux. Estrade sourit de leur crédulité hâtive. Ma parole, elles prient comme si c'était vraiment la Sainte Vierge. Elles sont calmes, recueillies, et leurs rangs peu serrés laissent le passage vers une bonne place... qui va se révéler tout à l'heure, excellente.

Pour le moment, tel n'est pas son principal souci. Aux lueurs mêlées de l'aube et des cierges amenés par quelques dévotes, il tâche de voir qui est là, quelles mauvaises langues de commères vont bientôt proclamer en ville la visite de M. Estrade à Massabielle... Cette inspection est rassurante; au milieu des jupes paysannes, quelques silhouettes masculines, et même bourgeoises : chapeaux en surplomb, manteaux courts, pantalons collants. Voilà M. Dufo, membre du conseil de l'ordre des avocats et conseiller municipal, M. Dozous, médecin, et même M. de La Fitte, intendant militaire en retraite, le chef d'une des premières familles du pays. (Ne dit-on pas que sa mère a fait la nomination de l'évêque ?) Enfin, là-bas, cet uniforme de dragons, n'est-ce pas le capitaine Duplessis, commandant de l'annexe de Visens ?

Mi-confus, mi-rassurés de se retrouver là, ces messieurs échangent quelques propos sur le prétexte qui explique leur venue, et la haute considération philosophique qui les élève au-dessus de la crédulité populaire. Ils examinent la voûte avec ses trous, ses bosses et cette cavité qui se perd dans l'ombre sans qu'on en discerne le fond. N'y aurait-il pas quelque forme extraordinaire ou jeu de lumière qui pourrait expliquer la soi-disant apparition ?

Une conversion.

Un léger brouhaha met fin aux discussions. Voilà Bernadette, flanquée de tante Bernarde. Elle se hâte vers sa place, tout près de l'entrée, au milieu, légèrement à droite, *juste à côté de M. Estrade*, heureux mais inquiet de ce privilège. Le voilà devenu le point de mire.

Bernadette est à genoux et tire son chapelet. Il reconnaît, de profil, le visage de la gamine du commissariat : très naturel, très ordinaire, avec, aujourd'hui, une pointe de tristesse et d'appréhension. Vraiment, rien d'une comédienne. Estrade redouble d'attention, curieux de percevoir, peut-être, le secret plus ou moins honorable de toute cette équipée...

A quel moment la chose s'est-elle passée ? Est-ce Bernadette qui a insensiblement changé, ou l'écran de ses préventions à lui, qui s'est progressivement dissipé ? Il ne saurait dire, mais le voilà saisi. Est-ce la pâleur, la joie, ou l'expression nouvelle du regard ? Il n'a encore donné aucun nom à ces choses, mais un sentiment quasi physique l'envahit : *il y a quelqu'un.* D'un coup, il se tourne vers le point que Bernadette fixe. Et lui, le sceptique d'il y a quelques instants, il s'étonne de n'y voir qu'ombre. Ses préjugés ont fondu. Il enlève son chapeau, comme les braves gens de la « basse classe » . Il n'est plus qu'un admirateur transi, parmi les autres, de l'humble petite fille devenue le miroir de plus grand qu'elle.

Au moment où le changement s'est produit, Bernadette achevait la première dizaine. Le mouvement des doigts et des lèvres s'était interrompu. Il reprend, mais de manière moins régulière. La joie semble retenir sa respiration, immobiliser le mouvement de la prière. Des sourires, des saluts, de grands signes de croix (comme jamais il n'en a vu) interrompent la récitation.

Maintenant, une sorte de conversation se déroule, qu'il est merveilleux d'être seulement admis à observer. Bernadette parle — ou plutôt, remue les lèvres — comme si elle retenait le son de ses paroles. Bernadette écoute. Elle s'étonne. Elle fait *oui* de la tête et puis *non.* Par moments, elle s'attriste, et puis rit, franchement, gaiement, mais sur un mode qui, dans son extrême simplicité, reste toujours un ton au-dessus de la réalité. M. Estrade est subjugué.

L'épingle noire.

Et s'il voyait de l'autre côté, dans l'ombre, le manège d'Eléonore Pérard! (Qui se douterait que « ce petit espiègle » deviendra l'an prochain sœur de saint Vincent de Paul ?). Tandis que le contrôleur des contributions a, d'un coup, rendu les armes, elle, expérimente. Elle a essayé précédemment de pincer Bernadette pour voir ce que ça lui ferait. Pas de réaction. Alors elle prend sur son tablier une grosse épingle à tête noire, et, sans avoir l'air d'y toucher, vlan! elle la lui enfonce dans l'épaule. Bernadette ne bronche pas. Ça alors! Eléonore impressionnée entre dans le recueillement qui est peu à peu tombé sur les cent personnes réunies, comme un grand manteau invisible...

La flamme du cierge.

Personne ne s'est aperçu de rien. Par contre, Emmanuélite Estrade a cru remarquer une chose pendant l'extase de Bernadette :

> ***Le cierge glissa de sa main. L'une des extrémités (celle qui était opposée à celle qui brûlait) toucha à terre de sorte que le second doigt de la main resta tout à fait sur la flamme durant plusieurs minutes. Je crus que ce pauvre doigt serait tout calciné. Je ne pouvais m'empêcher de gémir tout haut, et.... je n'eus pas le courage de le retirer de la flamme...***

Les gens continuent d'arriver. Voici Fanny Nicolau, l'institutrice qui descend à grand-peine le casse-cou, aidée de sa bonne. Elle craint de « rouler en bas »... Ce matin, elle s'est levée pour y aller, puis elle s'est dit :
— C'est trop bête!

Là-dessus, elle est partie pour la messe. Mais, au retour de l'église, la servante (qui brûle d'y aller) lui a dit, en exagérant un peu :
— Tout le quartier va à la Tute. Il n'y a que nous qui n'y allons pas.

Du coup, elles sont parties en hâte avec grande crainte d'arriver trop tard. Heureusement, l'extase se prolonge ce matin. (Elle va durer une heure au sentiment d'Estrade et de sa sœur qui n'ont pourtant pas trouvé le temps long.) Elles arrivent pour les dernières « inclinations » et les derniers sourires. Elles en sont éblouies.

Il est presque sept heures. A droite, une auréole de lumière dorée

nimbe maintenant le château et le pic du Jer. L'extase de Bernadette a supporté la lumière du jour sans décevoir.

Mais voici que les couleurs lui reviennent graduellement. Les paupières reprennent leur battement habituel. Plus qu'une petite fille ordinaire qui se frotte les yeux, comme surprise de passer d'une vive lumière à la grisaille de ce petit matin. Mais tellement heureuse! *Aqueró* n'est pas fâchée. Tout le reste est sans importance. Silencieusement, discrètement, inconsciente de l'admiration dont elle est l'objet, Bernadette se lève et remonte le sentier, emportant son sourire et sa certitude. Elle se débarrasse des questionneurs, gentiment, adroitement, comme d'habitude, et, semble-t-il, un peu plus que d'habitude. Nul ne saura rien du colloque de ce jour. *Aqueró* lui a-t-elle confié un premier secret ? Plus probablement, il s'agit aujourd'hui, de cette prière secrète, « pour elle seule », qu'elle récitera désormais tous les jours de sa vie.

Premiers enthousiasmes.

A la Grotte, qu'elle vient de quitter, c'est l'enthousiasme. Estrade surtout. Toute sa vie, il tentera d'exprimer le sentiment qui l'a saisi en ces minutes incomparables.

— J'étais venu incrédule, je me retirai croyant...

Pour le moment, il ne sait que balbutier une admiration qu'il partage avec M. Dufo et M. de La Fitte :

— Prodigieux... sublime... divin...!

Le retour en ville, la perspective d'affronter l'ironie ne lui pèsent plus. Il a vu. Il témoignera. Il commence à ébaucher les phrases qui convaincront. Il croit encore à la puissance des mots et de la rhétorique pour dire l'inexprimable. Le petit démon littéraire qui l'habite et lui fait pondre en secret des éditoriaux tarabiscotés pour la première page du *Lavedan* se met de la partie et commence à faire émerger de sa pure émotion des phrases dont il fait l'essai :

— Si on fait au ciel des signes de croix, ils ne peuvent être faits que de cette manière.

Dozous émet des réserves. Il arguë de son art :

— Un vieux médecin comme moi ne peut vous suivre si vite. Il y a tant de maladies propres à donner le change...

— Docteur, avez-vous bien vu comme j'ai vu ?... Et votre science ne vous aveugle-t-elle pas sur l'essentiel ?

— Vous me permettrez de poursuivre mes observations.

Les voici en ville. Ils se séparent, tous palabres conclus, avec le nombre habituel de faux adieux. Estrade monte, songeur, l'escalier de la maison Cénac. Il n'est plus le même homme que ce matin, lorsqu'il descendait en veine de plaisanterie. Sa vie même a changé de sens.

Sur le palier, son voisin d'étage, l'abbé Pène, le guette. Quelques minutes avant, sa sœur, Jacquette, est rentrée de la Grotte, ravie, transportée, débordante d'une conviction communicative. Mais l'enthousiasme de Jacquette, qu'est-ce que ça vaut ? Ce qu'il faut au vicaire, c'est le jugement d'un homme. Il est bien surpris de trouver le contrôleur, son voisin, non moins ému :

— Mon cher!... Rien de pareil dans le monde! C'est incroyable! Il faut avoir vu pour y croire! On dit que Bernadette joue la comédie. Eh bien, s'il en est ainsi, il faut avouer que c'est la première comédienne du monde. J'ai vu Rachel... à Toulouse et à Bordeaux... Elle est magnifique... mais infiniment au-dessous de Bernadette. Non, mon cher abbé, non, Bernadette ne joue pas la comédie; elle a devant elle un être surnaturel.

Rachel! On ne pouvait chercher plus haut. La célèbre comédienne venait de mourir en janvier. Et sa mort avait défrayé la chronique, plus que celle d'un ministre décédé dans les mêmes jours. On s'était offusqué de ce culte naissant des étoiles.

Au Café Français.

Une rude épreuve attend ce soir l'enthousiasme d'Estrade : l'épreuve « Café Français ». Situé à l'angle du grand axe Tarbes-Argelès avec la rue de Bagnères, à deux pas de la mairie et de la maison Cénac, cet établissement abrite une société fort *select* : le cercle Saint-Jean, qui rassemble tout ce qui compte dans la société lourdaise : tribunal, médecine, armée, propriétaires. La première « discussion » sur la Grotte se prépare, ou plutôt le prélude à des discussions de style nouveau, qui vont se poursuivre durant des années. Estrade appréhendait le moment où il pousserait la porte vitrée du haut lieu de la pensée locale. Voici le moment arrivé.

L'ambiance familière l'enveloppe : les lampes projettent leurs cônes jaunâtres dans des nuages de tabac. Le *Siècle* et la *Presse* de la semaine passée gisent sur les tables, avec l'*Ere impériale*, l'*Intérêt public* et autres journaux locaux. Dans la salle voisine, le choc des boules de billard éclate en saccades matelassées. Dans la pénombre du fond, la luxueuse boiserie de frêne, orgueil du lieu, achève l'ambiance de confort cossu à l'anglaise, qui fait le prestige du Cercle. Mais, dans ce climat familier, Estrade se sent aujourd'hui mal à l'aise, étranger, comme le jour où il y entra pour la première fois, après avoir recueilli les parrainages nécessaires. Il mesure l'étrangeté de sa conviction, la sent refluer dans les zones secrètes. Il est saisi par l'impossibilité de la faire partager... L'affaire de la Grotte n'a été jusqu'ici l'objet que de plaisanteries faciles. On a discuté sur l'auteur de l'article du *Lavedan*... Ce coup de patte, très parisien, est-ce l'avocat Bibé, ou le commissaire Jacomet ? Le petit mystère hebdomadaire se laisse résoudre dans un cercle restreint. Toujours est-il que le ton badin et supérieur en a été très apprécié. La présence à la Grotte, ce matin, de représentants de l'intelligentsia lourdaise est l'événement du jour. Enfin, une occasion de renouveler le stock de plaisanteries usées à longueur d'hiver sous un régime où les passions politiques s'endorment. Estrade s'attendait à une « bourrasque ». Il l'a. « Les plaisanteries, les quolibets, les congratulations acides » tombent comme grêle. Certains semblent savoir déjà que M. Estrade n'est plus un simple curieux.

Il s'est préparé à encaisser. Il « laisse ces messieurs épuiser leur verve » (elle est heureusement sans passion), et, à défaut d'une profession de foi qui se perdrait dans la fumée, il y va d'un argument *ad hominem*...

— Messieurs, réplique-t-il, lorsque le silence commence à faire désirer sa réponse, quand un saltimbanque montre sur la place du Marcadal un mouton à deux queues ou un roussin à deux têtes, vous y courez tous. Eh bien, j'ai vu mieux. Cette enfant dans son extase, c'est un tableau qu'aucun peintre ne pourrait égaler. Expliquez-le comme vous voudrez...

Qu'était devenue Emmanuélite pendant ce temps ? Les mouvements de la foule l'avaient séparée du groupe des messieurs. Elle s'en était peu souciée, le grand jour et l'affluence rendant le chaperon inutile. Et surtout, elle souhaitait silence et recueillement. Elle s'est rendue à l'église. Elle y prolonge sa prière.

Une cadence émerge peu à peu du silence; un pas lourd arpente la sacristie, puis s'approche sur les dalles. Une voix de basse-taille, mal contenue, plonge vers Emmanuélite :

— Et votre frère ? Est-il allé à la Grotte ? Que pense-t-il ?

C'est M. le Curé, plus impatient qu'il ne veut le laisser paraître, sous son air d'indifférence bourrue.

Emmanuélite comprend que son avis de femme ne compte pas pour le doyen de Lourdes; elle répond au plus court...

— Il m'a paru très ému, mais je ne lui ai pas parlé.

— Qu'il vienne me voir.

Visite sur visite.

Son recueillement envolé, Emmanuélite est prise d'un autre désir : revoir la petite fille, lui parler, et regarder ce doigt qu'elle a vu tout contre la flamme.

Elle ne tardera pas à le réaliser grâce à son amie, Hélène Pailhasson, la belle-sœur de Mme Pailhasson, aussi pieuse que l'autre est légère. C'est une amie des pauvres. Les Soubirous ? Mais oui, elle les connaît. Ils habitent à deux pas d'ici.

Emmanuélite est saisie par la misère du cachot, l'odeur, l'obscurité... En ce moment, Bernadette est au premier étage, chez l'oncle Sajous. Emmanuélite enfile le couloir sombre, traverse la cour fétide et s'engage avec appréhension dans l'escalier aux marches branlantes... Tout étonnée d'arriver en haut « sans accident ». Elle y trouve Bernadette,

> *assise près du foyer presque sans feu... un jeune enfant sur ses genoux (sans doute son frère Justin, âgé de deux ans moins cinq jours). Toute une petite famille est là dans la chambre.*

« La petite famille » comprend à la fois les enfants Sajous et les enfants Soubirous, des voisins aussi, peut-être. Emmanuélite ne s'arrête pas à démêler. Son attention va à ce petit garçon de six à sept ans, le « petit ami » muet qu'elle avait surpris, grattant la cire sur le sol de l'église, et qui revenait manger sa tartine quotidienne sur le palier de la maison Cénac, confus et affamé. Elle va enfin savoir qui c'est...

> *Je lui mets la main sur la tête et je le secoue doucement.*
> *— Eh bien, petit, toi aussi, tu es venu voir Bernadette ?*
> *A cette interpellation, j'entends parler l'enfant pour la première fois...*
> *— Je suis son frère.*
> *Ce fut dans cette circonstance que je pus examiner le doigt de Bernadette. Aucune trace de brûlure ne s'y trouvait.*

Examiner Bernadette, la questionner, c'est maintenant l'idée de tout le monde. Pas de maison plus fréquentée que le cachot cet après-midi. Parmi les visiteuses, Anna Dupin, femme Dupas, marchande de chapeaux et articles divers : son mari veut parler à « cette drôle ».

— Arrêtez-la ce soir quand elle viendra de l'école, répond Louise.

Et maintenant, Bernadette, entraînée dans l'arrière-boutique, essuie les remontrances du chapelier — une formule qu'elle a déjà entendue :

— Tu fais courir le monde.

— *Eh perque arribou! Lous boï pas coïllé iou!*

— Eh pourquoi arrivent-ils. Je ne vais pas les ramasser, moi!

Les amies d'Anna envahissent peu à peu la pièce, et de leur part, ce n'est que ferveur; Bernadette est bientôt leur proie.

— Je n'aurai pas le plaisir d'embrasser la Sainte Vierge, laisse-moi t'embrasser, toi.

Anna, non moins attendrie, a des pensées plus pratiques, en regardant cette petite, visiblement mal nourrie. Elle fourrage dans l'armoire. Les pommes ont été « rares cette année », il lui en reste « une bien belle », gardée pour la bonne bouche. Anna l'offre de bon cœur. Mais non, Bernadette a pris ses distances, même à l'égard des belles pommes :

— Elle refusa bien que je la priasse beaucoup, raconte la chapelière.

A la sortie, Eugénie Raval (la sœur de Germaine), qui a été en nourrice à Bartrès avec Bernadette, l'entraîne d'autorité. — Viens chez nous. Là encore, un tas de gens veulent la voir, la questionner surtout. Elle répond tout droit, sans calcul : Pourquoi s'y est-elle reprise à deux fois pour faire le signe de croix ? C'est qu'elle avait devancé *Aqueró*, et le bras lui est tombé. Ce que l'apparition lui a dit ? Une prière pour elle seule; là-dessus, on n'en tire rien de plus. Est-ce la fatigue ? En tout cas, elle paraît lasse. On a pitié. On la relâche. Enfin!

Mais non, ce n'est pas fini. Au cachot, François attend sa fille avec impatience. Tout à l'heure, à l'écurie, la sœur du patron, Dominiquette Cazenave, lui a dit du ton péremptoire qui convient pour un domestique :

— Vous m'amènerez votre petite ce soir. Après le travail!

Il n'y avait rien à répliquer. Cet emploi chez Cazenave, au plus creux du chômage d'hiver, c'est inespéré. Il ne s'agit pas de mécontenter quelqu'un dans la maison...

Mais qui eût pensé, ce matin encore, que Dominiquette donnerait ainsi dans le mouvement ? Cette congréganiste, âgée de trente-neuf ans, c'est une sceptique, une opposante, et les assauts qu'elle subit depuis quelques jours ne semblaient pas l'ébranler.

— Réellement, il y a quelque chose, lui répétait Germaine Raval.

— Vous devriez venir, disait Jeanne-Marie Lavit, une parente de Bernadette, qui partage avec Dominiquette la maison des Espénettes.

— Si tu voyais comme cette petite est recueillie! insistait sa sœur Rosine Cazenave.

Dominiquette jouait l'indifférence, mais elle avait de plus en plus de mal à cacher son irritation! Non, on ne lui en ferait pas accroire sur la fille du palefrenier de son frère!

Allant à la messe, ce matin, par la rue des Petits-Fossés, elle a haussé les épaules en trouvant un groupe qui attendait devant la porte du cachot... Pas seulement Germaine Raval et autres jeunesses, mais une personne de poids, une ancienne institutrice de Lourdes : Dorosie Tarbès.

— Vous aussi, Dorosie, vous attendez cette drôle!

— Crois-moi, petite, il y a quelque chose. J'étais comme toi. Mais maintenant que j'ai vu...

Une discussion a suivi. Dominiquette a lâché l'argument massue qu'elle avait jusqu'ici gardé pour elle :

— Je suis scandalisée de voir les femmes qui la protègent!

Oui, cette Cyprine qui prête son chapelet à Bernadette, et ces deux tantes qui l'accompagnent, Dominiquette se rappelle bien leur renvoi de la congrégation, et le temps qu'il a fallu pour qu'un mariage régularise leur situation. L'une d'elles tient un cabaret où cette Bernadette a parfois servi le vin. Non, ce monde-là ne vaut pas cher.

Dans la journée, nouvel assaut. Cette fois, c'est Marie Pailhès (la femme du greffier), chez qui Dominiquette va faire le repassage.

— Faites donc venir cette Bernadette.

— Comment, vous aussi, vous y croyez!

— Non, mais je voudrais la voir.

Eh bien, oui, qu'on la voie! Et qu'on en ait le cœur net! C'est ainsi qu'elle s'est adressée à François Soubirous et qu'à la nuit tombée, celui-ci monte avec sa fille l'escalier de la rue des Espénettes, en haut duquel est juchée la maison de Dominiquette. Mais la Bernadette qu'il y traîne n'est plus qu'une ombre d'elle-même; absente, la tête vide à force de questions, d'embrassades. Elle « raconte en quatre mots ce qu'elle a vu », comme pour s'en débarrasser... C'est aussi décevant que Dominiquette pouvait secrètement l'espérer.

La séance n'est pas finie pour autant. Voilà maintenant les objections de la patronne. Bernadette ne paraît pas s'y intéresser et donne des réponses sans portée. D'ailleurs, Dominiquette ne lui laisse guère la parole que pour la couper aussitôt. Elle se moque. « Elle grimace. » Marie Pailhès intervient, car elle ressent un attrait pour l'enfant, qui s'est gentiment blottie tout près d'elle :

— Voulez-vous laisser parler la petite!

François intervient, lui aussi, sur un autre ton. Il voudrait sa fille plus aimable, plus brillante avec la patronne, qui décidément, s'irrite. Il se met en frais et répond à la place de la petite, comme il l'a entendu dire, ou, du moins, comme il a compris. Mais sa façon de raconter ne cadre pas avec celle de Bernadette. Dominiquette les renvoie, dépitée. Pourquoi tout le monde court-il après cette drôle ? Vraiment, il n'y a pas de quoi! Et pourtant, ce « Pourquoi ? » continue de l'inquiéter.

— Que penses-tu de Bernadette ? lui demande son frère.

— Je n'y crois pas.

— Ni moi... Mais je vais demain voir ce qu'elle fait là-bas.

En fait, il n'ira, lui, que le 3 mars, et c'est Dominiquette qui, demain...

Ainsi Lourdes oscille entre l'enthousiasme, l'irritation, le haussement d'épaules, la perplexité. Du haut en bas de l'échelle sociale, l'affaire de la Grotte est devenue le point de mire. Cette nuit, bien des gens tarderont à s'endormir en se disant :

— Irai-je, n'irai-je pas ?

Et plus d'un se réveillera en se demandant :

— N'ai-je pas laissé passer l'heure ?

Mais il y a, rue des Petits-Fossés, une petite fille qui s'est endormie en paix, écrasant sa fatigue sur le bout de matelas qu'elle partage avec sa sœur. Les obstacles ont cédé, les tristesses d'hier se sont évanouies. Elle ira demain à sa chère Grotte et sait que la jeune fille blanche ne lui en veut pas. Elle n'en demande pas davantage. Il y a bien longtemps qu'elle ne s'était endormie en pareille lumière d'espérance.

Trois messieurs
du 23 février

ESTRADE

DOZOUS

DUFO

14

MERCREDI 24 FÉVRIER 1858

HUITIÈME APPARITION

Ce matin, mercredi 24 février, Estrade selle son cheval à regret. C'est jour de tournée. Mais, depuis cinq heures, de nouveaux venus, en nombre, affluent vers la Grotte.

Entrée en scène de Dominiquette.

Dominiquette Cazenave est réveillée par un branle-bas dans la pièce contiguë. Jeanne-Marie Lavit et sa fille, deux voisines, se préparent pour « y aller »... Un autre jour, elle s'irriterait de ce réveil matinal. Mais non, le sommeil a dissipé sa mauvaise humeur d'hier. Elle saute du lit et tambourine contre la cloison en criant :

— J'y viens!

Les autres sont toutes « contentes ». Elles savaient son scepticisme.

— On vous emmène... mais vite.

Inutile de répéter. Dominiquette est tenaillée par la crainte d'arriver trop tard.

C'est une fois dehors qu'elle se demande : qu'est-ce qui m'a pris ? La fraîcheur de la nuit finissante gèle son élan. Ses mauvaises jambes protestent déjà. Que va-t-elle faire au fameux sentier ? Pour un peu, elle s'en retournerait. Elle proteste mollement :

— Je ne pourrai guère marcher...

— Nous vous porterons.

« *Le rosier.* »

Elle descendra, comme bien d'autres, « sur le fond de sa robe », mais en hâte. L'attrait des bonnes places qui se font rares l'aiguillonne. En se glissant le long du rocher avec la complicité de ses nombreuses amies, elle en trouve une excellente : juste sous la niche, près de Fanny Nicolau, l'institutrice, et de la famille Dufo, qui est là en corps constitué : l'avocat, Madame et les deux demoiselles. Une branche de l'églantier agrippe son foulard de tête.

— Attention! avertissent les voisines, quand on touche au rosier, la Dame s'en va.

Depuis l'absence du 22, c'est la grande crainte. Les fervents s'ingénient à réprimer tout ce qui pourrait « fâcher l'apparition », non sans fabulation. Dominiquette n'aime pas les reproches, et trouve celui-là imbécile :

— Si la Dame connaît mon intention, elle ne se fâchera pas.

Voici Bernadette. En prenant sa place, elle jette un regard étonné sur cette affluence qui dépasse encore celle de la veille : deux à trois cents personnes. Ce coup d'œil d'un instant réveille les préventions de Dominiquette. Comme elle toise les gens, cette effrontée! Elle repassera pour la modestie! Bernadette s'est mise à genoux : elle allume son cierge, et fait un signe de croix dont le recueillement est contagieux. Les grains du chapelet glissent en avant sur les doigts croisés.

Vers la fin de la première dizaine, quelque chose d'impondérable se produit, une sorte de mouvement en avant, ou plutôt un élan très doux, car Bernadette n'a pas bougé. Mais la figure a changé. A la lumière livide du petit matin, que réchauffe un peu la jaune vibration du cierge, le visage a blanchi, d'une lumineuse blancheur. L'enfant vient de passer dans un autre monde.

— Mon Dieu, elle va mourir! gémit une femme.

D'autres répètent, pour soulager leur émotion. M. Dufo n'ose plus regarder, tant il est saisi. Il a le sentiment d'une espèce d'effraction. Et puis, va-t-il pleurer comme un enfant ? D'instinct, il se retire en arrière. Fanny Nicolau, elle, s'abandonne aux larmes. Elle n'est pas la seule. Il fait bon pleurer là.

Au bout de cinq à six minutes, pourtant, une inquiétude altère cette douceur. Bernadette a perdu son sourire. Une sorte de nuage est passé sur l'éclat du visage. Elle a repris ses couleurs. Elle s'est levée. Elle paraît triste, inquiète, mécontente même. Elle a un regard fâché vers le groupe qui lui fait face, juste sous la niche. Mme Dufo en est toute mortifiée. Aurait-elle, sans le vouloir, fait fuir l'être béni ? Les femmes qui avaient prévenu Dominiquette interviennent :

— On vous l'avait pourtant bien dit de ne pas toucher à ce « rosier ».

Chacun se rapetisse ou s'efface, comme il peut, autour des longues branches dont certaines descendent presque au sol.

Mais le regard de Bernadette ne s'attarde pas sur la foule : elle a les yeux pleins de larmes; elle semble chercher quelqu'un...
— « Pauvre chou! » murmura Mme Dufo, débordante de compassion et de bonne volonté...

Sous la cavité intérieure.

La petite fille s'avance maintenant de deux ou trois pas dans la Grotte, se tourne vers la droite, et regarde en l'air, cette large cavité évasée qui communique là-haut avec la niche extérieure. Les plus proches entendent un souffle « très doux, à peine articulé, comme si elle avait dit : Ah! quel bonheur, la voilà! » De nouveau, son visage reçoit d'en-haut pâleur et sourire. (Mme Dufo en éprouve grand soulagement.) Bernadette *voit* maintenant. Et cette fois, elle paraît écouter. Ses lèvres remuent. Mais les plus proches n'entendent pas le moindre son. Elle a pourtant l'air de parler...

La conversation serait-elle triste ? Elle revient vers sa première place, « avec une larme de chaque côté sur les joues, comme plaquée ». Mais, en arrivant devant la niche extérieure, cette tristesse disparaît et, « les yeux encore mouillés de larmes... elle éclate en rires d'une grande suavité », observe Jacquette Pène.

L'apparition se poursuit ainsi, durant les minutes qui suivent. Bernadette va et vient de la niche extérieure à la cavitié intérieure; joie et tristesse alternent sur son visage où l'on croit discerner des modifications de l'état extatique. C'est comme un voile fin qu'une main invisible abaisserait et remonterait sur le visage, ou comme une lumière d'un autre monde, tantôt projetée, tantôt éteinte. Car la pâleur de Bernadette n'est pas terne et opaque à la manière d'un cadavre, c'est une douce illumination : « comme le soleil qui reparaît, puis comme le soleil qui se cache », observe Dominiquette.

Sous la cavité, Bernadette salue par trois fois, en s'inclinant, un peu plus profondément à chaque fois. Elle écoute, fait *oui*, puis *non*...

L'esclandre de tante Lucile.

A côté d'elle, tante Lucile est émue. Ce qui la frappe le plus, c'est cette pâleur « comme si elle devenait morte ». La mystérieuse conversation l'impressionne. Soudain, elle voit Bernadette s'avancer à genoux d'un ou deux pas, puis tomber la face en avant... Elle n'y tient plus, pousse un cri, et s'affaisse sur elle-même à demi évanouie. Bernadette tressaille. Elle s'apprêtait à prosterner de nouveau son visage contre terre lorsque ce cri l'a rappelée au monde extérieur. Elle interrompt son mouvement au rythme très vif et regarde derrière elle; on soutient Lucile toute décomposée :

— Ma tante, *n'aï pa peno*!

Le ton marque un reproche en même temps qu'il rassure : ce n'est pas bien de vous mettre en pareil état!

Bernadette regarde à nouveau vers la niche comme pour s'excuser, avant de reprendre le mouvement interrompu. Mais ses traits expriment soudain une déception. Son visage est revenu à l'état normal : deux pommettes roses sur fond de teint mat. *Aqueró* a disparu.

Bernadette se relève, un peu triste, et s'éloigne aussitôt avec cette sorte d'indifférence discrète qui la protège des curieux.

Sur le chemin, elle profite du premier instant favorable pour dire à sa trop émotive accompagnatrice :

— Ma tante, il ne faudra plus revenir avec moi.

Lucile est confuse de son esclandre qui a « fait partir la Sainte Vierge ». Elle n'a rien à répondre, mais songe déjà au moyen de se faire pardonner, de se faire admettre de nouveau à la Grotte demain matin... Elle est sûre, cette fois, d'être très sage.

L'incident n'a d'ailleurs pas eu grand retentissement. L'exercice esquissé par Bernadette, le cri de la tante, la fin de l'apparition ont été confusément interprétés comme manifestations de tristesse au moment du départ d'*Aquerό*. Le recueillement est resté intact.

Dans l'intimité du petit matin blanchissant, la cause des apparitions a continué de gagner les cœurs.

Comme hier Estrade, Dominiquette a été conquise, malgré ses préventions.

— Non, conclut-elle à part elle, sur le chemin du retour, cette petite n'invente pas.

Un léger doute plane pourtant sur sa conviction naissante : est-ce que cela ne pourrait pas être une « hallucination » ? Ce mot savant a pour elle du prestige. Elle pense : « Il n'y aura qu'à consulter un médecin distingué. » Mais ce qui domine chez elle, c'est un désir de protéger de toute manière cette petite Bernadette.

La conversation silencieuse.

Fanny Nicolau pense comme Dominiquette :

— On voit bien que ce ne sont pas des grimaces!

Mais ce qui l'intrigue, ce qui intrigue tout le monde, c'est cette apparence de conversation qui s'est déroulée ce matin sous la cavité. Elle emboîte le pas de Bernadette, et profite du premier instant favorable pour lui demander :

— La Dame t'a-t-elle parlé ?

Bernadette répond avec une sorte d'étonnement :

— *Té! e qu'erot ta près de iou, e n'adaouet pas entenut*

— Tiens! vous étiez si près de moi et vous n'avez pas entendu

Fanny réalise soudain : Du point de vue de la voyante, la conversation s'est déroulée à haute voix. Un instant désarçonnée, l'institutrice, vertueuse et maîtresse de vertu, retombe à pieds joints sur un réflexe professionnel (il ne faut « pas lui donner d'orgueil », à cette petite!) : elle improvise une raison pour justifier sa question :

— Pas entendu ? Non, ma pauvre... On m'a tant poussée qu'on a failli me faire tomber!

Elle ajoute :

— Comment t'a-t-elle parlé ? Français ou patois ?

— *Oh té té, qué boulet qu'em' parlé francés ? Eh qu'ou sabi, iou!*

— Oh! tiens! que voulez-vous qu'elle me parle français ? est-ce que je le sais, moi!

Elle ajoute sur un ton plus posé, toute pénétrée de la déférence de la merveilleuse jeune fille à son égard :

— *Qu'em parlo en patouès et quem dits bous.*

(Elle me parle patois et me dit vous.)

Fanny en est toute saisie « à cause du respect » de celle que beaucoup pensent être la Sainte Vierge.

Pénitence.

Jacquette Pène va faire la même observation. Pour elle, ce qui l'intrigue, ce sont les incidents de la fin; les trois saluts gradués, et surtout ces signes : *oui, non,* avant de s'avancer sur les genoux. Elle en parle à son frère, le vicaire, qui reste perplexe. Le sens de tout cela ?

Bernadette est donc appelée à la maison Cénac (avec l'assurance que le commissaire n'y est pas); elle y donne l'explication suivante : Aujourd'hui *Aqueró* a prononcé un mot nouveau :

— *Pénitence!*

Elle a dit :

— *Priez Dieu pour la conversion des pécheurs.*

Puis elle l'a priée de vouloir bien « *monter à genoux et baiser la terre en pénitence pour les pécheurs* ». Elle avait un visage triste.

Bernadette a répondu oui, tout tristement aussi. *Aqueró*, toujours déférente, lui a demandé « si cela l'ennuierait ».

— Oh! non, a-t-elle répondu, de tout cœur.

Elle se sent prête à tout pour faire plaisir à cette amie du ciel, si triste lorsqu'elle parle des pécheurs.

Dans Lourdes, ce soir, on parle de la Grotte un peu plus qu'hier, et avec une faveur croissante. On assure que la Vierge a confié à Bernadette quelque secret, ou prière secrète au sujet de laquelle il est impossible d'en tirer quoi que ce soit. La parole qu'elle a prononcée ce matin : *Priez pour les pécheurs*, fait son chemin en ville. Tandis que les bavards épiloguent, bien d'autres mettent à profit cette consigne où s'approfondit leur ferveur.

Mieux que personne, Bernadette, qui a fait par ailleurs, au long de ce jour, une découverte étonnante. Après Fanny Nicolau, les Dufo, Sajous, Tarbès et d'autres, lui ont, à leur tour, posé, sur la conversation du matin, des questions qui l'ont d'abord étonnée. Pour elle, c'était bien clair; il y avait des paroles secrètes qui avaient été dites dans l'intimité, comme par le cœur, et d'autres, à haute voix. Elle s'aperçoit peu à peu que celles-là mêmes, personne ne les a entendues : pas plus les siennes que celles d'*Aqueró*. Tout cela reste entre elles, comme la vision. Elle n'est pas au bout de ses surprises, qui d'ailleurs ne la préoccupent guère. Ce qui compte, pour elle, c'est cette amie d'en-haut et les désirs qu'elle a commencé d'exprimer aujourd'hui : cette pensée des pécheurs, hier encore lointaine, et qu'elle a saisie, d'un coup pour la vie, dans la tristesse d'un regard.

ÉGLISE DE LOURDES

15

JEUDI 25 FÉVRIER 1858

NEUVIÈME APPARITION

Jeudi 25 février, deux heures du matin : fait sans précédent, des sabots claquent déjà sur la route en lacets qui relie la vallée de Batsurguère à la vallée du Gave. Ce sont trois femmes : Marie Portau, couturière à Omex, accompagnée de Louisette de Tiné et de Jeanne-Marie Carrère. Elles récitent le chapelet, en boitillant dans les fondrières et la boue du chemin. Il pleut. Elles craignent de trouver les « bonnes places » déjà prises...

Eh bien, non! Elles sont les premières.

Veillée priante.

Elles s'abritent de la pluie sous le bord du rocher, à l'aplomb de la niche, face à la « place de Bernadette ». Le silence de la nuit est troué de bruits légers... une espèce de roulement qui leur semble venir des entrailles du rocher. Elles frissonnent, mais la prière soutient leur courage.

Là-haut, des pas, dans la nuit, se rapprochent. Elles épient avec un mélange d'inquiétude et d'espoir. Quelle heure peut-il être ?

Dans le sentier, les pas se font irréguliers, glissants, mais les voix sont rassurantes. C'est Pauline Cazaux, une enfant de Marie de Lourdes, avec son frère. Il est trois heures et demie, assurent les nouveaux venus. Encore deux bonnes heures d'attente. Le temps de dire quelques chapelets.

Les gens arrivent maintenant. Parmi les premiers, des « étrangers », avec un enfant. Aux abords de cinq heures, les bonnes places se font rares. On pousse pour avancer dans la foule qui résiste, mais sans éclat ni dispute. La Grotte est occupée jusqu'au fond : même ce large renfoncement, du côté gauche, là où la voûte presque horizontale vient rencontrer le haut de la pente. Catherine Oustallet s'y est accroupie, contente de cette position, car elle est enceinte et pas solide sur ses jambes. Tant pis pour cette humidité qu'elle sent monter du sol!

Le menuisier Domengieux s'y est glissé lui aussi, en rampant par la gauche, derrière les gens. Il a été gêné par Claire Trézères qui s'était enfoncée dans la partie basse... Arrivé au sommet, il s'est drôlement installé, jambes allongées, coudes au sol, dos au rocher, l'échine épousant la voûte. Avec le « burnous » dont il s'est enveloppé la tête à cause du froid, on dirait un gnome en position de cariatide. Que fait-il là ? Il se le demande un peu. Il n'avait guère envie d'y aller avec sa piètre santé. Il s'est laissé emmener par ses filles. Mais, une fois sur les lieux, le désir de voir s'est emparé de lui. De l'avis des initiés (qui se garderont d'en rien dire), il a pris là une bien mauvaise place...

Des malins en dénichent aujourd'hui de nouvelles. Voyez Etienne Théas, laboureur, accroché à ce tronc d'arbre, tout près de la niche, et ce garçon d'Adé cramponné à une arête rocheuse : il y a quelques heures, il avait commencé par aller se fourrer dans la niche de l'apparition. Des cris l'ont vite ramené à une place plus décente...

Il y a là surtout des gens de la « basse classe », majorité de femmes. Voici pourtant, vers cinq heures, un groupe « de la société » : Jean-Baptiste Estrade, guidant sa sœur et une amie de sa sœur, Elfrida Lacrampe, fille du patron de l'hôtel des Pyrénées.

Le point de vue d'Elfrida.

L'arrivée de celle-ci étonne. Cette enfant de Marie au vert langage, âgée de trente-deux ans, est connue pour son opposition résolue et même combative aux apparitions. L'abbé Pomian, son confesseur, pourtant réservé, trouve son attitude excessive; quant au docteur Dozous, qui serait porté à revenir à la foi de son baptême à cause de la Grotte, il ne comprend pas comment une jeune fille si pieuse se montre si hostile.

— Mais est-il possible que vous, mademoiselle Elfrida, vous soyez incrédule, vous, vous, vous!

Elle le revoit encore, bras croisés, « branlant la tête », d'un air de reproche dont elle se demande s'il est plaisant ou sérieux...

C'est de la maison Cénac que sont venues les offensives les plus insinuantes, les plus convaincantes. Elles ont commencé avant-hier. Dans l'enthousiasme de son premier contact avec la Grotte, Emmanuélite Estrade a « sauté » chez son amie : accueil cordial, comme toujours, mais Elfrida a répondu à ses déclarations émues par un rire sceptique. Encore une! Décidément, tout le monde perd la tête à Lourdes. Romain Lacrampe (frère d'Elfrida), trente-quatre ans, a tenté de l'arrêter. Elle a repris, moqueuse :

— Tenez, en voilà encore un croyant!

Ce propos n'a pas refroidi M. Lacrampe. Volontiers solennel, il a répondu, bras levé :

— J'en fais serment afin que tu n'en doutes pas.

Ce n'est que beaucoup plus tard qu'il confiera les causes surprenantes de sa croyance : certain tourbillon de flammes l'a jadis fait fuir de cette grotte où il s'était réfugié un jour de pluie...

Hier, 24 février, au sortir d'une conversation avec Eléonore Pérard, qui lui a raconté l'étrange expérience de l'épingle, Elfrida est allée chez les Estrade, curieuse de l'avis de Jean-Baptiste; elle a été surprise de le trouver plus ardent encore que sa sœur. Comme à l'abbé Pène, il lui a sorti le couplet sur Mlle Rachel, dont les plus belles poses (il l'a vue), sont bien en dessous de Bernadette :

— Si vous y allez, vous croirez! a-t-il conclu.

Elle a cédé, moins par curiosité que pour se débarrasser de tant d'instances, et ne pas avoir l'air de craindre une expérience foudroyante; mais elle arrive armée de toute sa lucidité, et de tout son scepticisme.

Habilement guidée par Estrade, et servie par ses bonnes relations en ville, elle parvient, en dépit des quelque 300 personnes déjà rassemblées, à la place qui lui a été conseillée, un peu en avant de la Grotte, légèrement à droite, tournée vers le gave.

Voici Bernadette accompagnée de ses trois tantes et suivie d'une escorte. Voir cette gamine s'avancer au milieu de pareille foule comme un personnage, cela attise l'irritation d'Elfrida. Qu'est-elle donc pour répéter en patois avec cet air d'assurance (d'impatience ?) :

— Laissez-moi passer. Laissez-moi passer.

Elle a vraiment l'air de dire : Sans cela vous ne verrez rien. Et puis après!

En fait, les gens tiennent à voir... Et c'est précisément pour cela qu'ils font difficulté à se ranger. La brave Marie Portau, qui s'est effacée, ne retrouvera pas la place qu'elle occupait depuis trois heures du matin, et sera réduite à errer à la recherche d'un médiocre point de vue. Tout ce qui limite la visibilité suscite des cris :

— Chapeaux! Chapeaux!

Et en dépit de la pluie qui n'a pas encore cessé :

— A bas les parapluies!

Bernadette s'arrête enfin : à trois mètres d'Elfrida, juste en face! (le conseil d'Estrade était bon). Elle relève sa robe, arrange son capuchon (encore un mauvais point), s'agenouille et tire son chapelet. Il ne manquerait plus maintenant qu'elle regarde le monde... Mais non, elle semble étrangère à cette foule qui l'entoure.

Elfrida la toise avec acuité. Bien ordinaire, assurément cette« drôle » : Elle lève les yeux vers la niche, puis les abaisse, et prenant la croix de son chapelet... la tête en bas (une mauvaise note de plus), lève de nouveau les yeux vers le rocher, calme et immobile de corps et de regard. Il est presque cinq heures et demie.

Jusqu'ici rien d'extraordinaire! Elfrida guette la transformation qu'on lui a annoncée : la pâleur, les larmes qui vont faire cette Peau-d'Ane soudain plus belle que Mlle Rachel. Eh bien, non, rien qu'une gamine, récitant, fort correctement d'ailleurs, son chapelet à voix basse.

La marche à genoux.

Mais voilà du nouveau! Bernadette a enlevé son capulet blanc qu'a recueilli Eléonore Pérard. Elle passe son cierge à sa tante. Elle part bon train sur ses genoux et grimpe ainsi la pente qui s'élève vers le fond de la Grotte. Sur cet amas de cailloux entassés, son « agilité » est surprenante. Ma parole! elle marche « sur ses genoux comme si elle avait marché sur ses pieds ». De temps à autre, elle baise la terre.

Au passage, tout près d'Elfrida, elle écarte avec respect une branche de l'églantier qui pend jusqu'au sol. A peine la branche revenue à sa place, un spectateur gêné l'écarte à son tour. Assez vivement, sans s'arrêter, la petite manifeste, d'un mouvement de tête en arrière, son impatience et sa réprobation...

Qu'est-ce que tout cela veut dire ? Et où va-t-elle ? Une nouvelle venue, plus irritée encore, murmure tout haut :

— Cette comédie sera-t-elle bientôt finie ?

C'est Elfrida qui l'arrête :

— Je vous en prie, taisez-vous!

Et de reprendre son observation avec une attention redoublée. Bernadette l'a maintenant dépassée. Elle est à la hauteur de Josèphe Barinque qui se penche sur le passage de la voyante, et l'entend murmurer, dans un souffle, et comme en écho, un mot, trois fois répété, qu'elle a du mal à discerner :

— *Penitenço... penitenço... penitenço...*

Sous la cavité.

Bernadette est arrivée sous la crevasse béante de la voûte. Elle s'arrête, se redresse, regarde. Les plus proches voient ses lèvres remuer, mais sans rien entendre. Et la voilà qui s'en retourne, toujours à genoux. Elfrida ne peut s'empêcher d'admirer, à la descente plus encore qu'à la montée, la grâce et la facilité de sa démarche; comment fait-elle sur cet entassement de pierres ? Pourtant, ce n'est pas là l'extase annoncée. Rien qu'une « agitation » dépourvue de sens.

Voici Bernadette revenue à sa première place; elle semble s'apprêter à continuer jusqu'au gave. Mais, quelque chose l'arrête... Elle se retourne, l'air interloqué, hésitante, regarde vers la niche, se lève, repart sous la voûte, mais vers la gauche, et debout cette fois.

Chose étonnante : en tout ce manège, pas un regard vers le public. Elle évolue comme si elle était seule, seule avec quelqu'un là-haut... Et pourtant, elle passe entre les rangs serrés. Ce n'est pas une petite affaire. On pousse, on crie pour dégager la voie.

— *Het plaça! Het plaça!* (Faites place!)

Le garde-champêtre tente (vainement) de dominer le tumulte, de sa voix de commandement bonhomme :

— Faites-vous en arrière!... (Il prononce plutôt en errière.)

Que cherche Bernadette?

Suivie au plus près par sa tante Bernarde, Bernadette est parvenue au fond, où Elfrida la perd de vue à moitié. En ce point où la voûte s'abaisse, elle doit se courber, toute petite qu'elle est; et cherchant toujours des yeux on ne sait quoi, elle incline vers la gauche, longe la paroi du fond, passe « contre le pied » de Domengieux, l'homme au burnous, tout près de Catherine Oustallet, la femme enceinte... et, semblant ne pas trouver ce qu'elle cherche, se retourne et redescend la pente le long de la paroi Est, tout près de Claire Trézères. Elle n'a pas aujourd'hui le sourire joyeux des autres jours, mais l'air triste. Tout en descendant ainsi, droit vers le gave, elle tourne la tête de côté vers la cavité intérieure... Mais encore une fois, quelque chose l'arrête et la fait retourner.

Elle remonte, arrive au fond, et là, de nouveau se courbe sous la voûte. Elle regarde avec répugnance, irritation même, le sol boueux : une sorte de limon rougeâtre, saturé d'eau, puis jette un coup d'œil embarrassé vers la cavité, l'air de dire : « Que m'envoyez-vous chercher là ? Il n'y a rien. »

Dans la boue.

Alors une soudaine décision la courbe sur le sol humide. Elle gratte de la main droite, forme un petit « clot », comme on dit à Lourdes, puise de cette boue, qui se fait liquide au fond du creux, la porte vers son visage, la rejette de dégoût, recommence à gratter, une deuxième fois, puis une troisième, toujours avec le même manège... dégoût, rejet. On s'interroge alentour avec inquiétude.

— Qu'est-ce qu'elle grattigne ?

Enfin, elle s'y reprend une quatrième fois, ramasse précautionneusement un peu d'eau sale dans le creux de sa main, la boit avec effort, et puise de nouveau, cette fois pour s'en barbouiller la figure...

Ceux qui ne voient pas ce qu'elle fait dans le fond s'étonnent et s'impatientent. Ceux qui voient sont consternés : Mais qu'est-ce qui la prend ? C'est du délire!

De l'herbe.

Ce n'est pas fini. Autour du trou que Bernadette a creusé, la pente est tapissée d'herbes sauvages à feuilles lobées (de la dorine). Elle en mange quelques-unes, et s'en retourne vers sa première place.

Sa descente étend à la ronde la consternation. Bernadette a essuyé grossièrement, de son tablier, son visage maculé de boue rougeâtre : nettoyage bien insuffisant.

— Veux-tu mon mouchoir de poche ? murmure sur son passage Catherine Oustallet, apitoyée.

Mais elle ne regarde même pas. Ce museau agressif que lui fait la boue autour des lèvres dissipe tout attendrissement. Un murmure réprobateur monte alentour. De la part des plus fervents, il ne reste plus que de la pitié. L'enthousiasme les a fuis.

Certains, pourtant, trouvent réconfort, en observant ce qui leur paraît une merveille rassurante. Arrivée en bas, le visage de Bernadette est redevenu propre, ou presque. Mais les mieux placés ont vu : un mouchoir est passé sur le visage de l'enfant, celui de tante Bernarde, qui a suivi sa nièce dans toutes ses démarches. Ce geste a été accompagné d'un autre que bien peu ont vu, tant on s'écrase à l'entour : une bonne gifle, pour lui apprendre à faire des comédies pareilles.

Bernadette n'a pas bronché. Elle est redescendue, debout, sous la cavité intérieure, où elle regarde encore pendant deux ou trois minutes, puis à sa première place, où elle se remet à prier, sans souci des émotions diverses qui se font jour autour d'elle.

Deux ou trois minutes après, sans plus se soucier de la foule, elle se retire, peu suivie cette fois, mais entraînée en hâte par ses tantes, confuses et humiliées.

Qu'est-il arrivé à Bernadette ?

L'ambiance d'aujourd'hui tranche avec celle des jours précédents.

— Elle est folle! murmure-t-on.

« Une jeune fille que tout fait supposer atteinte de catalepsie »... écrit le *Lavedan*. Cette opinion serait-elle donc justifiée ?

Même Estrade commence à se le demander. Sa ferveur de l'avant-veille s'est évanouie. Tout au long de l'apparition, il a guetté, appelé, imploré, couvé, encouragé intérieurement, de tout son cœur, les signes annonciateurs de l'extase qui l'avait émerveillé, et que son enthousiasme avait déjà embellie en forme de rêve... Mais elle a fait défaut. Tout a fait défaut aujourd'hui, jusqu'aux sourires. Tout a été de mal en pis! Seul, peut-être aurait-il supporté le choc. Mais il portait avec ses propres impressions, celles d'Elfrida Lacrampe qu'il avait nourrie de sa conviction, et amenée — juste aujourd'hui! — voir la merveille du siècle.

Bernadette partie, c'est avec infiniment de gêne qu'il se tourne vers elle pour recueillir ses impressions. Il n'a pas le temps de se demander s'il convient de s'excuser, la demoiselle éclate :

— Eh bien! lui dit-elle, vous auriez mieux fait de me laisser chez moi. Je croyais peu avant, mais maintenant!...

Seule la politesse retient sa juste colère pour ce mauvais tour qu'on lui a joué. Se lever avant cinq heures, et s'écraser dans cette foule pour voir ça! Estrade ne songe plus à discuter; et perdant la face, il avoue :

— Je suis moi-même dérouté. Je n'y comprends plus rien.

Tel est aujourd'hui le climat.

Quelques ferveurs ont résisté pourtant, surtout parmi les gens de la « basse classe »; et ceux qui ont mal vu, portent très haut le spectacle qui s'est dérobé à leur ardente attention.

Marie Portau, chassée de sa place au début de l'apparition, et réduite à ne rien voir, s'est pourtant sentie toute heureuse d'être là. Elle part avec un grand désir d'y revenir. Madeleine Courrade a été sensible à l'humble douceur de Bernadette. Elle en a pleuré des larmes très douces. Elle n'est pas la seule. Pour quelques-uns aussi, les gestes étranges de la voyante sont restés dans l'auréole de son prestige. Catherine Oustallet a cru lui voir dessiner un signe de croix au-dessus du point d'où l'eau est venue. Elle en augure de grandes choses. M. Lacrampe (frère) a été bouleversé en voyant l'eau surgir en ce lieu où la flamme autrefois l'avait assailli. Il a glissé la main sous son paletot et dessiné un signe de croix sur sa poitrine.

Après le départ de Bernadette, Fanny Nicolau, l'institutrice, va voir du côté du « clot » où elle serait tentée de boire, tout comme a fait la « petite ». Mais l'abaissement de la voûte l'obligerait à une acrobatie trop difficile pour ses jambes de quarante-sept ans et pour la dignité de son personnage. Domengieux, l'homme au burnous, qui avait ce trou à la portée de la main, n'a pas attendu la fin de l'apparition. Tandis que Bernadette redescendait la pente, il a bu, lui aussi, le premier, avec l'idée que cette eau mystérieuse tirée du rocher lui serait bonne. Quelques-uns font de même avant de partir.

Pendant ce temps, sur la route, Bernadette reçoit la semonce des deux tantes :

— Mais qu'est-ce que tu penses de faire des choses comme ça!

Elle laisse passer l'orage, et répond très posément : tout cela, elle l'a fait sur ordre d'*Aqueró*. Elle n'en dit guère plus, et les tantes sont trop émues pour écouter.

Autour du groupe marchent quelques amis et curieux, moins nombreux que les jours précédents.

Parmi eux, Eléonore Pérard continue d'exercer son esprit d'observation (comme avant hier, le jour de l'épingle). Aujourd'hui encore, quelque chose l'étonne. Il a plu toute la nuit; ceux qui remontent de la Grotte sont « crottés jusqu'aux oreilles », et Bernadette, qui s'est traînée dans la boue, est propre. Est-ce le fait de son extraordinaire agilité ? Ou bien faut-il voir là une espèce de miracle ?

Pauline Cazaux s'approche de Bernadette :

— Pourquoi as-tu arrêté ton signe de croix à la fin du chapelet ?

— *Aqueró* n'avait pas fini. Je n'ai pu le faire que quand elle l'a fait.

— Dans quelle langue te parle-t-elle ?

— Je ne sais pas... Je la comprends.

« Allez boire à la fontaine. »

Mais la question de tout le monde, la question, du moins, de tous ceux qui ne se résignent pas à ne plus « y croire », c'est l'étrange manège de Bernadette, cette agitation absurde, en contraste avec l'immobilité sereine des jours précédents. Elle devra y répondre plusieurs fois aujourd'hui : sur le chemin, au cachot, enfin à la maison Cénac, devant l'abbé Pène et M. Estrade. Elle s'en explique sans embarras comme sans enthousiasme, dans la simplicité de son patois engoncé de passés simples :

— Aqueró me dit d'aller boire et me laver à la fontaine. N'en voyant pas, j'allais boire au gave. Mais elle me fit signe avec le doigt d'aller sous le rocher. J'y fus, et j'y trouvai un peu d'eau comme de la boue, si peu qu'à peine si je pus en prendre au creux de la main. Trois fois, je la jetai tellement elle était sale. A la quatrième fois, je pus.

— Mais pourquoi t'a-t-elle demandé cela ?

— Elle ne m'a pas dit.

— Mais que t'a-t-elle dit ?

Bernadette concentre sa mauvaise mémoire et retrouve lentement les mots de ce matin :

— *Anat béoué en' a houn é b' y laoua*
(Allez boire à la fontaine et vous y laver).

— Et cette herbe que tu as mangée ?

— Elle m'a dit aussi.

— Qu'a-t-elle dit ?

— *Que minyarat d' aquéra yèrbe qui ey aquiu*
(Allez manger de cette herbe qui est là)

— Mais ce sont les animaux qui mangent de l'herbe.

Plus tard, Bernadette répondra à cette question dont elle sera abreuvée : « Vous mangez bien de la salade. » Pour le moment, elle n'a pas de réponse, et ne semble pas s'en inquiéter.

— Et pourquoi cette agitation aujourd'hui ?

— *Aquéro* m'a dit d'aller baiser la terre en pénitence pour les pécheurs.

— Mais sais-tu qu'on te croit folle de faire des choses pareilles ?

— Pour les pécheurs...

Il y a une impression prenante dans le regard, dans le ton de Bernadette : si simples, mais pénétrés de quelque chose de plus grand qu'elle. Sans le savoir, elle est imprégnée de la douce tristesse avec laquelle la jeune fille du rocher a prononcé ces mots : *pour les pécheurs.* Oui, du fond du cœur, rien qu'en regardant, elle a compris qu'il n'y a qu'une chose vraiment triste au monde : le péché. Pour consoler *Aqueró,* elle se sent prête à tout. Si elle a un regret, ce n'est pas d'avoir scandalisé ce matin, comme on le lui dit, mais de n'avoir pas été plus prompte à obéir.

Les premières bouteilles.

Les discussions, les explications de Bernadette amènent cet après-midi un petit courant de gens à Massabielle. Voici Jacquette Pène et Germaine Raval. Elles observent l'anfractuosité d'accès difficile où Bernadette a creusé ce trou, « grand comme une soupière ». Eléonore Pérard, toujours inventive, l'examine, l'ausculte, y plante un bâton. Il enfonce aisément car le fond est meuble. La main d'Eléonore perçoit un imperceptible bruissement : il y a là-dessous de l'eau qui court.

Visiteuse plus inquiète, Jeanne Montat arrive avec une fiole d'eau bénite et asperge la Grotte en tous sens contre les maléfices du démon. Après, seulement, elle ose examiner les lieux, sa fiole toujours à la main, et l'idée lui vient de la remplir; ce n'est pas facile, sous cet enfoncement de rocher, dans cette flaque... mais elle s'en retourne heureuse, elle ne sait pourquoi. Au retour, elle dit à son père :

— Il faut boire de cette eau.

— Pourquoi ?

— Quelque chose me le dit.

Cette bouteille, grosse comme le doigt, est la première qui soit rentrée en ville avant des millions d'autres.

Une autre sera ramenée par le fils de la buraliste de la place du Marcadal, un gamin qui porte un bandeau sur l'œil, Mlle Pène l'a vu puiser; elle remarquera les jours suivants qu'il n'a plus son bandeau.

Ce sont là, sans doute, les seules bouteilles qui rentrent en ville aujourd'hui. Pourtant, de-ci, de-là, d'autres visiteurs s'intéressent à cette flaque d'eau trouble et mouvante que le limon boit tout autour. Les sources sont fort prisées à Lourdes où elles vont jusqu'à doubler le prix des terrains, plus spécialement en cette année où règne la sécheresse. Certains refont timidement, sur place, les gestes de Bernadette. Ils y trouvent joie et réconfort. Cette eau secrète émergeant des entrailles de la terre, toute trouble qu'elle soit, semble porter en elle une promesse. Sans qu'on songe encore à crier au miracle, discrètement, chaleureusement, l'espérance, un moment compromise, rejaillit dans le cœur des simples.

Une querelle.

Au niveau de « l'opinion éclairée », au contraire, la cause de la Grotte a beaucoup perdu. Les « incrédules » jubilent, et les croyants font triste figure. Tel est le climat ce soir chez les Estrade, autour de la cheminée où Emmanuélite devise avec Elfrida Lacrampe et Irma Jacomet, la femme du commissaire. Cette dernière était aussi à la Grotte ce matin, pour le compte de son mari; elle a trouvé un aliment inespéré à son incrédulité.

Quant à Elfrida, elle se libère de ce début de conviction qu'on avait réussi à lui inculquer, et des impressions mouvantes qui l'ont agitée depuis son lever matinal.

— Mais enfin, vous n'allez plus nous faire croire que cette fille voit la Sainte Vierge. Elle a tout l'air d'une folle. Pour y croire, il faudrait être aussi folle qu'elle.

Emmanuélite est bien démunie d'arguments... Le feu de bûches projette sur les visages rougis de petites ombres dansantes. Elfrida (32 ans) et Irma (27 ans) déchirent Bernadette à belles dents, comme deux joyeuses ogresses; Elfrida l'a vue se gratter la tête sous son foulard après l'apparition, cette Rachel des bas-fonds...

— Mais, ma chère, elle a des poux!

Et comme la demoiselle, quoique enfant de Marie, parle volontiers le mâle langage qui a cours aux écuries de l'hôtel des Pyrénées, elle conclut (le mot, comme celui de Waterloo, est historique, et l'histoire le doit à la vérité) :

— Vous nous avez emmenées voir une petite merdeuse!

C'en est trop pour Emmanuélite. Toute désarçonnée qu'elle est, et tout impuissante à justifier la scène du matin, elle réagit, et découvre que, malgré tout, au fond du cœur, elle continue de faire confiance à sa « petite amie », à la robuste limpidité qui émane de ses extases comme de ses réponses. Elle attaque à son tour :

— Non, vous n'avez pas le droit de dire cela. Souvenez-vous que d'autres ont traité Jeanne d'Arc de sorcière.

La comparaison entre Jeanne d'Arc et cette Bernadette de rien déclenche chez les deux femmes un accès d'hilarité. Emmanuélite est vraiment trop drôle...

Chez le procureur.

A la même heure, on discute aussi, mais on rit moins chez le procureur impérial, qui joue le grand jeu contre Bernadette.

Aujourd'hui, en effet, l'administration locale, restée sur l'expectative, recommence à bouger.

Dimanche dernier (21 février), le commissaire pensait bien avoir mis un terme aux visites de Bernadette à Massabielle. L'accord de François Soubirous paraissait, à cet égard, une garantie. Cette assurance a été déçue.

Le mouvement a pris de l'ampleur. Attroupements, visions, ce sont là deux menaces pour l'ordre public; sans compter les problèmes de sécurité, car des accidents finiront par se produire sur ces pentes abruptes au bord du gave. Rien de dramatique sans doute. Mais le rôle de l'administration, d'une administration impériale, c'est de prévoir, de prévenir...

Aujourd'hui, jeudi sans marché à Lourdes, Jacomet s'est rendu à Tarbes; il a soumis oralement la question au préfet Massy. La situation est délicate. En l'absence de tout délit, les mesures à prendre relèvent de l'administration (et non du Parquet). Or, le maire affecte cet air d'indifférence apathique dont ses administrés savent qu'il ne faut rien espérer. Il ne voit pas qu'il y ait lieu d'intervenir. Jacomet, lui, est persuadé du contraire. Mais il ne réussit pas à intéresser M. Massy. Pour le préfet, cette petite affaire locale n'appelle pas sa haute intervention. Qu'on se débrouille sur place pour surveiller, pour apaiser discrètement ce mouvement, en bonne entente avec le clergé, la gendarmerie et le Parquet. Cela suffit.

Jacomet a trouvé plus de succès près du procureur impérial de Lourdes, M. Dutour. Somme toute, une escroquerie est possible. Il faut en avoir le cœur net, et, à défaut, avertir l'enfant des dangers qu'elle court dans la voie où elle s'est engagée, l'en sortir. Mieux vaut prévenir que punir. C'est un art que M. Dutour a su manier avec succès près des maraudeurs et délinquants forestiers. Ces gens-là ne se sentent pas en sécurité. Une fois avertis qu'ils sont repérés, ils se terrent ou disparaissent.

Le cas des Soubirous est à cet égard des plus favorables. Il y a moins d'un an, le père de Bernadette a été inculpé de vol, incarcéré. En requérant levée du mandat de dépôt, le procureur lui a bien précisé qu'on le tirait de prison par mesure « d'humanité », et « à charge pour lui de se présenter à tous les actes de la procédure ». François Soubirous sort à peine de l'état de « liberté provisoire ». (A-t-on même songé à l'informer du non-lieu ?)... Dans ces conditions, une pression discrète sera de grand poids.

Pour marquer le caractère officieux de sa démarche, le procureur impérial a convoqué Bernadette, non au tribunal, mais à son domicile, en dehors des heures de service.

Un agent s'est présenté, ce soir, dans ce même « cachot » où la police était venue chercher François, le 27 mars dernier.

— Monsieur le Procureur impérial demande à Bernarde Soubirous de se présenter chez lui, ce soir, à six heures de relevée.

C'est Louise qui reçoit le choc : elle qui ne vit plus depuis l'incarcération de l'an dernier... Justement, François n'est pas près de rentrer du grand marché de Tarbes. Il n'y a pas d'heure chez le voiturier Cazenave.

Que faire ? Elle monte chez le cousin Sajous, solide et secourable. Lui non plus n'est pas rentré. Il finit son travail à la carrière de Ger. Louise y court, en larmes. Il pioche à la nuit tombante, tout couvert de poussière. Mais pour Bernadette, il lâche tout. Quelques minutes font de lui un autre homme, dans la pièce du haut, où tante Romaine a sorti le costume des dimanches.

Le procureur habite rue Marcaladouse (rue de Bagnères), une maison appartenant à Me Claverie, notaire. Il fait presque nuit. Lampes et bougies jaunissent les fenêtres de lueurs mouvantes. La présence de Sajous est rassurante. C'est lui qui s'adresse à la servante :

— M. le Procureur y est-il ? Dites-lui que Bernadette et sa mère sont ici.

Attente sur le seuil, où la bonne a laissé les gens de la « basse classe » qui frappent à cette heure tardive. Voici M. le Procureur, sans aucun appareil. Il a le regard distant des timides, auquel il sait donner un air d'autorité. La chevelure bouffante et frisée, partagée au tiers par une raie sur la droite, les favoris qui élargissent au carré le menton mince et triangulaire, donnent au visage un poids fragile et concerté. Il tique devant le personnage imprévu qui s'interpose entre lui et les deux femmes :

— Etes-vous son père ?

— Non, son oncle, et le maître de la maison où elle reste.

— Entrez, Bernadette et votre mère. Vous, attendez ici un moment. Elles vont être libres.

Le propos aimable et rassurant s'accompagne d'un geste qui, sans toucher personne, introduit les deux femmes et bloque sur le seuil ce hâbleur prêt à la discussion. Sans avoir eu le temps de saisir la manœuvre, Sajous se retrouve seul, devant la porte close, sans emploi dans son costume des dimanches...

Il ne va pas se donner le ridicule de faire le pied de grue devant la porte. Il a son salon, à défaut de celui du procureur, le salon du pauvre : le cabaret du cousin Sajous qui est là, presque en face, et d'où l'on peut surveiller la sortie. Il commande une chopine, tout en racontant l'affaire à la cantonade.

Mais le « moment » d'attente annoncé par le procureur s'étire démesurément. Sept heures sonnent au clocher de la paroisse. Déjà une heure que ça dure. Est-ce qu'il veut les garder coucher ?

Vues du café, les fenêtres de la chambre d'interrogatoire prennent une allure énigmatique et agressive. L'ambiance monte au café Sajous. De quel droit M. le Procureur convoque-t-il une enfant sans son père ? Il va falloir qu'il en finisse, sinon, ça va chauffer !

Le ton monte aussi, d'autre manière, derrière les volets rayés de lumière jaune. Une surabondante documentation nous permet d'y suivre, au plus près, le déroulement de l'interrogatoire, à la lueur des deux chandelles de suif.

Le procureur a bien commencé, comme toujours, avec calme, assurance, netteté, selon un plan mûri : contrôler la sincérité de Bernadette, son honnêteté, et surtout la convaincre de ne plus mettre les pieds à la Grotte. L'affaire paraît facile. La mère tremble d'avance. Quant à ce petit bout de fille visiblement inculte, qui ne sait même pas dire son âge, elle ne tardera pas à en faire autant.

Le procureur la questionne avec courtoisie, avec bienveillance même, selon les règles de l'art. Son attention est flatteuse et donne envie de parler. A force d'insistance, il obtient réponse à des questions devant lesquelles Bernadette ordinairement se récuse, parce qu'elle les trouve oiseuses et dépourvues de sens.

— A qui ressemble cette vision ?

— A rien.

— Mais encore ? Qu'est-ce qui ressemblerait le plus ?...

— La Sainte Vierge de la paroisse pour le visage et les vêtements... mais entourée de lumière, et vivante.

— Son âge ?

— Jeune.

— Et grande comme quoi était-elle ?

Bernadette indique de la main une taille inférieure à la sienne.

Comme Jacomet, M. Dutour a devant lui un grand papier sur lequel il griffonne de temps en temps, après avoir soigneusement égoutté sa plume au bord du monument qui lui sert d'encrier. Et puis le voilà qui relit. Mais Bernadette n'y reconnaît pas son récit. Dès les premiers mots, elle proteste :

— Monsieur, je ne vous ai pas dit cela!

Le procureur prend des airs d'excessif étonnement. Il y a échange de *si* et de *non*. Enfin, il paraît reconnaître qu'il s'est trompé, rature, relit... mais toujours en ajoutant « de nouvelles erreurs ». Et puis, soudain, il s'arrête, dépose sa plume, tire triomphalement du dossier vert à incrustations d'or une feuille de papier écrite d'avance, y pose une main triomphante :

— J'ai les papiers du commissaire. Tu ne lui as pas dit la même chose.

Un nouveau style commence :

— Tu m'as dit ceci, et tu as dit cela au commissaire.
— Non, Monsieur.
— Si!
— Non!
— Mais le commissaire l'a écrit!
— Si M. le Commissaire s'est trompé, tant pis pour lui!

Cette gamine, de fragile apparence, a la voix forte et une assurance plus que bigourdane. Le procureur élève le ton, mais y perd un peu de son autorité, toute en calculs. A la prendre pour plus innocente qu'ellc n'est, il s'est attiré des réponses percutantes de cette soi-disant idiote. Sur des attaques plus subtiles, elle continue de faire mouche. Ma parole! du haut de son assurance, elle y mettrait de la condescendance. Elle s'est aperçue qu'il changeait les choses, et maintenant, tandis qu'elle dit : « *Non, monsieur!* » très poliment, les yeux noirs disent clairement : *Vous mentez!* Le rigide, le scrupuleux M. Dutour, pénétré de l'honnêteté de son personnage et de sa fonction s'est senti jugé, blessé. Décidément, cette gamine est impossible. Sa sauvagerie ne comprend rien aux règles normales de l'interrogatoire. Pour un peu, il lui expliquerait : « Il faut bien que je change pour voir si tu dis pareil. » Il ne trouve plus maintenant que des phrases abstraites et embrouillées auxquelles elle ne comprend rien. Les mots lui manquent devant ces yeux noirs qui le blâment. L'irritation le gagne et un désir de revanche. La feuille étalée sur le bureau lui fournit une attaque :

— Tu as mangé de l'herbe comme les bêtes.

La question ne demande pas de réponse. Bernadette ne répond pas... Elle sourit ingénument parce que l'agitation de M. le procureur devient risible. Il vient de manquer le trou de l'encrier.

Sans succès sur cette première partie de son programme, il entame la seconde...

Non, Bernadette n'accepte aucun argent.

— Reste que vous faites ce qu'il faut pour vous attirer des faveurs...
— Je n'attends aucun profit en cette vie.
— Vous avez bien profité de l'hospitalité de Mme Milhet.
— C'est elle qui est venue me chercher.
— Toujours est-il que vous y avez trouvé une existence meilleure que chez vos parents.
— J'ai accepté pour lui faire plaisir.
— Mais pour vous faire plaisir à vous aussi...

— Je n'ai pas songé à moi. Et puis, je n'y suis plus depuis samedi.

Rien à tirer de tout cela... Irritants Soubirous! Leur misère sent le « délit » à plein nez, et paradoxalement, cette année comme l'an dernier, les « éléments matériels de l'action délictueuse » fuient... Reste l'intimidation : le procureur se ressaisit pour exploiter cette dernière ressource.

— Tu vas me promettre de ne plus retourner à la Grotte.

— J'ai *promis* d'y aller pendant quinze jours.

— Cette promesse faite à une dame que personne n'a vue ne vaut rien. Il faut t'abstenir.

— J'éprouve trop de joie quand j'y vais.

— La joie est mauvaise conseillère. Ecoute plutôt les sœurs qui t'ont dit que c'était une illusion.

— Je suis entraînée par une force irrésistible.

— Alors, si on te met en prison, que feras-tu ?

— Oh! si je ne peux pas, alors je n'irai pas.

M. Dutour se sent démuni d'armes légales pour exécuter sa menace, mais à défaut, il fera bien céder cette petite crâneuse. La mère est visiblement à bout. On ne peut pas dire qu'elle soutienne sa fille. Quant au père, il n'était pas si fier, l'an dernier, pour obtenir sa sortie de prison. Le procureur sonne. Mme Dutour ne se fait pas attendre... curieuse de ce qui se passait derrière cette porte.

— Faites dire au commissaire de venir chercher cette petite fille pour la faire coucher en prison.

Un sanglot bruyant recouvre le dernier mot du procureur. *Maï* qui, depuis un moment, reniflait silencieusement ses larmes, éclate soudain. Le procureur fixe les yeux sur le personnage muet qui se rappelle ainsi à l'attention. Elle est l'image même du malheur. Bernadette se rapproche d'elle et lui murmure à l'oreille :

— Vous êtes bien bonne de pleurer parce que nous allons en prison. Nous n'avons rien fait de mal.

Maï semble à peine entendre. Debout depuis deux heures, elle chancelle; elle va tomber. Le procureur n'est pas un tortionnaire :

— Il y a des chaises. Vous pouvez vous asseoir.

Le ton laisse passer la condescendance, le mépris qu'il exprimera dans son prochain rapport. Bernadette n'a pas l'intelligence scolaire, mais saisit exactement ce genre de nuances. Ce ton pour parler à sa mère la révolte. Elle s'entend répondre avant toute réflexion :

— Non, on la salirait!

Et tandis que Louise tombe plus qu'elle ne s'assied sur la chaise poussée par Madame Dutour, elle s'installe « par terre comme les tailleurs ».

Impossible d'interroger davantage cette gamine accroupie dans sa dignité minuscule, deux pieds au-dessous de la table, visiblement prête à résister jusqu'au matin... d'autant qu'un élément nouveau a surgi. Dehors, sous la fenêtre, des discussions hostiles s'élèvent, d'où émerge, de temps à autre, un cri :

— Faites-les sortir!

Bientôt les sommations sont ponctuées de coups dans la porte et la croisée. Doucement d'abord, puis plus fort. Du café Sajous, un groupe de carriers est sorti, et s'échauffe. Le procureur ouvre la fenêtre, et n'ayant pas les dons d'improvisation de Jacomet, il dit seulement :

— Doucement, voyons!

Il tente une fois encore de reprendre le fil :

— Tu fais courir tout le monde. Je dois t'arrêter si tu continues.

— Empêchez le monde d'y aller, je ne leur demande pas de venir.

— Mais toi, tu y vas!

— Moi, j'ai promis...

M. Dutour tremble de plus en plus. Il a décidément renoncé à trouver le trou de l'encrier.

Dehors, les coups redoublent. Il faut en finir. Mme Dutour a-t-elle vraiment été chercher le commissaire, ou bien a-t-elle pris l'ordre de tout à l'heure pour une feinte ? Le procureur n'en sait trop rien; toujours est-il qu'il ne faut pas perdre la face. Il sort un instant et revient en déclarant :

— Le commissaire n'a pas le temps, « l'affaire » est renvoyée à demain.

Il ajoute :

— Mais c'est bien entendu : tu ne retournes pas à cette Grotte...

— Monsieur, je ne vous le promets pas.

M. Dutour recompose son masque et son attitude qu'il voudrait impassibles, pour congédier les deux visiteuses. La porte claque sur elles dans un silence lourd de sous-entendus... la seule arme qui lui reste. En allant prendre le souper qu'on lui a tenu au chaud, M. le procureur ramasse les morceaux de son plan manqué, et cuve un sentiment pénible pour son âme éprise de perfection... Cet interrogatoire n'a pas été un succès. Il en détruira plus tard les brouillons confus et agités.

Au cabaret.

Ce soir, il aura quelque réconfort en apprenant un fait qui le confirmera dans son point de vue, un moment ébranlé... A peine sorties de l'interrogatoire, la femme et la fille sont entrées au cabaret! Extraordinaire! Ces gens-là n'ont pas d'argent pour se loger. Ils en ont toujours pour boire! On m'avait dit que ces Soubirous étaient buveurs. Voilà qui se confirme. Dans son rapport du 1er mars, M. le Procureur prendra sa revanche en les présentant dans les termes les plus sombres :

> *Bernadette appartient à une famille pauvre. Son père fut arrêté en 1857 sous inculpation de vol qualifié... La moralité de la mère n'est guère moins douteuse. De notoriété publique, cette femme se livre à l'ivrognerie... Le concours de ces misérables personnages, leur langage, surtout leurs mœurs et leur réputation, étaient certes de nature à détruire le charme, à inspirer, non seulement le doute, mais le dégoût; ce sont-là, en effet, des intermédiaires bien vils, pour Celle qui est regardée comme l'Etre pur par excellence.*

L'information initiale était juste, à défaut de l'interprétation... Au sortir de l'interrogatoire, le groupe des manifestants s'est empressé de réconforter Louise et Bernadette. On les a conduites au café Sajous pour les remonter.
— Un verre aussi pour la petite! Ça ne peut pas lui faire de mal... Rouge ou blanc ?

Bernadette, comme sa mère, préfère le blanc. En termes sobres et mesurés, elle fait alors son premier récit.

Au sortir du café, le groupe des manifestants se heurte à deux agents :
— Eh! Callet, où vas-tu si tard ?
— Je viens chercher Bernadette pour l'emmener au commissariat.

À cet échelon, les relations sont sans façon. Le brave Callet, né de père inconnu, n'a pas la morgue de ces messieurs du Ministère public...
— Va toujours voir chez le procureur. Mais tout est changé; il a renvoyé à demain.

« Demain » au sens administratif qui signifie l'ajournement *sine die.*

Il est près de neuf heures lorsque Bernadette rentre au « cachot ». Il y a beau temps qu'on y dort, d'habitude. Mais Dominiquette Cazenave, descendue plusieurs fois des Espénettes, guette les nouvelles :

— Eh bien, tu es confessée ?

— Oui... je dis la vérité et eux disent des mensonges.

Elle ajoute :

— Quand on n'écrit pas bien, est-ce qu'on fait des croix ? M. le procureur faisait toujours des croix.

Elle rit.

— Que tu es enfant! dit la mère dont les larmes sont à peine séchées.

La danse des croix et des chandelles.

Ce soir, au café Sajous, après le départ des deux « inculpées » (et ailleurs, aux Espénettes et chez Anna Dupas) les commentaires se prolongent en s'enjolivant. Dans la fumée du vin et des pipes, le sobre récit de Bernadette prend peu à peu des proportions fantastiques. Le tremblement du procureur est devenu une danse de Saint-Guy; ses ratures, des barres hallucinantes : des « croix » qu'il se trouvait contraint de tracer sur son papier. Quant aux honnêtes chandelles qui ont éclairé la scène, elles entrent dans la danse : multipliées, ou s'allumant toutes seules à la terreur de M. Dutour, elles deviendront sous diverses métamorphoses, le centre du récit populaire. C'est ainsi que dès demain (jour de petit marché) il fera le tour du Marcadal; c'est ainsi qu'il parviendra sous peu aux oreilles de M. Dutour.

Il n'y a, au cachot, rien de cette fièvre inventive. Les menaces y restent graves, les difficultés inextricables. Mais la fatigue, les émotions, l'euphorie d'une issue provisoirement heureuse, l'effet soporifique du verre de vin blanc pris chez Sajous, évitent pour l'heure toute discussion. Les Soubirous ont pris l'habitude de vivre au jour le jour. C'est ce qui les sauve du désespoir. A demain les problèmes.

16

VENDREDI 26 FÉVRIER 1858

JOUR SANS APPARITION

Au réveil du vendredi 26, les problèmes renaissent. Et tout d'abord celui-ci. Bernadette ira-t-elle à la Grotte ?

La voici revenue à la triste situation du 22 février. M. le procureur lui a interdit d'aller à la Grotte. Bien sûr, elle n'a rien promis. Mais il a menacé... Impossible d'aller là-bas sans provoquer l'autorité.

Un cas de conscience.

Louise est dévorée de crainte. Son épuisement lui représente toujours le côté menaçant des choses. Elle s'agite, se désespère autour de Bernadette qui, visiblement, se prépare à partir. C'est clair; quelque chose l'attire vers la Grotte, ce matin comme lundi dernier! Quelque chose de mystérieux...
— Tu ne vas tout de même pas y aller!

Sous leur apparente conviction, les propos de Louise trahissent un grand désarroi. Elle pleure, supplie, se lamente, mais elle n'ose pas défendre net, comme lundi. Une crainte la retient. Elle voudrait que Bernadette renonce d'elle-même.

Un petit groupe stationne à la porte du cachot. Des femmes surtout. Enveloppées dans leur capulet, elles attendent la sortie de la voyante. Le garde champêtre est là. Des parents, des connaissances entrent aux nouvelles.

Parmi eux, tante Bernarde, la marraine de Bernadette, pénétrée de la gravité de la situation. Elle n'a pas sa loquacité ni sa décision habituelles. « Assise sur la table », elle réfléchit à l'étrangeté des faits d'hier, à cette eau, à cette source dont on lui a reparlé, au procureur aussi... sans même écouter le soliloque de sa sœur qui gémit et discute à la cantonade. Elle regarde sa filleule, petit bloc muet, qui ne va pas tarder à basculer entre son attrait, sa promesse, et les supplications maternelles.

Dehors, on s'impatiente. Dedans, les regards se fixent sur tante Bernarde, « l'héritière », l'autorité des cas difficiles. Longtemps elle a hésité. Quelle inspiration la prend soudain ?

— Moi, à la place de Bernadette, j'irais.

Sans un mot, Bernadette décroche son capulet qui pend au clou, et sort. On la suit sur le chemin.

En dépit du désarroi d'hier, il y a bien cinq cents personnes à la Grotte, quand elle s'agenouille.

En vain...

Elle allume son cierge comme d'habitude, commence le chapelet avec ferveur, lève vers l'églantier un regard confiant. Mais le chapelet avance, et rien ne se passe. Le regard se fait implorant, puis tout triste, devant la niche vide. Bernadette songe à sa mauvaise humeur d'hier — lorsqu'elle cherchait cette source et ne la trouvait pas. Elle songe à son peu d'empressement à obéir — lorsqu'elle a rejeté par trois fois l'eau boueuse. Elle recommence, par manière d'imploration, les gestes que la vision lui avait commandés les deux jours précédents. Elle monte à genoux et baise la terre. Dans son désarroi, elle fait même signe du doigt qu'on l'imite. Les fervents répercutent cette invitation avec flamme :

— A genoux tout le monde!

En vain!... En vain, elle se lave à la fontaine, plus claire qu'hier, et prie quelques instants... Rien, désespérément rien...

Alors, la petite fille, si crâne hier devant le procureur, et, ce matin encore au milieu de la discussion de famille, apparaît toute désarçonnée. L'échec est inscrit sur son visage. Les tantes l'entraînent précipitamment. Décidément, tout va de mal en pis!

Elles l'emmènent au moulin de Savy : le refuge du 14 et du 22 février, de triste mémoire. Rien ne semble la consoler...

— Qu'est ce que je lui ai fait ? murmure-t-elle en repassant les faits d'hier et d'aujourd'hui, tandis que Louise gémit.

— On va nous mettre en prison!

Ce matin, M. Lannes a consenti à conduire à la Grotte sa pupille Louise, 17 ans, qui en brûle d'envie. En arrivant au pied de la côte du Chioulet, la nouvelle du matin lui parvient sous une forme confuse :

— N'allez pas à la Grotte! On a empêché Bernadette d'y aller. Elle est au moulin!

Il y va, et, tout ému de sa peine, lui donne un mot d'encouragement.

A la Grotte, cependant, pas plus de désarroi qu'hier, plutôt moins. Les sceptiques de la veille ne sont pas revenus, mais seulement les fervents, prêts à tout, et le flot neuf de leurs prosélytes.

Dans la cohue du jour, la plupart ne se sont même pas aperçus que Bernadette n'avait rien vu. Les gestes de pénitence qu'elle a refaits sous leurs yeux ont moins choqué aujourd'hui qu'hier. Beaucoup les ont imités avec ferveur. Ils y ont trouvé leur compte.

Le rapport de Victoire.

Tel n'est pas le cas de Victoire Bonnecarrère, d'Aubarède, 34 ans, femme pondérée, ex-paroissienne de l'abbé Peyramale. Ce n'est pas pour les apparitions qu'elle est venue à Lourdes, mais pour voir son ancien curé. Celui-ci en a profité pour envoyer en informatrice cette femme d'un robuste bon sens. Elle s'y est rendue sans enthousiasme. Les gens agglomérés lui ont presque tout le temps masqué la voyante, et le peu qu'elle en a vu l'a mal édifiée. C'était lorsque Bernadette passait en baisant la terre. Victoire a trouvé cela si insensé qu'elle l'a saisie par le bras en lui disant à l'oreille :

— Veux-tu te lever ? Es-tu folle ?

Maintenant, c'est avec irritation qu'elle fait son compte rendu à M. le Curé.

— Il faut qu'elle soit bien bouchée pour se figurer qu'elle peut ainsi commander à la foule, et encore toute remplie de boue!... Aucun de ses gestes ne dénotait qu'elle vît quelque chose.

Victoire conclut avec une pointe de reproche :

— Oh mon Père! Je me suis trouvée bien déplacée là-bas. Je regrette le temps que j'y ai perdu. Dans l'église, je me sens avec le Bon Dieu. Là-bas, j'ai été scandalisée!

M. le Curé enregistre avec perplexité :

— Bien! Bien! Il y en a, même parmi les hommes, qui ont été édifiés. D'autres ont été impressionnés comme vous...

Qu'il est donc difficile d'y voir clair!

Une eau mystérieuse.

Cela n'empêche pas les gens de défiler à la Grotte tout au long de cette journée. La source est encore peu appétissante; mais les visiteurs d'hier l'ont déjà creusée en y puisant. L'eau est moins trouble, plus abondante. On l'entend sourdre, et fuir dans le sol. Dévotement Josèphe Barinque, la cordonnière, boit et s'y lave. C'est de cette eau mystérieuse qu'on parle aujourd'hui en ville, bien plus que de l'absence du matin et les riverains de la rue du Baous s'étonnent d'un fait nouveau : les gens descendent maintenant avec des bouteilles vides, et remontent avec des bouteilles pleines... Jacomet en sera informé. La foule de demain menace d'être plus dense encore que celle d'hier. Où va-t-on ?

BERNADETTE

17

SAMEDI 27 FÉVRIER 1858

DIXIÈME APPARITION

Jamais les sabots n'ont claqué si tôt, ni si nombreux à Lourdes, qu'en cette nuit du 26-27 février.

Les rendez-vous du Mystère.

Ce bruit insolite tient éveillé le jeune directeur de l'école Supérieure de Lourdes, Antoine Clarens (31 ans depuis le 10 février dernier). Las de pester contre les gêneurs, il occupe son insomnie en ruminant un vers de Boileau qui remonte à son esprit :

« *Est-ce donc pour veiller qu'on se couche à Paris ?* »

Il se représente tous les bruits contradictoires qui courent à Lourdes au sujet de ces apparitions. Cette réflexion excitante le tient éveillé. Les pas se multiplient à mesure que l'heure avance, et l'idée ridicule le traverse de suivre le flot...

Ridicule ? Et pourquoi ? Les gens qui savent et qui pensent, ont à prendre leurs responsabilités, là où la foule « s'égare ». Ils lui sont redevables de leurs lumières. Clarens songe avec complaisance à d'étranges superstitions qu'il a déjà dissipées, avec un peu de réflexion... et de courage tout simplement. Le souvenir lui revient de ses premières armes en la matière : l'affaire des feux évanescents qui lui a laissé le sentiment grisant du pouvoir supérieur de l'esprit éclairé. Il pouvait avoir alors 20 à 22 ans, et n'était encore qu'instituteur de village. C'était en début d'année scolaire, au mois d'octobre. Les villageois étaient terrifiés par un phénomène étrange. Des lueurs paraissaient et disparaissaient aux abords du hameau. C'était l'âme d'un mort qui rôdait, la nuit...

— Prévenez-moi, avait-il dit.

Accompagné d'un ami courageux, (car on a beau être brave, il ne fait pas bon être seul, la nuit, devant le mystère), il s'était rendu au lieu maléfique et, à son tour, il avait vu « la chose ». C'était étrange : « des points lumineux » s'épanouissaient et s'éteignaient dans la nuit, tout proches. Il avait avancé dans la direction, jusqu'à la distance évaluée. Et là, il avait été saisi, troublé : La lueur avait fui. Elle se reproduisait, *à distance égale* apparemment, en dépit de l'espace franchi. C'est là que Clarens avait eu besoin de tout son courage. Il avait continué de marcher les dents serrées, envoûté par le risque... Son courage avait eu sa récompense. Quelques pas plus loin, la chaleur et le crépitement familier d'un brûlot couvant dans un tas de capsules de lin, avait dissipé ses angoisses. Malgré la pluie, la combustion se poursuivait lentement depuis plusieurs jours, et, par moment, quelque étincelle perçait à l'extérieur. C'était là tout le mystère. De l'avoir ainsi résolu, l'autorité du jeune instituteur était soudain montée au pinacle.

Aujourd'hui encore, le mystère lui donne rendez-vous à la Grotte de Lourdes; et peut-être suffit-il de bien examiner les roches, les jeux d'ombre, ou d'interroger cette petite fille pour tout éclaircir.

Les claquements de sabots se multiplient à mesure que l'heure passe... Oui, suivre cette foule, ce n'est pas céder à un mouvement de vaine curiosité, mais « à une secrète inspiration de faire le bien... » Et puis, à quoi bon rester au lit, puisqu'il n'y a pas moyen de dormir ?

Enveloppée du manteau d'hiver, la robuste silhouette du directeur de l'Ecole Supérieure de Lourdes suit le flot qui se dirige vers Massabielle.

Le point de vue du « directeur ».

Qui aurait pensé que ce coin enchanteur où il fait si bon pêcher la truite, rêver et composer de belles phrases dans le style de Chateaubriand, deviendrait un lieu de miracles ? Mais quelle foule! Il n'est guère plus de six heures et déjà tout accès vers la Grotte est obstrué... Si! Il reste une possibilité : les spectateurs du dernier rang ont encore pu sauvegarder, de-ci, de-là, quelques centimètres entre leurs talons et le bord du canal. En s'accrochant « à robes et pantalons », Clarens réussit à progresser vers la gauche, puis à s'infiltrer dans la foule; les complaisances des gens envers le jeune et brillant directeur facilitent la manœuvre plus encore que son adresse. Il parvient ainsi au sommet du plan incliné que forme le sol de la Grotte. De là-haut, un étonnant spectacle éveille son lyrisme. Il commence à ébaucher en esprit la narration-modèle qui prendra bientôt forme dans ses cahiers :

Le jour commençait à poindre. Ceux qui étaient en bas de l'arène

> ***étaient tournés vers nous, qui étions sur le haut, et nous vers eux. C'est alors que je reconnus que certains calculateurs s'étaient trompés quand ils nous avaient dit que, dans une masse compacte, on comptait six personnes, au plus, par mètre carré; il y en avait bien, ici, de dix à douze. Il est vrai que je n'en voyais que les têtes, mais je suppose que les corps y étaient aussi. Tantôt vous auriez vu ces têtes se porter d'un même mouvement vers l'Occident, tantôt revenir, d'ensemble, vers l'Orient : on eût dit qu'elles n'obéissaient qu'à une même volonté. Je n'avais jamais soupçonné jusqu'alors, qu'on pût si bien imiter, avec des têtes humaines, les vagues agitées...***

Sept heures! Voici enfin Bernadette. La bonne volonté de tous lui ouvre un passage. Il en résulte une bousculade où les plus malins s'arrangent pour prendre la place des plus obligeants :

> ***Grand tumulte pendant quelques moments. Cependant, aussitôt que la petite fille se mit à genoux, au pied de l'amphithéâtre, il se fit un silence général... une espèce de recueillement qui faisait plaisir à l'âme.***

Clarens assiste pour la première fois à la scène devenue familière à tant d'autres : pâleurs, saluts, sourires. Puis Bernadette s'attriste. Cette dernière transformation qui la rend méconnaissable, serre le cœur du directeur de l'école de Lourdes, sans lui laisser le loisir de se demander si cette émotion est favorable ou défavorable.

La voyante se lève, puis s'agenouille de nouveau, s'avance ainsi en baisant la terre, gravit l'amphithéâtre jusqu'en haut, redescend, puis remonte, mais cette fois, longe la voûte vers la gauche, se penche au milieu d'une plaque d'herbes lobées, et porte à ses lèvres une « eau terreuse ». C'est le visage barbouillé qu'elle redescend, et cela donne à son sourire une expression non plus touchante comme tout à l'heure, mais étrange, insoutenable. Clarens « détourne le regard ».

Oui, à mesure que la scène se déroulait, une impression pénible l'a gagné. Décidément tout cela n'a pas de sens et relève du médecin. N'y a-t-il pas lieu d'intervenir s'il en est temps encore ?

18

DIMANCHE 28 FÉVRIER 1858

ONZIÈME APPARITION

Dimanche 28 février 1858, Bernadette se livre à des exercices pénitentiels semblables à ceux des jours précédents. La foule, plus nombreuse qu'hier (1 150 personnes) y est habituée, et continue de baiser la terre pendant et après l'apparition. Un peu plus qu'hier, on va puiser à la source, dont le débit augmente.

Cependant les autorités s'inquiètent à l'approche du grand jeudi.

L'interrogatoire.

Ce dimanche matin, on a vu à la Grotte un uniforme de gendarme discret, mais cousu d'un nombre de galons inaccoutumé à Lourdes. C'est le chef d'escadron Renault, commandant de la gendarmerie de Tarbes. Hier, 27 février, en fin de matinée, il a reçu le rapport du lieutenant Bourriot, écho de celui du maréchal des logis d'Angla, en date de la veille. A deux heures, il partait à cheval pour Lourdes avec son secrétaire, le gendarme Bigué. Et c'est ainsi que, ce matin, revêtu de la « petite tenue », il s'est rendu à la Grotte, guidé par le gendarme Malé.

Bernadette était déjà en prière, à genoux avec son cierge, et telle était la densité de la foule que le commandant n'a osé s'approcher. Il est resté à « 15 ou 20 pas », et s'est contenté d'apercevoir la menue silhouette entre les têtes mouvantes en quête d'un point de vue. L'apparition a duré « assez longtemps », et Bigué a été « impressionné ». Le commandant a quitté la Grotte sans livrer son sentiment, mais il a organisé le décompte des personnes rentrant en ville, et laissé à la gendarmerie la note de service suivante :

> *Vous enverrez un gendarme tous les matins à la fameuse grotte : il vous rendra compte et vous me rendrez compte de ce qui s'y*

fera, et du nombre des personnes qui s'y réunissent, et de quoi est composée la foule.

Puis il est reparti pour Tarbes, où, ce jour même, en dépit du repos dominical, il a rédigé d'urgence un rapport au préfet : la foule à prévoir pour jeudi prochain pose un sérieux problème.

Au tribunal de Lourdes également, l'affaire est en train de passer au premier plan. A la sortie de la grand-messe, le garde-fontaines Latapie a été prendre Bernadette. Quelques protestations se sont élevées :

— Pourquoi la prenez-vous ?

— J'ai ordre!

L'ordre est du commissaire qui est à quelques pas de là, sur la place. Latapie, pris entre deux feux, a l'air piteux. Bernadette lui dit en riant :

— Tenez-moi fort ou je m'échapperai!

Il a haussé les épaules (Quelle gamine!). Ils ont contourné la mairie, enfilé la rue Marcaladouse, et sont entrés dans la maison Claverie, chez M. Dutour, avec Jacomet qui suivait derrière. Là, ils ont trouvé, avec le procureur, M. Ribes, juge d'instruction, qui fait sur la voyante l'essai de ses minces capacités. Le garde-fontaines, Latapie, n'a retenu de l'interrogatoire que quelques bribes, mais il en a retiré une admiration stupéfaite pour le courage de cette gamine. Aux amis, avides de savoir, il raconte cela dans son langage :

M. le juge lui a dit :

— Tu es là, polissonne ?

— Oui, monsieur, je suis là.

— Nous allons t'enfermer. Qu'est-ce que tu fais à la Grotte ?... On te pousse pour faire cela. Nous allons te mettre en prison.

Eh bien, elle a répondu comme ça :

— Que soï preste, boutami, et que sia soulide et pla clabado et qu'en descaparoï

(Je suis prête, mettez-m'y, et qu'elle soit solide et bien fermée ou je m'en échapperai.)

Comme je vous le dis... Alors M. le juge a dit :

— Il faut que tu renonces à aller à la Grotte.

— Je ne m'en priverai pas!

Il fallait qu'elle soit sainte ou inspirée pour être de sang-froid comme elle était, cette petite...

Alors la sœur de l'hospice... la grosse, la supérieure, est venue tirer tout le monde d'affaire. Elle disait tout en pleurant :
— Je vous en prie, messieurs, laissez-nous la petite, ne la faites pas mourir.
Alors M. le juge a dit au commissaire :
— Que voulez-vous y faire ? Lâchons-la, nous n'avons rien à y mordre avec elle...
En partant elle m'a dit :
— Que bouï ana; queï et darré dio diaous
— (*Je veux y aller; c'est le dernier jour jeudi*)

Ces récits et d'autres contribuent à la publicité de l'événement. Qu'est-ce qui va donc se passer ce fameux jeudi entre l'être mystérieux et cette petite bonne femme qui a l'air d'en savoir si long ?

L'enquête Clarens.

L'après-midi, Antoine Clarens, tablant sur les liens familiaux de sa femme, Jeanne Charlotte, née Soubirous, se rend au cachot. Nouvel interrogatoire pour Bernadette. Les exercices de pénitence de la veille ont fait mauvaise impression au directeur de l'Ecole Supérieure. La « vivacité », l'espèce de « surexcitation » avec laquelle la voyante les accomplissait, « l'expression étrange » qu'elle avait eue un moment, avec ce visage plein de boue, avaient ramené à son esprit le mot lancé par le *Lavedan* : catalepsie. Aussi n'est-il pas retourné à la Grotte ce matin. Il ne vient pas pour former son opinion, mais par « charité », par « devoir », pour persuader cette gamine de ne plus retourner à la Grotte, où sa raison risque de s'égarer définitivement. A cet effet, il entend la mettre en défaut, la convaincre de son erreur. Il a pour cela, sur ses élèves, comme dans la vie, un ascendant confirmé.

Il est très vite désarmé. Nulle excitation chez Bernadette. Elle répond aux questions avec objectivité, avec « indifférence » même, et avec un « naturel », une netteté, une « assurance », une « naïveté », un « charme » enfin, qui ébranlent sa conviction première. Rien d'une hallucinée. Même aux exercices étranges d'hier, Bernadette donne une réponse simple et satisfaisante :
— La Vision me l'a commandé en pénitence, pour moi d'abord, pour les autres ensuite.

Clarens commence à se demander si les gens n'ont pas raison d'attendre pour le jeudi 4 mars monts et merveilles. Il pose une dernière question :

— Vous a-t-il été fait quelque communication... donné quelque mission ?

— Non, pas encore.

Cette enfant est donc étrangère à l'exaltation générale et à tant de bruits qui circulent. En la quittant, Clarens reprend à neuf ses réflexions.

Un point est désormais hors de doute; Bernadette voit quelque chose... « Mais alors que voit-elle ? »

Un second point est clair : les notions folkloriques ancestrales ont fait leur temps, et nul, même parmi les plus incultes, n'a songé à ramener sur le tapis les fées ou les génies qui hantent les fontaines... « Les idées superstitieuses des anciens ont fait place à des idées religieuses. » Et voilà une constatation réconfortante, car si les superstitions s'en sont allées, n'est-ce pas grâce à l'effort de ceux qui dispensent la culture... ?

Faut-il pour autant crier au miracle comme fait la foule ? Sans doute n'est-ce pas exclu. Il y a eu « Garaison... Bétharram », et, plus récemment, « la conversion de Ratisbonne ». Mais une autre hypothèse est ouverte. Ici, Clarens bat le rappel des notions vertigineuses que la vulgarisation psychiatrique lui a laissé entrevoir :

> *La jeune fille ne verrait-elle pas ce qu'elle ne voit point ? Toute paradoxale que paraisse cette proposition, elle pourrait parfaitement être la vérité. On ne saurait contester* aujourd'hui *qu'une personne peut avoir des perceptions qu'elle n'a pas réellement. Telle a cru voir, sans entendre. Telle a cru entendre sans voir. Telle enfin a cru voir et entendre ce qui n'existait pas. Tout en déplorant la légèreté avec laquelle certains matérialistes se sont emparés de la théorie des hallucinations pour repousser les visions consacrées par l'Ecriture, ou mentionnées dans les Vies des Saints, on ne pourrait contester que ce ne soit là un point acquis à la science.*

Et pourtant, le regard clair, l'ingénuité forte, la simplicité victorieuse de la petite fille qui parle si simplement du surnaturel ramènent invinciblement la question : Serait-ce un miracle ?

Décidément l'événement ne se laisse pas réduire... Mais le directeur de l'Ecole Supérieure n'est pas homme à se perdre en réflexions inquiètes.

Bien vite, chez lui, les choses trouvent leur assiette. Il conclut en lui-même :

> *A la science de nous dire si la fille est ou non hallucinée, à l'autorité religieuse de prononcer s'il y a eu miracle. Jusqu'à leur verdict, une seule attitude raisonnable : attendre et douter.*

Ebloui de tant de sagesse et de lucidité, Clarens éprouve le besoin d'en faire profiter les autres, et notamment son protecteur, presque son père, et son ami : le préfet Massy. Ne serait-ce pas faire œuvre utile que de l'informer, et de lui rappeler du même coup l'existence à Lourdes d'un directeur d'Ecole qui a des lumières : « breveté, admissible aux fonctions de vérificateur des poids et mesures »... et surtout « pourvu d'un certificat d'aptitude aux fonctions d'inspecteur de l'enseignement primaire, délivré à Toulouse », dont le département pourrait bénéficier...

Dans les loisirs de ce dimanche finissant, Clarens fourbit ses titres, et les calligraphie en exergue d'un mémoire intitulé : « *La Grotte mystérieuse de Lourdes ou l'apparition de 1858 avec son caractère jusqu'à ce jour...* » Il l'achèvera dans les loisirs du jeudi 4 mars, « le grand jour ».

19

LUNDI 1er MARS 1858

DOUZIÈME APPARITION

« Attendre et douter ». Telle était hier la conclusion de Clarens, qui ne revient pas à la Grotte ce matin plus qu'hier. Mais telle n'est pas la loi générale. Aujourd'hui, 1er mars, une fois de plus, le record d'affluence est battu : 1 500 personnes. Selon les ordres laissés hier par le commandant Renault, un gendarme, placé à la porte du Baous, fait le décompte de ceux qui rentrent en ville.

Bernadette a bien du mal à renouveler ses exercices de pénitence, tant on s'écrase. Les « *Faites-vous en arrière!* » du garde champêtre ont aujourd'hui l'allure dérisoire d'une incantation passée à l'état de tic, face à une situation inexorable. Sur sa blouse, l'aigle impériale prend des allures de poulet affolé.

Deux manteaux blancs.

Heureusement, deux chasseurs de Visens s'élancent avec autorité en criant comme en service commandé :

— Place! Place!

Ils se campent devant Bernadette, et, marchant à reculons sans la quitter du regard, d'un mouvement concerté, ils écartent les gens du dos et des coudes. Dans leur manteau blanc, ils paraissent deux archanges. Ils se jettent l'un à l'autre des regards joyeux et admiratifs. Estrade a cru entendre l'un des deux dire à l'autre :

— Et on viendra nous dire que c'est une bourde!

Grâce à leur prestance, et à la bonne volonté de tous, Bernadette arrive sans encombre jusqu'à la fontaine, y penche son visage, et boit à même, « sans prendre l'eau avec la main », semble-t-il à Jean Vergez, maire d'Ossen. Celui-ci en est « impressionné, attendri » en dépit du barbouillage de la figure... surtout lorsqu'il la voit se retourner et jeter ce regard vers la cavité intérieure.

Au cours de la montée, il a observé un autre incident qui l'a frappé. Bernadette était déjà sous la voûte et avait donc largement dépassé « le rosier », lorsque les gens, désireux de s'engager dans le sillage ouvert derrière elle avant qu'il ne se referme, en écartèrent les branches.

> *Bernadette se retourna et, en même temps, plaça ses deux mains sur sa tête, comme par un geste de tristesse indignée. Quelqu'un comprit et cria :*
> — Non touquet pas et arrousé
> [*Ne touchez pas au rosier*]

Et Bernadette put reprendre sa marche. Voilà du moins ce que Jean Vergez raconte à Ossen. Mais à Lourdes, Mlle Pène raconte autrement. La cause de l'incident, pour elle, c'est que les chasseurs, un moment débordés en dépit de leur force et de leur prestance, n'ont pu « rompre » la foule « assez vite ». C'est alors que Bernadette s'arrêta un instant, assise sur les talons, jetant un regard tout égaré à « droite et à gauche », puis « vers la vision », avant de reprendre son cheminement.

Ce qu'on dit à Lourdes.

On le voit, l'émotion et l'affluence (qui dérobait à la plupart la vue de Bernadette) n'étaient guère favorables à l'exacte propagation des nouvelles. C'est ainsi que, dans la journée, toutes sortes de bruits reviennent aux oreilles du commissaire : « Deux prêtres se trouvaient dans cette foule. » « Bernadette a fait bénir les chapelets. » « Ses parents étaient là, faisant la loi aux gens... »

Le reste a moins d'intérêt, et le commissaire laisse tomber. Mais les trois premières nouvelles amènent de l'eau à son moulin. Il les raboute, et les corse un peu pour relever le rapport du jour, et forcer l'attention du préfet qui voit encore là un incident local sans importance...

Qu'en était-il de ces trois nouvelles ?

Un prêtre à la Grotte.

La première n'était pas dénuée de tous fondements. Ce matin, pour la première et la seule fois, un prêtre était à la Grotte : Antoine Dézirat, ordonné du 19 septembre dernier, encore dans sa famille, dans l'attente d'une affectation. Séjournant chez l'abbé Glaire, curé d'Omex, il est parti ce matin avec un groupe de paroissiens, un peu inquiet, car il a entendu parler des défenses de l'abbé Peyramale... Et puis, au fond, se demande-t-il, qu'est-ce que c'est que cette apparition ? De Dieu ou du diable ?

Conduit par le chemin de la forêt il arrive à la Grotte juste en même temps que Bernadette... Il s'était promis de passer inaperçu, mais son attrait s'avive, sa myopie se rappelle à lui, et il se met à suivre la petite fille de crainte qu'elle ne sorte des étroites limites de son champ visuel. Il s'avance, sans mesurer sa chance, car ceux qui essaient d'en faire autant sont bloqués par une résistance insurmontable. Tous les yeux (qu'il ne voit pas) sont fixés sur sa soutane. On s'efface avec respect, et ceux qui ne le font pas sont vivement rappelés à l'ordre :

— Laissez passer ce prêtre!

Le voici admis sans que personne proteste, dans l'espace réservé pour dégager la vue de Bernadette en direction de la niche. Il est à moins d'un mètre d'elle. Il enlève son tricorne, ajuste ses lunettes et s'approche, tout près de son visage, « à quelques centimètres ».

Un grand souvenir s'imprime en lui qu'il ne parviendra jamais à bien traduire. Le voici, dégagé de l'écheveau des comparaisons et figures de rhétorique qu'il y mêle pour tenter de l'établir à sa juste hauteur.

> *Bernadette, en égrenant son rosaire, remuait à peine les lèvres, mais, à son attitude, aux traits de son visage, on voyait que son âme était ravie... Le sourire dépasse toute expression. L'artiste le plus habile, l'acteur le plus consommé, n'en reproduirait jamais le charme et la grâce!... Impossible de se figurer!...*
>
> *Ce qui me frappa, c'est la joie, c'est la tristesse qui se peignaient sur le visage. Lorsqu'un de ces phénomènes succédait à l'autre, c'était avec la rapidité de l'éclair : néanmoins dans ce passage rien de brusque : une transition admirable. J'avais observé l'enfant lorsqu'elle se rendait à la Grotte. Je l'avais observée avec un soin scrupuleux. Quelle différence entre ce qu'elle était alors et ce que je la vis au moment de l'Apparition! La même différence qu'entre la matière et l'esprit...*
>
> *Bernadette seule voyait l'apparition, mais tout le monde avait comme le sentiment de sa présence... Respect, silence, recueillement, régnaient partout... Oh! qu'il faisait bon là. Je me croyais au vestibule du paradis.*

Le P. Sempé accueillit d'un éclat de rire les récits de l'abbé Dézirat sur les apparitions de Massabielle. Huit ans plus tard, il était supérieur des chapelains de Lourdes.

Hélas, l'ombre sourcilleuse de M. Peyramale, la crainte, aussi, que la vision ne soit pas ce qu'il espère, troublent cette sérénité. Impossible de rester là, point de mire de tous. Il faut partir. L'abbé Dézirat se promet de saisir la première occasion de s'arracher à ces lieux.

Justement, le visage de Bernadette sort de son horizon borné. (Elle vient de commencer la marche à genoux.) C'est le signal... Sur la pointe des pieds, il se retire au plus vite... sans mesurer les prodiges que font les spectateurs pour lui faire place.

Combien de temps a-t-il passé là, envahi par ce visage angélique qu'il ne quittait que pour jeter un coup d'œil à la dérobée, en direction de la niche vide ? Combien ? Est-ce dix minutes ? Oui, à en juger par la récitation du chapelet. Mais il a plutôt le sentiment de s'être un moment évadé hors du temps, pour communier à une autre sorte d'existence.

Son enthousiasme va recevoir, ce matin même, quelques douches. Ancien élève du petit séminaire de Saint-Pé, il est pris du désir d'y communiquer ce dont il est rempli, et d'y recevoir quelque lumière supplémentaire. Le supérieur, M. Burosse, l'accueille à bras ouverts, mais paraît réticent. Intéressé assurément, il questionne, écoute, mais, n'était sa vive curiosité et la crainte de compromettre la confidence, il irait d'un blâme. Assurément, il est « en garde » contre tout cela...

L'accueil des professeurs sera-t-il plus chaleureux ? Au sortir de chez M. le Supérieur, l'abbé Dézirat rencontre l'abbé Sempé (curieusement homonyme de l'établissement où il enseigne), son ancien professeur de troisième, aujourd'hui préfet des études, accompagné de l'abbé Pène (non pas le vicaire de Lourdes, mais le professeur de physique du petit séminaire). Cette fois, la confidence n'ira pas loin. Elle est interrompue d'un grand éclat de rire, qui a pour objet... sa crédulité. L'abbé Sempé rirait bien plus encore si on lui disait aujourd'hui, qu'avant dix ans d'ici, il sera le premier supérieur du sanctuaire des apparitions...

Voilà pour le premier prêtre mentionné par Jacomet. Et le second ? Eh bien! C'était le même, vu à un autre endroit, et pris pour l'abbé Junca, desservant d'Omex, qui lui ressemblait pour le haut du visage...

La « bénédiction des chapelets ».

L'histoire de la « bénédiction des chapelets », évoquée par le commissaire, s'éclaircit pareillement dans la journée à la maison Cénac. Estrade (accroché ce matin à un surplomb rocheux), ainsi que Jacquette Pène et quelques autres, ont été pareillement frappés d'un geste étrange de Bernadette Cela se passait après qu'elle eut fait, sur le trajet frayé par les chasseurs, sa station à la source. Souriante, elle venait de reprendre le chapelet dans sa poche, mais soudain, elle s'attriste, et, au lieu d'en commencer la récitation, elle le rentre dans sa poche, en tire un autre sans détourner le regard, et d'un geste vif, l'élève « à la hauteur des yeux ». Une femme murmure alors :

— La Sainte Vierge doit lui bénir le chapelet.

Et c'est le signal d'une levée de bras qui tendent ou agitent les leurs..., cependant que Bernadette, sans y prendre garde, a repris sa récitation.

Cet incident est diversement interprété, mais toujours sévèrement, de la part des gens capables de réflexion. Bernadette a-t-elle usurpé la fonction sacerdotale ? Joue-t-elle la comédie ? Se moque-t-elle du monde ? En toute hypothèse son geste n'a pas de sens. A l'étage de la maison Cénac, où les Estrade et les Pène en discutent cet après-midi, Emmanuélite avoue, en dépit de sa ferveur :

— Je ne vois pas le moyen d'interpréter cela en bonne part!

Finalement, l'abbé Pène décide d'appeler Bernadette, autant pour savoir que pour mettre fin à de tels abus.

— Alors, tu bénis les chapelets maintenant ? lui demande-t-il d'un ton enjoué, pour piéger ses vrais sentiments.

Bernadette rit comme d'une plaisanterie.

— Je ne porte pas l'étole!

— Alors qu'est-ce qu'on t'a vue faire ce matin ? Est-ce ta vision maintenant qui donne des bénédictions ?

C'est alors que Bernadette explique. Ce matin, elle a emmené à la Grotte le chapelet d'une pieuse malade, Pauline Sans, empêchée d'aller à la Grotte et désireuse d'y être ainsi représentée. Bernadette avait donc dans sa poche deux chapelets. Au début de l'apparition, ne songeant plus à Pauline (car dans ces moments-là elle oublie facilement les mille commissions dont on la charge), elle a pris le sien, au hasard. Mais, la seconde fois, au retour de la source, c'est celui de Pauline qui est venu sous sa main. *Aqueró* a paru contrariée. Elle a fait un signe. Et c'est pourquoi Bernadette a rentré en poche le chapelet de Pauline, et recommencé la récitation avec le sien. Rien de la bénédiction, dont on parle encore en ville...

Les interlocuteurs de Bernadette sont satisfaits de cette réponse qui coupe court aux bobards, et ne cherchent pas plus avant la raison du désir d'*Aqueró* : a-t-elle voulu prémunir Bernadette contre les entreprises à tendance superstitieuse dont elle est l'objet ? Insister sur le caractère personnel du chapelet ? L'eût-on demandé à Bernadette, en toute hypothèse, elle n'aurait su donner aucune réponse.

Les Soubirous suspects.

Enfin, quoi de vrai dans le troisième bruit : l'attitude matamore de François Soubirous régentant la foule ? Juste la présence ce matin du père de Bernadette, et le fait qu'au début de l'apparition, aujourd'hui comme les jours précédents, quelques cris dans la foule ont fait enlever les chapeaux, quelques « chut! » ont invité au silence. François et Louise Soubirous y ont-ils participé ? C'est possible. En tout cas, là comme dans l'affaire de la farine volée, leur situation misérable en faisait des boucs émissaires. Ces miséreux n'ont-ils pas monté cette histoire pour se faire de l'argent ? Telle a été d'emblée l'hypothèse du procureur et du commissaire. Tous deux s'endorment ce soir avec une certaine satisfaction : ils ont terminé, chacun de leur côté, la minute d'un rapport où l'idée commence à prendre corps. Ils le recopieront demain, après l'avoir complété, s'il y a du nouveau. De fait, du nouveau, il y en aura...

Un miracle et une naissance.

Il n'y en a même aujourd'hui, qui leur a échappé...

Cette nuit, à Loubajac, village situé sur la route de Pau, une femme s'est levée de bon matin pour s'en aller à la Grotte : Catherine Latapie, dite Chouat, une rude villageoise point dévote, dure au travail (il le faut, étant pauvre), et pas des plus commodes avec ses voisines. En octobre 1856, déjà mère de quatre enfants, elle était montée sur un chêne dont elle gaulait les glands pour nourrir ses cochons. Elle a perdu l'équilibre, et s'est retrouvée à terre, l'épaule retournée, le poignet pendant, les doigts tordus.

Le médecin a remis le bras, qui s'est trouvé guéri au bout de cinquante jours, mais « les deux derniers doigts » sont restés « pliés » et paralysés, le médius à demi courbé. Ce bras, le bras droit par malheur, est resté affaibli, en sorte que Catherine ne peut plus filer, ni tricoter, ni bien d'autres choses. Une ruine pour le foyer qui périclite en 1856-1857. Et voilà qu'elle entend parler de cette source, qui aurait soulagé des malades.

Cette nuit, vers trois heures du matin, une idée la réveille qui lui réchauffe le cœur : Cours à la Grotte, et tu seras guérie.

Plus rien ne compte que cette espérance : ni le travail, ni les objections du mari. Catherine est enceinte de neuf mois. Lourdes est à près de six kilomètres, la Grotte, à sept. Il fait nuit.

Eh bien, tant pis! Catherine prend avec elle deux de ses enfants, qu'elle ne peut laisser seuls à la maison, et s'en va; la pleine lune, déjà basse sur son couchant, anime, sur le bord de la route, d'étranges formes d'arbres et de rochers qui ont l'air de bêtes vivantes. Les deux petits ont peur et s'arrêtent à chaque pas. De sa main gauche, Catherine tient la plus petite, tandis que le plus grand s'accroche à sa vilaine main crochue.

Quelle heure était-il quand Catherine est arrivée à Lourdes en remorquant ses deux enfants, et portant le troisième déjà lourd, qui bouge depuis des mois? Elle ne sait trop. Elle se rappelle avoir rencontré sur la route une petite fille qu'on lui a dit être Bernadette... Allait-elle ou revenait-elle de l'apparition ?... Elle ne sait pas. Y a-t-il eu ce matin une apparition ? Elle ne le sait pas non plus, tant il y avait de monde. Toujours est-il qu'elle a touché la robe de cette petite qui voit la Sainte Vierge, et s'en est trouvée toute joyeuse.

A la Grotte, après avoir prié, elle a grimpé la pente, s'est courbée au fond sous la voûte basse, a plongé la main dans l'eau bourbeuse. Une grande douceur alors l'a envahie. Elle retire la main. C'est bien la mauvaise. Mais les doigts sont souples, maintenant... Elle les joint (ce qu'elle n'a pu faire depuis longtemps), pour rendre grâce, et s'abîme dans la prière.

Mais voici sa joie traversée d'une violente douleur d'entrailles. Catherine a vite compris, elle qui en est à son cinquième. C'est ce petit qui veut venir au monde. Va-t-il naître là, dans cette grotte de Bethléem, devant tous ces gens ? Catherine, déjà payée de sa confiance, réitère :

— Sainte Vierge qui venez de me guérir, laissez-moi rentrer chez moi!

Avant d'avoir finir sa prière, elle se sent exaucée. Les douleurs ont cessé et ne se renouvellent pas tandis qu'elle l'achève. Elle ne doute plus de rien. La sage-femme de Loubajac est à la Grotte, elle aussi, partie avec un groupe suivant. Inutile de la prévenir, ça ferait du bruit, des complications, des frais dont Catherine n'a pas le premier sou! Avec ses deux petits, elle remonte la pente presque à pic, redoutée de tant de gens, et reprend, joyeuse et sans arrière-pensée, un peu lourde seulement, les sept kilomètres de montées et descentes qui vont la ramener à Loubajac.

Un quart d'heure après son arrivée, elle accouche « heureusement et presque sans douleur ». La sage-femme arrive de Lourdes sur la fin, juste à point. Elle n'a presque rien à faire. C'est un garçon, il s'appellera Jean-Baptiste : il sera prêtre. Quant à la guérison de Catherine, elle sera une des sept que retiendra l'enquête épiscopale.

« De l'argent. »

Autre fait qui a échappé au commissaire : l'argent qui vient à la Grotte.

Le sacristain Fourcade s'y rend, aujourd'hui, lui aussi, pour laver son bras perclus. Son frère l'accompagne, examine les lieux : ces cavités qui trouent curieusement les parois rocheuses, il y plonge le bras. Mais qu'est-ce qu'il y a donc là-dedans ? C'est un bout de cierge, et une espèce de mouchoir... Il les remet, fait tomber une pièce d'un sou. On ne jette pas l'argent à Lourdes... Cette pièce a été déposée avec intention.

— Moi, j'y ai déjà vu une pièce de 5 francs! dit une femme qui se trouve là.

Il n'est pas bon de laisser traîner de l'argent...

— Il faut ramasser ça, conclut le frère du sacristain.

Il soulève un enfant qui plonge le bras jusqu'au fond de la cavité : Voilà une pièce de 50 centimes, puis 20 centimes en monnaie de billon... Ailleurs encore, 40 centimes. Le sacristain recueille le tout et fait le compte. Au retour, une personne lui redonne 40 centimes, une autre, la fille Saurré, 15 centimes. Que faire de tout cela ? C'est donné par piété. Eh bien, on le portera à l'abbé Pomian pour dire une messe « le grand jour », ce 4 mars redouté, et pourtant, attendu avec ferveur.

20

MARDI 2 MARS 1858

TREIZIÈME APPARITION

Du côté de la Grotte.

De jour en jour, le mouvement de foule se fait plus matinal, plus dense. Aujourd'hui, mardi 2 mars, les premiers visiteurs descendent à Massabielle vers minuit. A 7 heures, lorsque Bernadette arrive, 1 650 personnes sont réunies, débordant de toutes parts la Grotte et l'étroite grève qui la borde. La pointe de l'île du Chalet, lieu de la première apparition, est couverte de monde sur la rive, la grappe humaine s'élargit à l'ouest hors de tout point de vue sur la Grotte.

En dépit de la bonne volonté de tous, Bernadette a bien du mal à accomplir les exercices habituels : marcher à genoux, baiser la terre, boire à la fontaine.

Mais le fait marquant aujourd'hui, c'est cette station sous la cavité intérieure. Elle y rit puis devient sérieuse. Une conversation se déroule. Les spectateurs suivent, avec une curiosité un peu anxieuse les phases de ce dialogue... anxieuse, car, à mesure que le dernier jour — « le grand jour! » — approche, l'effervescence monte.

Pour ceux qu'on appelle les croyants, une chose est claire, en effet : ce jour-là, il va se passer quelque chose. Quoi ? Là-dessus les imaginations s'échauffent. L'apparition se montrera-t-elle à tous ? Verra-t-on un grand miracle ? Ou bien au contraire, un grand châtiment ? Lourdes, la France sont-ils menacés d'une calamité épouvantable, que l'apparition va conjurer ?... Ces hypothèses courent et prennent, de-ci, de-là, le visage de la certitude. On assure, explicitement ou tacitement, que tout cela vient, en confidence, de cette Bernadette — si peu bavarde quand on la questionne.

A peine l'extase terminée, les femmes qui ont guetté les phases de ce dialogue entourent la voyante.

— Qu'est-ce qu'elle t'a dit ?

Bernadette souhaite s'esquiver et comme c'est impossible sans jeter du lest, elle répond bien vite :

— D'aller dire aux prêtres qu'on vienne ici en procession...

Puis elle s'en va au plus vite, concentrant sa rétive mémoire sur le message reçu.

Elle n'a pas tout dit. Elle a reçu en outre la demande d'une chapelle, et sans doute un secret mais sa réponse suffit à celles qui l'interrogent.

Ces femmes qui entouraient Bernadette, ce sont les premières arrivées, celles qui sont arrivées dès minuit pour avoir les meilleures places. C'est dire leur ferveur mais aussi leur surexcitation. Les songes rentrés de la nuit avivent en elles les perspectives de miracles ou de châtiments qui planent sur le dernier jour de la quinzaine.

Tout de suite, elles ont « compris ». La procession ? C'est le gage demandé pour conjurer la catastrophe et obtenir le miracle! Cette procession, il faut l'obtenir d'urgence. Sinon... qu'arriverait-il ? On n'ose y penser... Pas une minute à perdre. M. le Curé doit être averti...

Mystérieuses et conscientes d'une grande mission, les dévotes se hâtent vers le presbytère.

Du côté du presbytère.

L'abbé Peyramale s'y trouve. Cette affaire le préoccupe de jour en jour davantage. Quel est ce souffle qui passe sur sa paroisse : vent de folie ou vent de Pentecôte ? Qu'il est donc difficile de discerner les esprits... Pourtant l'impression qui s'impose de plus en plus au curé de Lourdes, c'est que les fruits de l'arbre sont bons : Prière, ferveur, conversions. Et c'est un fait qu'ils se confirment et se multiplient. Pourtant, l'aventure est insolite. Se ferait-il dix fois plus de bien, le curé pourrait-il risquer dans cette aventure de vision l'autorité qu'il détient ? Pourrait-il y embarquer une paroisse ? Assurément non, mille fois non!

La position extérieure de M. le Curé est donc nette : réserve, abstention, défense à tout prêtre ou religieuse d'aller à la Grotte. L'administration le félicite de cette sagesse, digne de ses lumières. Et pourtant, à l'intérieur, il n'est rien moins que lumière. Il hésite, et quelque chose lui dit : Si c'était vrai...

Peyramale est toujours présent où Dieu l'appelle. Nul pauvre dans la paroisse qui n'ait trouvé près de lui l'accueil empressé qu'il aurait eu pour Jésus-Christ lui-même, généreux presque à la folie. Et si le doigt de Dieu était là aussi à Massabielle, devrait-il être le dernier à s'y rendre ?

Certes, c'est loin d'être clair! Depuis quelques jours, la Grotte serait le théâtre de scènes qu'on dit grotesques. Bernadette aurait même mangé de l'herbe... La fille de bon sens et de bonne piété qu'est Victoire Bonnecarrère envoyée là-bas l'autre jour (était-ce vendredi?), a été mal impressionnée.

Mais des gens sérieux sont convaincus : M. Estrade, homme porté de par son métier de contrôleur des contributions, à la précision et à l'objectivité, M. Dufo, avocat en vue, grand chrétien, grande autorité. Ils plaident aujourd'hui l'authenticité, et trouvent des réponses plausibles à toutes les objections.

Et puis il y a tout ce qu'il faut garder pour soi, ce qui se passe au confessionnal. Là, d'instinct, l'abbé Peyramale ne discute pas la conviction de ceux qui arrivent, le cœur touché. Il part de ce mouvement de grâce pour leur faire changer de vie, et cela réussit... combien!

La différence entre cette position de for interne et la position de for externe, toute négative, crée dans l'âme sans duplicité du curé de Lourdes, un malaise d'autant plus pénible qu'il ne parvient pas à en prendre claire conscience... Cramponné à sa position officielle qu'il doit raidir, il sent parfois monter en lui des poussées de foi presque incoercibles, dont il se raille en lui-même.

— Je ne voudrais pas que mon chapeau sache ce que je pense.

Ce matin, à l'heure où l'événement s'accomplit à la Grotte pour la treizième fois, il ne peut penser à autre chose. Ne devrait-il pas enquêter pour éclairer son opinion ? interroger, après tant d'autres, cette Bernadette qu'il n'a pas encore vue ?

Le groupe des dévotes le surprend dans cette perplexité, dont rien ne transparaît. Qui le croirait si agité à le voir là, solidement planté, dominant d'un regard qui impose, le groupe des paroissiennes, un rien ébouriffées par leur nuit à la belle étoile. Voir M. le Curé, ça jette un froid. Mais elles sont en nombre, et l'urgence leur donne courage.

— Monsieur le Curé, la Sainte Vierge veut une procession pour jeudi...

Cette demande incroyable met à vif le malaise de Peyramale.

Une procession! Et pour jeudi! ce jour où l'on craint d'avoir à Lourdes 20 000 personnes! Impensable, vis-à-vis de la paroisse, des autorités, de l'évêque!

Et pourtant! si, pour une fois, Dieu demandait l'impossible! Le choc des deux sentiments contraires est instantané, et instantanément, c'est le bon sens, c'est le devoir, et donc la négation qui triomphe, chargée de toutes les fulgurations d'une colère qui ne saurait dire son nom. Le doyen fond, d'une pièce, sur le troupeau des paroissiennes en transes. Des algarades célèbres qui ont jalonné sa carrière, celle-là, dont nul n'osera se vanter, aura peut-être été la plus foudroyante. En quelques instants, il n'y a plus que les croupes des dévotes se bousculant devant la porte de sortie.

Mais alors, le Peyramale intérieur se retrouve tout entier : Et si c'était une volonté du ciel ? Si la suite du mouvement qui transforme la paroisse dépendait de ma décision ? En ce cas, il faudrait en référer à l'évêque... Oui, mais, sans preuve, l'évêque dirait non!

M. le Curé arpente le jardin du presbytère, agité de pensées inextricables. Une sorte de colère monte en lui contre cette situation, contre ces femmes inconsidérées, contre lui-même qui a été trop dur, infidèle peut-être à l'impulsion secrète qui le portait à l'accueil.

Cependant, Bernadette tente, elle aussi, de résoudre son problème : « Dire aux prêtres qu'on vienne ici en procession et qu'on y bâtisse une chapelle »... Pauline Cazaux sait qu'elle a une « commission » à transmettre et propose de l'accompagner. Bernadette accepte, à condition qu'elle se taise en route. Elle lui dira après...

C'est à l'hospice qu'elles se rendent, chez l'abbé Pomian, le confesseur, moins intimidant que M. le Curé. Il écoute avec attention, comme d'habitude, mais sa défiance n'a fait qu'augmenter depuis le début. D'abord il a pu interroger Bernadette au catéchisme la semaine dernière. Il a été stupéfait de son ignorance. Que peut-il sortir de bon d'une fille de quatorze ans qui ignore jusqu'au mystère de la Trinité ? Ce qu'on raconte des scènes de ces derniers jours : « l'herbe... la boue... », enfin la position négative de l'abbé Peyramale jouent dans le même sens. Il se montre réticent. Cette demande qu'a reçue Bernadette le dépasse. Ce serait du ressort de M. le Curé... Bref, l'abbé Pomian ne semble pas se soucier de faire lui-même la transmission. A Bernadette d'aller s'expliquer au presbytère, si elle y tient.

Oui, mais faire cette même commission à M. le Curé, c'est une tout autre affaire... Pauline Cazaux s'éclipse. Bernadette recourt à tante Basile : elle veut bien venir, mais avec du renfort; toutes deux passent prendre la marraine, tante Bernarde, femme de tête, qui aura plus de poids en pareille difficulté.

Les tantes ne sont pas fières. M. le Curé, elles le craignent... Il impressionne; et puis, on redoute ses colères, fréquentes en chaire, lorsqu'il crie après les abus, l'égoïsme des riches... ou même après cette porte, jamais ouverte ou fermée quand il faut, qui lui « fait faire un sang de vinaigre ». Il y a tant crié qu'il en est enroué en permanence. Qu'est-ce qu'il va dire de ça, M. le Curé ?

Dominiquette Cazenave est là au seuil de l'église, dans l'exercice de ses travaux de sacristine.

— M. le Curé y est-il ?

— Non, il est chez lui probablement, répond-elle.

Tante Basile ajoute, importante et confidentielle :

— C'est que la Dame lui demande une procession!

A Dominiquette, cela donne plutôt envie de rire. Mais les tantes, elles n'ont pas envie de rire.

M. le Curé, moins encore...

Il arrête sa marche en voyant les visiteuses, ce petit bout de fille entre ces deux femmes.

— C'est toi qui vas à la Grotte!

— Oui, monsieur le Curé.

Etre devant M. le Curé, cela vous ôterait toute envie d'être celle-qui-va-à-la-Grotte.

— Et tu dis que tu vois la Sainte Vierge ?

— Je n'ai pas dit que c'est la Sainte Vierge.

— Alors, qu'est-ce que c'est que cette dame ?

— Je ne sais pas!

— Ah, tu ne sais pas, menteuse! Et pourtant le journal l'écrit, et tous ceux que tu fais courir après toi le disent que c'est la Sainte Vierge.

Le Peyramale « raisonnable » marque un point encore sur le Peyramale croyant. Pas question de faire une procession pour une apparition inconnue...

— Alors qu'est-ce que tu vois ?

— Quelque chose... qui ressemble à une dame...

— Quelque chose! *(Quaoucaré!)*

M. le Curé a répété ce mot sonore sur le ton de la dérision : quelque chose! Même pas quelqu'un! Décidément, c'est un comble! Sous l'algarade, Bernadette sent que, si elle ne la sort pas tout de suite, elle va la « perdre », sa commission! Elle lance brusquement :

— Monsieur le Curé, *Aqueró* demande qu'on vienne à la Grotte en procession.

Si. M. le Curé avait espéré un moment que cette demande était une invention des dévotes noctambules, le voilà fixé. Sa colère rejaillit.

— Menteuse! Comment veux-tu que je commande une procession! C'est

Monseigneur qui décide les processions. Si ta vision était quelque chose de bon, elle ne te dirait pas de telles bêtises. Et pour quand la veut-elle, cette procession ? C'est jeudi que tu as dit ?

Bernadette perd pied. A-t-elle dit un jour ? Etait-ce jeudi ? Elle cherche et tout se brouille...

Un prêtre étranger à Lourdes est arrivé là, compatissant, qui meuble le silence :

— Prends garde, petite, il faut bien t'assurer.

M. le Curé va et vient à travers la pièce en disant :

— Allons donc! une dame!... une procession!

Bernadette finit par murmurer :

— Je ne sais plus quand.

— Et qu'elle t'a demandé une procession, tu es bien sûre ?

— *Que crédi!* (je crois)

— Ah! tu crois! Ah! tu n'es pas sûre! Eh bien, quand on n'est pas plus fixé, on reste chez soi! Retournes-y et n'en sors plus. C'est malheureux d'avoir une petite comme ça qui fait courir tout le monde. Eh bien! nous te donnerons une torche à toi! tu iras faire ta procession, et on te suivra!... Tu n'as pas besoin de prêtre!

Tante Basile frémit sous l'orage; c'est « effrayant de voir M. le Curé » se promener ainsi « par la chambre » en criant « comme au sermon », et d'autant plus fort qu'il est plus enroué.

— C'est un scandale!... Et on dit que tu as mangé de l'herbe comme les bêtes.

Bernadette se tait et ne bouge pas « toute troussée dans son capulet ». Quant à Basile, elle se sent devenir comme un « grain de millet ». C'est alors qu'il remarque les deux tantes à leur tremblement.

— Vous êtes parentes de cette enfant ?

— Oui, monsieur le Curé, ses tantes.

— C'est malheureux d'avoir une famille comme ça, qui met le désordre dans la ville. Retenez-la et ne la laissez plus bouger!

L'entrée de l'abbé Pomian interrompt la tirade :

— Voyez cette petite. C'est elle qui va à la Grotte tous les jours. Elle vient nous dire des mensonges.

— Tu viens de dire des mensonges, Bernadette ? reprend l'abbé plus doucement.

M. le Curé interrompt :

— Retirez-vous. Mettez-la à l'école et ne la laissez plus aller à cette Grotte. Que ce soit fini!

Bernadette et tante Basile sortent à pas feutrés après une profonde révérence et se retrouvent seules dans le calme de la rue, hâtant le pas vers le cachot... Tante Bernarde a disparu. Elle ne perd pas le nord, celle-là! Quand s'est-elle esquivée ? Basile recouvre la première la parole, quoique en larmes :

— On ne m'y reprendra plus à venir chez M. le Curé!

Elle est fâchée d'avoir été entraînée dans cette équipée dont elle espérait tirer plus de considération...

— Tu vois comme tu t'es fait gronder.

Bernadette paraît impassible et sans regret :

— Oh! s'il ne veut pas le croire, qu'il le laisse. J'ai fait ma commission...

Quelques pas... Et puis soudain, elle s'arrête.

— Oh! tante Basile, il faut retourner chez M. le Curé.

— Encore! Ah non!

— J'ai oublié de dire pour la chapelle.

— Ne compte plus sur moi. Hé!... Tu nous rends malades!

Bernadette reste en tête à tête avec son problème. La discussion est venue si vite sur la première moitié de la commission qu'elle a omis la seconde. Il faut la faire. Mais jamais elle n'osera y retourner seule. M. le Curé lui fait perdre ses idées. Comment est-ce donc que la dame avait dit ?... Procession!... Le mot reste gravé, mais plus rien autour : *une* procession ? *des processions* ? Et avait-elle dit un jour ? Avant d'être au presbytère, Bernadette aurait juré que non. Mais alors pourquoi M. le Curé a-t-il demandé si c'était bien jeudi ? L'énigme ne s'éclaircira pas pour la voyante, faute de savoir la visite et l'interprétation des femmes qui l'avaient précédée.

Heureusement le reste de la commission reste intact. Mais trouver quelqu'un maintenant pour l'introduire et l'accompagner au presbytère ? Les discours terrifiés des tantes ont enlevé aux membres de la famille toute envie d'affronter M. le Curé. Maï vient de refuser. Plus de recours à l'horizon.

Pendant ce temps au presbytère, M. le Curé et l'abbé Pomian, un moment tentés de croire, s'encouragent à l'incrédulité. Les raisons abondent et concordent : après la boue et l'herbe, l'absurde requête de ce matin, la défaillance de Bernadette, et jusqu'à son ignorance de l'identité de l'apparition. De quelque côté qu'on y regarde, rien ne tient. La requête de Bernadette a donc un avantage. Elle ramène une certitude... négative, au moins sur le terrain pratique.

C'est alors qu'arrive l'abbé Pène, le « nouveau vicaire , un peu plus jeune, plus incandescent surtout. Sa sœur Jacquette qui ne manque pas une apparition, l'a informé au jour le jour. L'avis d'Estrade, son voisin de palier à la maison Cénac, l'a impressionné. Bien davantage encore, Ber nadette elle-même qu'ils ont interrogée ensemble bien des fois depuis le début de la semaine dernière.

Certes, le vicaire ne va pas jusqu'à se proclamer « croyant », mais il pense que l'événement mérite attention et s'enflamme facilement à ce sujet. L'interdiction faite au clergé d'aller à la Grotte lui paraît une absurdité. Comment juger sans voir ?... Depuis quelques jours, les discussions allaient bon train au presbytère.

— Si nous y allions, on ne manquerait pas de dire que nous inspirons Bernadette... disait le curé.

— Argument dépassé, répliquait Pène. Au vu et au su de tout le pays, ces manifestations ont commencé sans nous.

— Et pourtant, on aurait vite dit que nous la faisons marcher.

— S'il plaît aux libres penseurs de nous faire jouer un rôle, ils le feront aussi bien si nous n'y assistons pas... peut-être même davantage. Ils y verront « plus de calcul ». Allons-y sans crainte!

— Oui! Et si la chose avorte, quel ridicule pour nous et quel scandale!

— Mais s'il y a illusion, ne serait-il pas plus glorieux pour nous et plus avantageux pour la religion, que nous fussions les premiers à le proclamer ?

— S'il y a là du divin, il arrivera à ses fins sans nous, répliquait Peyramale.

— Bien sûr, le divin triomphera, mais avec ces raisonnements, il n'était pas utile aux Juifs d'aller entendre Notre Seigneur... *Fides ex auditu*, monsieur le Curé. Que faites-vous de saint Paul ?

— Vous, vous êtes croyant! avait coupé malicieusement l'abbé Pomian.

Croyant ? Dans l'état incertain des choses, l'abbé Pène l'avait pris comme une « espèce d'injure ».

— Non! avait-il rétorqué!...

Et battant le rappel des mots savants appris au séminaire, afin de donner à sa position un lustre de science et d'orthodoxie, il avait ajouté :

— Vous jugez sans examen; mon attitude expectante est plus logique que votre négation *a priori*.

L'affaire de la visite à l'évêque avait corsé le débat.

— Puisque vous persistez à prétendre que nous pouvons aller à la Grotte, avait dit l'autre jour M. le Curé, je vais soumettre la question à Monseigneur.

— Faites-le, avait répondu l'abbé Pène... Mais pour qu'il juge librement, ne lui laissez pas entrevoir de quel avis vous êtes.

Retour de Tarbes (avec je ne sais quel air de triomphe, a-t-il semblé à l'abbé Pène), M. le Curé a résumé ainsi son entretien :

— Monseigneur, dans le clergé de Lourdes, les uns croient que nous pouvons sans inconvénient assister aux manifestations de la Grotte, d'autres sont d'un avis contraire. Je viens demander à Votre Grandeur une ligne de conduite. Pouvons-nous y aller ou bien faut-il nous abstenir ?

L'objectivité de M. le Curé, sûr d'avance de la réponse de l'évêque, avait dépassé son but. Monseigneur, que cette question n'intéressait visiblement pas, avait levé de l'appui de son fauteuil une main évasive.

— Eh bien, allez-y...

— Mais, monseigneur, si nous y allons, on dira que c'est nous qui faisons marcher cette fille.

— Oh! alors, n'y allez pas!

Allez-y! N'y allez pas! ce jeu de bascule excédait la patience du vicaire. Il a éclaté :

— Je ne vous le fais pas dire, monsieur le Curé, Monseigneur était d'abord de mon avis, et c'est vous qui l'avez fait changer!... Bien sûr, j'obéirai, mais je crois que tout cela me donne le droit de garder mon opinion.

Les positions en sont là, ce 2 mars au matin, à l'heure où l'abbé P entre au salon du presbytère. Il a eu vent de quelque chose et vient nouvelles sitôt après son petit déjeuner, quelques instants après la sortie Bernadette.

Rien qu'à l'air de Peyramale, il devine qu'il y a contre lui quelqu élément inédit.

— Il y a du nouveau ? demande-t-il sans préambule.

— Il y en a, oui! du nouveau!

M. le Curé a l'accent du triomphe (semble-t-il au vicaire que la puissante personnalité de son curé écrase un peu). Il s'arrête un instant avec la condescendance du fort qui ne veut pas écraser le faible. Assurément, il détient quelque arme nouvelle. Mais l'abbé Pène est intrépide :

— Et quoi donc ?

Peyramale raconte la défaillance de Bernadette au sujet de la procession, du fameux jeudi...

— Eh bien, croirez-vous encore ? conclut-il.

Le vicaire fait front :

— Et pourquoi pas ?

— Ah! c'est trop fort! s'écrie le doyen avec un violent mouvement de tête... C'est vouloir croire *quand même*!

Cette explosion augmente le calme de l'abbé Pène.

— *Salva reverentia*, monsieur le Curé, laissez-moi vous dire que cette contradiction de Bernadette ne détruit pas à mes yeux l'autorité des faits déjà accomplis. La jeune fille a pu être sur ce point infidèle à sa mission. Quelque personne pieuse aura pu lui suggérer d'ajouter ce détail... Le démon a pu aussi se mêler de l'affaire et jeter un point noir au tableau. Mais patience! laissons les événements achever de se développer. Lorsque le drame sera fini... alors seulement nous pourrons juger.

La discussion continue sur un ton correct, mais vif, où filtrent des sous-entendus plus ou moins transparents de part et d'autre.

— Vous êtes un jeune imprudent, un homme dangereux pour l'autorité de la religion, laisse entendre le curé.

— Vous êtes un opportuniste et le ressort de vos positions, c'est un manque de courage et votre coquetterie à l'égard des libres penseurs, dont vous aimez la louange..., pense le vicaire.

L'entrée inopinée d'un nouvel interlocuteur, l'abbé Fourcade, secrétaire général de l'évêché, fait rebondir la discussion. Mgr Laurence qui se rend à Saint-Pé vient de le déposer vers dix heures un quart, au carrefour de l'hospice, à quelques pas du presbytère. A peine assis, le visiteur demande, lui aussi, des nouvelles de la Grotte. L'abbé Peyramale va droit au fait du matin et prend à témoin cette autorité, cet intime de l'évêque. Surprise! Ses réactions se révèlent sur ce point assez proches de celles de l'abbé Pène. Sans doute est-il loin de se douter qu'il sera, dans moins de six mois, le secrétaire d'une commission chargée d'enquêter sur les miracles de Lourdes. Mais il a déjà reçu des informations favorables, et s'intéresse positivement aux faits de Massabielle. Peut-être même est-ce la raison déterminante qui, sous quelque autre prétexte, l'a fait s'arrêter à Lourdes.

M. Peyramale, un moment ressaisi par une certitude, retrouve sa division intérieure, et retombe dans un silence lourd de réflexions, que le vicaire interprète comme la mauvaise humeur de l'humiliation...

L'effet de cette intervention se fait sentir de suite. Au sortir du presbytère, l'abbé Pomian convoque tante Basile, qui vient seule, aussitôt. Il rit de la voir toute tremblante encore, plus d'une heure après...

— Je ne suis pas aussi contente que vous, monsieur l'Abbé. Je n'ai pas envie de rire.

— Je te vois! tu as encore peur de M. le Curé.

— On peut bien avoir peur d'un prêtre qui se met en colère... La colère d'un prêtre est une sainte colère!

Après l'avoir sondée, l'abbé conclut :

— Garde Bernadette à la maison, dérobe-la au mieux. Et pour le reste, laisse-la faire. On verra bien, jeudi, ce qu'il en sera...

Sans la visite du chanoine Fourcade, il aurait hésité à donner un conseil aussi ouvert...

Autre visite au presbytère, ce même jour : celle de Jean-Baptiste Estrade. Peyramale le trouve plus enthousiaste encore que son vicaire, presque prophétique... L'hésitation de Bernadette ne lui paraît pas troublante. Qui dit qu'elle veut la procession *pour jeudi* ? N'est-ce pas plutôt à long terme ? C'est comme cela que lui, Estrade, avait du moins compris la chose... Le point reste en suspens dans l'esprit du curé. Dans l'imbroglio de cette journée, dans l'émotion du matin, il n'a pas démêlé, il ne démêlera jamais que le « jeudi » était simple invention des dévotes. Dans son esprit, comme dans celui de Bernadette, la question restera irrémédiablement brouillée.

Estrade, qui s'échauffe en défendant la Grotte, conclut :

— Retenez bien, monsieur le Curé, un jour, vous irez en chape à Massabielle en chantant *Sancta Maria*, et moi, je serai heureux de vous répondre *ora pro nobis!*

C'est du moins ce dont il crut se ressouvenir, le 5 octobre 1872, en voyant l'abbé Peyramale en cet appareil. Un regard leur suffit alors, paraît-il, pour se comprendre, et leur faire élever la voix à tous deux en chantant les litanies. Mais, au 2 mars 1858, nous sommes loin de cette situation.

Bernadette en est encore à chercher qui l'accompagnera chez M. le Curé... Elle est à bout de ressources. C'est alors que Dominiquette Cazenave vient aux nouvelles.

— Que t'a-t-*Elle* dit ce matin ?

— *De disé as pretres... que hassen basti aci uo capero.*

— Et tu ne vas pas faire ta commission à M. le Curé ?

— Mes parents ne veulent pas m'accompagner, ni ma mère, ni ma tante. Si vous vouliez... vous, Dominiquette ?

— Je veux bien!

C'est la Providence qui l'envoie, cette bonne fille dont l'habileté n'est pas médiocre. Elle comprend vite la situation : si nous allons tout de go au presbytère, nous ne pourrons même pas ouvrir la bouche. Ce sera l'expulsion. Il faut préparer le terrain.

— Attends-moi là, dit-elle à Bernadette.

Elle entre au presbytère avec le sourire, et comme l'accueil est bon, elle dit presque aussitôt avec une gentillesse respectueuse :

— La petite qui va à la Grotte a besoin de vous parler. Ses parents n'osent pas l'accompagner... Quand pourrai-je vous l'amener ?

M. le Curé lance d'un ton bourru :

— Ce soir, à sept heures.

— Je vous en prie, monsieur le Curé, ne l'intimidez pas. Vous lui faites peur, vous savez...

Tout s'est bien passé. Le terrible M. le curé est plus facile à apprivoiser qu'il ne paraît. Ceux qui savent son bon cœur n'ont jamais été en peine avec lui.

De plus, ses positions ont évolué depuis ce matin. Le jeu des rencontres a joué encore une fois contre ses oppositions officielles. Puisque le secrétaire général juge utile de mieux s'informer, il n'y a qu'à saisir cette occasion providentielle.

Bernadette n'est pas pour autant rassurée. M. le Curé, ce n'est pas comme « ces messieurs » de la police du tribunal qui, parfois, lui donnent à rire. Non, c'est comme si le bon Dieu se fâchait par l'orage... comme Moïse brisant les tables de la Loi. C'est peut-être une sainte colère comme dit tante Basile... Alors, il n'y a rien de plus effrayant que ces colères-là. Bernadette est encore sous le choc. Elle croit l'entendre arpenter en criant : « *Quaoucaré*! Une dame! Une procession! Allons donc! » Elle mobilise son calme et son courage. Il le faut.

Ce soir, à la nuit tombée, sur le chemin du presbytère, elle donne le bras à Dominiquette dont la calme présence la rassure. Seules les vitres jaunes de la grande maison isolée, la dernière à gauche, à la sortie du bourg, trouent l'épaisseur de la nuit sans lune. Jamais de sa vie son cœur n'a battu si fort, et pour la première fois, elle n'arrive pas à le cacher...

— Je voudrais bien que M. l'abbé Serres y soit...

L'ambiance de ce soir est détendue, mais impressionnante. Dans le grand salon, aux chandelles, tout le presbytère est là, quatre soutanes : l'abbé Peyramale et ses deux vicaires : Pène et Serres ainsi que l'abbé Pomian, aumônier de l'hospice, pleins de questions, et armés de toute leur théologie. M. le Curé fait asseoir la petite fille, presque aussi impressionnée de ce fauteuil que de l'aréopage qui va l'interroger. Il lui tarde de « finir sa commission ».

— Monsieur le Curé, *Aqueró* m'a dit : *Allez dire aux prêtres de faire bâtir ici une chapelle.*

L'abbé Peyramale fronce un sourcil broussailleux. Alors, ça ne suffisait pas d'une procession! Nouveau problème! Bernadette sent revenir la foudre, et, dans son affolement, elle improvise — ajoutant, pour la seule fois de sa vie, aux termes du message :

— Une chapelle... au plus court... quand bien même elle serait toute petite.

Elle est pitoyable et M. le Curé se veut calme. Il est glacial :

— Une chapelle ? Est-ce comme pour la procession. En es-tu sûre ?

— Oui, monsieur le Curé, j'en suis sûre!

Ces mots jaillissent dans un grand élan de conviction.

— Tu ne sais toujours pas comment elle s'appelle ?

— Non, monsieur le Curé!

— Eh bien, il faut le lui demander.

M. le Curé a fini. Et voici ces messieurs qui posent leurs questions en fonction de leurs hypothèses pour ou contre. L'interrogatoire se déroule mi-patois, mi-français. Bernadette qui sait juste quelques mots de la langue nationale s'y fatigue. Au bout de quelques minutes, tout s'embrouille :

— As-tu entendu parler des fées ? demande l'abbé Pomian.

— Non, monsieur l'Abbé.

— As-tu entendu parler des sorcières ? enchaîne un autre.

— Non, monsieur l'Abbé, répond Bernadette (tout cela en patois).

— Ce n'est pas vraisemblable, observe l'abbé (en français); tout le monde, à Lourdes, a plus ou moins entendu parler de sorcières...

Dominiquette intervient :

— Monsieur l'Abbé, Bernadette ne vous comprend pas. Parlez-lui de *brouchs* et pas de *sourcièros*. Ça ne veut rien dire dans le patois d'ici.

L'abbé Pène, à son tour, rassemble maladroitement ses connaissances de patois. Ce qui l'intéresse, c'est le message de l'apparition.

— Qu'aoû soune las *paraoules* qué la dame t'a dit ?...
Quelles sont les paroles que la dame t'a dites ?...

Bernadette lève un sourcil étonné :

— N'ou aiou pas nado *paraou* aquiou.
Il n'y a pas de pétrin là-dedans.

— Comment pas de paroles! Mais cette chapelle! Cette procession!

Dominiquette intervient de nouveau :

— Monsieur l'Abbé, Bernadette ne vous comprend pas. A Lourdes, on dit *parolos* et non *paraoulos* comme dans votre vallée. Bernadette a compris qu'il s'agissait de *paraou*, ça veut dire pétrin!...

— Monsieur le Curé, ajoute-t-elle, délivrez-la.

— Oui, c'est assez.

Dominiquette a gardé un charmant souvenir du retour; « la petite » trottinait à ses côtés avec la joie du devoir accompli :

> *Elle prit mon bras et me dit :*
> *— Je suis bien contente. J'ai fait ma commission!*
> *Je lui dis :*
> *— Il faut demander le nom à la Dame.*
> *— Oui, si je m'en souviens.*

Bernadette est soucieuse; quand elle voit l'apparition, elle le sait d'expérience, elle oublie tout le reste, et les questions qu'elle avait prévues lui échappent. Arrivera-t-elle à y penser ?

Dominiquette insiste :

— On ne fera pas bâtir la chapelle si on ne sait pas son nom.

Du côté des fonctionnaires.

Dans l'Administration, comme au presbytère, cette journée a été marquée par une intense réflexion. Les routines qui en sont le rythme vital sont perturbées par le phénomène hors série qui sévit à Lourdes. Ces gens qui veillent, ces gens qui prient à longueur de nuit, cette gamine de bas étage devenue le point de mire, c'est le monde à l'envers! Une subversion de l'ordre établi, d'autant plus inquiétante qu'elle ne contrarie de front aucune loi. Les réflexes fonctionnent selon les habitudes, et les règlements, bons en principe pour toutes les situations. Les organismes responsables essaient de tisser leur toile comme une honnête araignée égarée sur le passage d'un essaim d'abeilles : en pure perte. Bernadette échappe; l'effervescence grandit, la foule augmente. Comme il y a deux ans, lors de la famine, comme il y a trois ans, lors du choléra, l'Administration est en état de crise, acculée à la seule solution qui reste dans les cas désespérés : elle pense.

Ce 2 mars, au milieu de la matinée, le commissaire de police de Lourdes met la dernière main au rapport commencé la veille où il résume cavalièrement les apparitions des cinq derniers jours. Pour lui, il n'y a que deux hypothèses possibles :

> *ou bien cette jeune fille joue la comédie... ou bien elle est atteinte d'hallucination.*

Dans un cas comme dans l'autre, une action énergique s'impose : punir ou désabuser. Le commissaire ajoute en dernière heure :

> *M. le Maire et M. le Procureur impérial ont décidé (au contraire!) qu'il fallait attendre.*

Ils se fourvoient, laisse-t-il entendre à demi-mot :

> *Quoi qu'on en dise, jeudi prochain, quinzième jour, on ne sera pas plus avancé, et je suis sûr d'avance que la visionnaire continuera ses exercices le lendemain; or la tranquillité publique exige que ces réunions à heure fixe cessent au plus tôt.*

Sur son perchoir d'Argelès, le lieutenant de gendarmerie Bourriot est perplexe. La sous-préfecture vient de l'aviser qu'il faut prévoir un service d'ordre pour le jeudi 4 mars. Ça ne lui fait guère plaisir... Il mâchonne sa moustache et bougonne :

— Je ne suis pas assez théologien pour me fou...rrer là-dedans.

Il brosse un ordre à l'intention du maréchal des logis de Lourdes : ce jeune d'Angla est capable; déjà au tableau pour passer officier! Il est à l'heure du zèle. Ça lui conviendra très bien, à lui, de s'occuper de tout cela... non à un vieux routier comme moi. Bourriot mijote un papier qui le dispensera autant que possible d'aller là-bas :

> *Vous recevrez deux hommes d'Argelès, deux de Saint-Pé et le maréchal des logis Corrège. Vous aurez soin d'avoir un cheval sellé et un homme qui, au premier signal, puisse partir en ordonnance...*

Il achève avec satisfaction :

> *... à Tarbes.*

et poursuit :

> *Je serai à* Aucun *avec M. le Sous-Préfet pour le tirage...*

Pour une fois, bienheureux tirage... chanceux alibi. Argelès est à trois grandes lieues de Lourdes, Aucun à deux lieues et demi au-delà, en pleine montagne. Tarbes est à une lieue de moins. Si ça chauffe, on ira donc au plus court, à Tarbes, et le capitaine Renault s'en arrangera. Bourriot conclut avec sécurité :

Vous me ferez prévenir à l'occasion.

Le sous-préfet d'Argelès, M. Duboé, est préoccupé lui aussi. Lorsqu'il avait reçu, au matin du 26 février, le premier rapport Jacomet, il avait haussé les épaules : « Le bon sens public ferait prompte justice de pareilles billevesées », lui semblait-il. En recevant, ce matin, la primeur du second rapport, il a sursauté devant le chiffre de 1 300 personnes, et surtout devant ce qu'il faut prévoir pour jeudi 4, jour de marché. C'est lui qui vient d'alerter le lieutenant Bourriot. En même temps, il a dépêché par courrier spécial un rapport au préfet, et une note pour le procureur de Lourdes, M. Dutour. Il lui annonce sa visite pour ce soir, entre six heures et demie et sept heures.

Sa thèse ? Elle est l'écho de celle de Jacomet, avec un peu plus de hauteur : « Couper court à cette cause d'agitation regrettable. »

Mais le tranchant de cette décision va sortir passablement émoussé de l'entretien du soir. Le maire Lacadé y participe. Là comme ailleurs, sa naïveté bonhomme mène le jeu, sans qu'il y paraisse, et son optimisme atermoyant finit par prévaloir. Couper court ? Comment, en l'absence de tout délit, donc, de tout moyen de sévir ? Et à quoi bon, puisque cette flambée va s'éteindre d'elle-même, au terme de la fameuse quinzaine, soit, dans moins de quarante-huit heures ? En pareille conjoncture, irriter des populations calmes, mais chatouilleuses, ne serait-ce pas la pire des fautes ? Un service d'ordre, bien sûr, il faut un service d'ordre...

C'est le seul point sur lequel la discussion aboutit positivement. Le procureur voit toutes les difficultés sous le jour le plus noir. Ce lieu est des plus mal disposés qui soient pour accueillir une foule : d'un côté, une pente abrupte, de l'autre, le gave; pour tout accès, un sentier étroit : un mouvement de foule, et ce peut être l'accident grave, avec l'impossibilité d'y porter secours. Les foules ne sont pas l'affaire de M. Dutour et l'inquiètent. La petite émeute de l'autre jour, sous ses fenêtres, l'a instruit sur la susceptibilité des populations. Comment obéiront-elles au service d'ordre... en nombre surtout ? Et quel chiffre prévoir, avec ce « temps splendide » qui va favoriser l'affluence ? 18 000 personnes, sinon 20 ou 25 000! Quand les populations se mettent en mouvement, plus de prévisions possibles.

Le maire est invité à réquisitionner les militaires du château, et le sous-préfet verra, dès son retour, le lieutenant Bourriot. Ordre lui sera donné d'accroître les renforts de gendarmerie déjà prévus.

Comme il s'agit d'une affaire qui touche la religion, il convient de prendre contact avec l'autorité locale en la matière. Sous-préfet et procureur (toujours avec le maire, sans doute) se rendent au presbytère que Bernadette vient de quitter. L'accord est complet.

— Non seulement ces mesures sont opportunes, mais elles sont indispensables, approuve le doyen.

Il rappelle l'extrême réserve qu'il a prise pour règle, et imposée à ses vicaires. On loue sa prudence qui est au-dessus de tout éloge. Il raconte avec sa verve inimitable les faits nouveaux de la journée, l'incohérence de Bernadette sur la question de la procession, et sa demande d'une chapelle. On se quitte, en se congratulant de part et d'autre, dans une atmosphère amicale, et même chaleureuse...

Peyramale comprend à l'évidence que sa réserve (dont le vicaire Pène lui aurait, pour un peu, donné scrupule) était la seule attitude possible. Qu'aurait pu être, sans cela, l'entrevue qui vient de se terminer si heureusement ?

PLACE DE MARCADAL

21

MERCREDI 3 MARS 1858

QUATORZIÈME APPARITION

3 mars, 3 heures du matin. Aux Angles, 7 kilomètres de Lourdes, la lampe est allumée depuis un moment déjà, dans la maison de l'instituteur, M. Monlaur. Ce ne sont pourtant pas ses heures. Il sort de sa chambre, chaudement habillé. Où voulez-vous qu'il aille ? A la Grotte, bien sûr. Sa fille Adélaïde s'y est rendue, il y a deux jours, elle en est revenue émerveillée. Il avait décidé d'y aller jeudi. Mais une pensée s'est imposée à lui dans son insomnie : Demain, 4 mars, dernier jour, et grand marché à Lourdes, il y aura une foule impossible. Ce matin, au contraire, peu de monde, sans doute, et tout loisir de voir.
— J'y vais aujourd'hui, dit-il à sa fille Adélaïde, qui s'étonne de l'entendre fourrager à pareille heure.

Elle se lève pour lui répéter sa recommandation :
— Vous avez bien compris. Au bas du sentier, vous prenez à gauche, et vous vous bloquez derrière le plus gros rocher, face à la Grotte. C'est là que Bernadette s'installe. Et si on pousse à son arrivée, ni vu ni connu, vous vous arc-boutez au rocher; pas moyen de vous faire passer plus avant.

Sur la route.

Au-dessus de la route étroite, les étoiles dardent un froid vif et sec. Un rond de lune sur son couchant blanchit doucement route et paysage. Il fait bon marcher, dans la solitude d'une si belle nuit. Mais, à mesure qu'il approche de Lourdes, M. Monlaur s'étonne. A la descente du sentier qui débouche sur la route de Bagnères, il entend des pas, des voix de-ci de-là : davantage dans Lourdes. Après la porte du Baous, c'est une sorte de procession. Et pourtant, il est encore loin de cinq heures du matin. A la Grotte, plus question d'approcher du fameux rocher, plus question même de le voir ou de reconnaître la topographie des lieux; seulement une masse noire de chapeaux, de capuchons, de capulets, et dès qu'on en sort, on met les pieds dans l'eau... Intrépides, ceux qui, à tout prix, veulent une place, y pataugent. Ils tentent de rejoindre un groupe qu'on devine déjà, au milieu des eaux, sur cette languette de terre où Bernadette se tenait le jour de la première apparition. Un peu plus bas, des groupes, venant du côté de Saint-Pé, traversant le gave pour arriver plus tôt sans faire le crochet par Lourdes. D'autres passent en sens inverse vers l'autre rive : seul moyen qui reste pour se trouver *en face* de la Grotte...

La veillée improvisée avait commencé dans le recueillement. A deux heures du matin, un groupe de huit à dix personnes était arrivé d'Ossen, « chapelet à la main ». Elles avaient encore trouvé place, sans bousculade. L'ambiance de prière qui régnait chez les premiers occupants, déjà nombreux, s'était confirmée; mais ensuite, elle s'était dégradée. Gens comprimés par l'excès d'affluence, ou errant à la recherche d'une place, curieux venus par dérision, et mécontents de toute sorte, ont peu à peu submergé le murmure discret de la prière : c'est maintenant un vacarme confus, mêlé de cris.

Vers six heures, le jour levant commence à révéler la cause de l'agitation : une foule double d'hier : trois à quatre mille personnes, venues de plus de vingt kilomètres à la ronde. Ce flot humain s'étend loin en aval, et, pour la première fois, de l'autre côté du gave. Il est monté à l'assaut des moindres aspérités du rocher, où des gens s'agrippent dans les plus invraisemblables positions... L'entassement est indescriptible.

La déception.

Lorsqu'à sept heures, au grand jour, Bernadette arrive en capulet blanc, accompagnée de sa mère et de sa tante, il est infiniment difficile de lui faire place, dans cette masse compacte. Son cierge s'y brise. Nulle part, l'espace habituel n'a pu lui être réservé. Elle a quelque mal à se mettre à genoux, et son champ visuel en direction de la niche reste obstrué. Un sursaut de bonne volonté le dégage, et le calme enfin revient, le silence même... Mais il faut rester debout, faute de place pour s'agenouiller, et presque personne ne voit Bernadette, sinon quelques privilégiés.

Parmi ceux-là, Françoise Junca, d'Ossen, juchée depuis deux heures du matin sur le rocher, du côté de la niche. Ce qui l'étonne, c'est comme cette petite, après laquelle tout le monde court, a « l'air pauvre ». Françoise guette l'éclair de transparence, le sourire annonciateur de l'extase, qui a suscité tant de merveilleux commentaires. Rien... Rien qu'une tristesse croissante, à mesure que le chapelet s'avance...

Bientôt, le capulet blanc se relève; ceux qui guettent aperçoivent le visage d'une petite fille aux « yeux pleins de larmes », sans rien d'extatique, d'une petite fille dominée par un gros chagrin. Elle se retire aussi, avec sa mère qui pleure, sans que les gens osent la questionner.

Seuls les plus proches en ont vu assez pour comprendre, et beaucoup se retirent sans savoir ce qui s'est passé. M. Monlaur repart aux Angles, persuadé que l'apparition s'est produite comme d'habitude.

De-ci, de-là pourtant, un bruit circule.

— Bernadette n'a rien vu ce matin.

Cette nouvelle déçoit les uns, édifie les autres, se déforme en circulant, et se charge d'explications divergentes.

— Bernadette a dit que la Vierge ne lui était pas apparue, parce qu'il y avait trop de monde.

— Non, c'est parce qu'on lui a cassé son cierge. Elle en a ressenti un mouvement...

— Ce n'était pas possible que la Sainte Vierge lui apparaisse aujourd'hui, avec ce grand tapage et ces poussées, assure Rosine Cazenave, que la chute du recueillement a choquée tout autant que si elle s'était produite à l'église.

D'autres chuchotent :

— Laborde, l'aubergiste, a dit « des sottises » à la Grotte; il y a fait « des ordures ».

Dans quelques jours, on ajoutera :

— Il en a bien été puni : diarrhée toute la nuit. C'est de sa femme que je le tiens; il n'est plus si fier. Il a fait amende honorable.

Certains sont impressionnés. Miracle ou châtiment pour demain : telle est l'alternative qui, de plus en plus, domine les esprits. L'absence de ce matin — mauvais signe! — fait pencher le fléau de la balance du mauvais côté.

Si la Dame était fâchée parce que M. le Curé a refusé la procession ?

Dans la journée, une rumeur circule :

— Bernadette *va retourner* à la Grotte, à deux heures.

— Non, elle y est déjà retournée. Elle a vu.

L'apparition différée.

Que s'était-il passé exactement ? Suivons Bernadette pour l'apprendre. En quittant la Grotte, elle a remonté le sentier en silence. On commençait à l'entourer, à la questionner, à la consoler aussi... Les femmes Nicolau l'emmènent se reposer au moulin de Savy. C'est la troisième station qu'elle y a fait depuis le début de la quinzaine, chaque fois pour une nouvelle difficulté. Louise Soubirous est là, non moins affectée que sa fille, toute défaillante de sous-alimentation autant que d'émotion. Souvent, ainsi, la tête lui tourne quand elle se lève... Assise, cela va mieux.

Quelques « amies » se sont glissées là, et entreprennent de consoler Bernadette qui préférerait le silence.

— Retournes-y, petite. Peut-être tu la verras...

— Il y a trop de monde, objecte Sajous.

Il ajoute confidentiellement :

— Viens déjeuner et puis, si tu veux y revenir, nous prendrons le chemin du pied du fort, pour qu'on ne nous suive pas.

L'heure de l'école arrête la conversation. Bernadette s'y applique à des exercices scolaires qui la fuient. A la sortie, elle ressent avec un mélange d'espoir et d'inquiétude, un attrait intérieur où elle reconnaît sans peine l'appel d'*Aqueró*. Sera-ce comme le triste lundi de la première semaine du Carême ? Discrètement, accompagnée de sa tante (qui envoie prestement deux voisines chercher un cierge) et de l'oncle Sajous, elle se hâte vers la Grotte par le quartier des moulins et le sentier du bas du fort...

Joie! En arrivant à la Grotte, la « demoiselle » de lumière est là, souriante, qui l'attend. Ce sera court, mais tellement bon...

Il y a encore plus de cent personnes à la Grotte. Parmi eux, M. Miqueu, cultivateur, en train de manger le casse-croûte maigre, de pain et sardines, exigé par l'abstinence de ce mercredi de Carême. D'autres sont accourus à temps, comme Dominiquette Cazenave. Tout s'est passé dans le plus grand calme.

C'est ensuite que Bernadette va connaître la bousculade. De toutes parts, on veut l'interroger; l'oncle Sajous qui a sacrifié sa journée pour la guider et la protéger, l'accompagne ainsi chez Ida Ribettes, chez Mme Prat, la femme du greffier...

Bernadette a aussi une réponse à donner à M. le Curé. Mais il n'y est pas. Il rentrera dans la soirée...

Peyramale à Tarbes.

C'est à Tarbes que l'abbé Peyramale s'était rendu ce matin. Entre autres visites, il est allé voir son bon ami, l'abbé Ribes, directeur du grand séminaire, content de pouvoir parler à cœur ouvert de tant de choses qu'il doit sans cesse traiter officiellement, en façade, dans le souci constant d'une paroisse qu'il ne s'agit pas de mener à l'aventure, et des conséquences graves que ses moindres paroles, ses moindres actes, peuvent avoir en cette situation insolite. Il se décharge de tout un arriéré de réflexions solitaires. Et l'abbé Pène, qui le tient pour l'opposant numéro un, serait bien étonné des propos qu'il tient maintenant.

Ribes est un homme qui sait écouter, et facilite la confidence par sa seule attention. Mais cette attention se nuance intérieurement d'étonnement à mesure que l'entretien s'avance. Sans s'en rendre compte, le curé s'échauffe, s'enflamme. Le Peyramale « croyant » se libère du joug du Peyramale sceptique; il s'exprime avec « animation et abondance »; il plaide :

— L'intérêt, s'écrie-t-il, ne guide point Bernadette ni ses parents. A plusieurs reprises, on a voulu leur offrir de l'argent; ils l'ont refusé avec indignation. Et pourtant ils sont dans une grande misère.

Il ajoute en baissant la voix :

— La nuit dernière, je leur ai fait jeter du pain et du bois devant la porte...

Le chanoine Ribes est de plus en plus étonné. C'est bien là le cœur de cet excellent Peyramale, mais quelle imprudence! Voilà des gens dont le mérite et le crédit tiennent principalement à leur désintéressement. N'est-ce pas les compromettre et les corrompre que d'aller si précipitamment les secourir ? Mais le fil du discours de Peyramale ne prête pas à interruption. Il est envoûté par son projet...

Intéressé mais stupéfait, le chanoine Ribes ne sait plus comment faire sentir sans dureté son scepticisme. A l'heure du départ, il dit seulement, sur un ton d'aimable ironie :

— En tout ceci, monsieur le Curé, ce que j'admire le plus, c'est votre enthousiasme...

Il a dit cela trop gentiment, et il voit son collègue partir sur l'impression que c'est un compliment. C'est au cours du voyage de retour que Peyramale, tous feux éteints et de nouveau face à ses doutes, se dira :

— Ce bon Ribes, il n'y croit pas, et il a dû me prendre pour un excité.

Lourdes approche. Il y a sur la route un flux inhabituel, même pour une veille de marché. Des voitures qui ne sont pas des voitures de marchands : carrioles paysannes et bourgeoises, berlines, piétons aussi. En ville, les hôtels de Lourdes sont déjà pleins et refusent du monde, les maisons particulières regorgent d'hôtes. De tous les greniers, on sort des matelas, des couvertures. Des silhouettes inconnues sillonnent les rues, à la recherche d'un gîte. Il y a une animation extraordinaire. Que réserve demain ? « Il n'y a qu'à vivre pour voir », se murmure à lui-même Peyramale, selon un aphorisme qui lui est familier en pareil cas.

« Faire fleurir le rosier. »

Peu après son retour, visite de Bernadette, la troisième depuis hier matin.

— Monsieur le Curé, la dame veut toujours la chapelle.

— Tu lui as demandé son nom ?

— Oui, mais elle ne fait que sourire.

— Elle se moque joliment de toi!

Retour d'un voyage qui l'a sorti du chaudron de ses soucis, au seuil d'un lendemain plein d'espérances, l'abbé Peyramale est ému, mais il a l'émotion calme et presque souriante. L'idée lui vient de demander un signe :

— Eh bien, si elle veut la chapelle, qu'elle dise son nom et fasse fleurir le rosier de la Grotte!

Et songeant avec amusement à la restriction terrorisée que Bernadette a faite hier, il ajoute :

— Si elle dit son nom, et si elle fait fleurir le rosier, nous lui ferons bâtir une chapelle, et elle ne sera pas « toute petite », va! Elle sera toute grande.

Chez « Rotchil ».

Au sortir du presbytère, Dominiquette Cazenave qui conduisait Bernadette, observe :

— On a déjà mangé chez toi ?

Oui, avec ce retour tardif du curé, Bernadette a manqué le souper familial. Dominiquette l'entraîne d'autorité dans les escaliers tortueux de la rue des Espénettes. Elle mangera, avec tout le monde, la morue de Carême, salée à emporter la bouche...

Comme ce repas commence, voici, sur la place du Champ-Commun, tout près, un roulement familier. C'est le retour de Jean-Marie Cazenave, dit encore « Ganço », ou « Rotchil » : « Ganço », c'est le nom de la maison qu'il habite avec ses sœurs; « Rotchil », un surnom que lui vaut sa position en vue.

Il a une « grande diligence », qui fait le service de Bagnères et Cauterets, avec six magnifiques chevaux de poste. En ville, on les appelle « le chemin de fer », et Jean-Marie les mène un train d'enfer par les rues de Lourdes.

Ce matin, à sept heures, il était à la Grotte, quand Bernadette n'a pas vu. Et cette circonstance, loin de le rebuter, a paradoxalement balayé son scepticisme. Il y a beaucoup pensé, sur la route de Bagnères où il était allé porter le percepteur. Une pensée s'est imposée à lui :

— Si la petite inventait, elle nous aurait dit qu'elle avait vu, aussi bien aujourd'hui que les autres jours.

Il rentre, sa pleine diligence de monde. Dominiquette dévale la rue des Espénettes pour lui apprendre l'apparition survenue depuis, et que Bernadette est à la maison. Il dépose son fouet à l'hôtel du relais, grimpe la ruelle, et interroge, à brûle-pourpoint :

— L'as-tu vue ?

Bernadette immobilise sa fourchette.

— Oui, je l'ai vue.

Jean-Marie est là, bien planté sur ses bottes, dans la force de ses trente ans : l'assurance de l'homme habitué à commander les chevaux, les voyageurs, et les cochers maladroits qui lui obstruent la route : Bernadette le regarde, ce jeune Cazenave, à qui le père même obéit. Elle pense :

— En voilà un qui serait mieux doué que les tantes, pour ouvrir un chemin dans la cohue du dernier jour.

Elle demande :

— Ganço, voulez-vous m'accompagner demain ?

Il accepte.

La cousine Jeanne.

Là-dessus, Soubirous vient chercher sa fille. La tante et la cousine Védère viennent d'arriver, à la fois pour l'apparition, et pour le décès de tante Jeanne Soubirous, survenu ce matin à cinq heures. Bernadette part avec élan. Elle l'aime bien, elle l'admire, cette grande cousine, si savante, qui fait la classe à Momères, tout comme les religieuses de l'hospice. Et puis, c'est la sœur de son parrain, Jean-Marie Védère, qui monte en grade dans la cavalerie : maintenant, à Lyon, au 5e chasseurs avec un beau galon doré de maréchal des logis... plus merveilleux d'être inconnu. Le premier mot de Bernadette est pour lui :

— Comment va mon parrain ?

— Ça va toujours bien, mais il n'écrit toujours guère.

On installe de la paille sur le sol du cachot, car Jeanne Védère et quelques autres vont coucher là, ce soir. Il n'y a pas assez de lits. C'est un curieux climat de fête, de marché, d'attente, un peu partout. Il passe sur Lourdes de grandes espérances et de grandes inquiétudes. L'assiette du petit bourg tranquille est retournée. Un vent de merveilleux souffle. Miracle, châtiments... les bruits continuent de se développer sur les deux branches de cette alternative.

Depuis son arrivée au cachot, Jeanne est étonnée de voir tant de gens rassemblés autour de ce logis dont la pauvreté l'a saisie. On attendait le retour de Bernadette pour la voir. Un groupe de femmes, marmiteuses et compassées, fait maintenant aux Soubirous de graves observations :

— Ne laissez pas votre fille aller là-bas, il va lui arriver quelque chose.

Elles s'expliquent en termes tragiques et nébuleux :

— Bernadette « mourra » ou « quelque chose l'emportera ».

Quoi ? S'agit-il de la dame du rocher qui va ravir Bernadette ou bien de puissances infernales qui vont l'emporter dans les mystérieuses cavités de la Grotte ? Ce n'est pas clair. Et pour cause! Louise en est d'autant plus inquiète. Mais pour Bernadette, c'est de la bêtise. D'ailleurs il est tard, et temps de faire comprendre aux visiteuses que l'heure du coucher est venue. Elles comprennent et s'en vont.

Jeanne peut alors s'entretenir à tête reposée avec sa cousine. Les gens qui viennent de partir parlaient tous de l'absence du matin. Elle s'en inquiète.

— Peut-être ne la verras-tu pas demain non plus ?

— Je ne l'ai pas vue ce matin, mais je l'ai vue pendant le jour.

— Et pourquoi ne l'as-tu pas vue d'abord ?

Elles épiloguent sur ce sujet. Bernadette avait craint, ce matin, d'avoir commis une faute, mais pense maintenant que cela vient de gens qui ne se seraient pas bien comportés à la Grotte.

On offre à la voyageuse une « réfection ». Avant de se coucher, elle est saisie d'une dernière inquiétude. Depuis huit jours qu'elle attend ce jeudi, elle a tant désiré être près de sa cousine en ce grand jour! Avec ces milliers de gens qui vont se presser à Massabielle, ce sera impossible. Bernadette semble réfléchir un moment et dit avec fermeté :

— Soyez tranquille, vous y serez...

Sur cette assurance, on éteint la torche de résine. Le silence et le sommeil envahissent le cachot.

Du côté des fonctionnaires.

Dans le cadre plus noble de leurs lits à baldaquins, les hauts fonctionnaires mettent, eux aussi, le bonnet de nuit, avec la bonne conscience du devoir accompli. Dans le train de leurs habitudes monotones, voilà une journée rude et pleine de responsabilités, dont ils dressent, en pensée, un dernier bilan. Et ce n'est pas rien!

Hier soir, 2 mars, le sous-préfet est rentré fort tard à Argelès. Ce matin, il a avisé le lieutenant Bourriot des décisions prises. La note de la veille est insuffisante. Le lieutenant en établit une autre, avec méthode et mauvaise humeur. Mais, cette fois, tout y est, avec une pointe d'exagération : l'horaire, la tenue, le déjeuner des hommes, à tour de rôle, selon ce qui sera possible, et (bien plus important) le pansage des chevaux, à heure fixe : *midi* et *trois heures*... Et puis les conseils de bon sens. C'est ce qu'on oublie le plus et qui joue les plus mauvais tours. Il insiste :

> *Recommander à vos hommes beaucoup de calme, et avoir près de vous les moins susceptibles de cette qualité...*

En pensée, il inspecte le peloton, repère la figure sanguine et les oreilles en éventail du gendarme Courrèges... Il écrit son nom entre parenthèses en bout d'alinéa. Il hausse les épaules en songeant à la dernière de « cet animal », et marmonne :

— Bougre de Courrèges!

C'est une affaire embêtante. Qu'est-ce que la gendarmerie vient faire là-dedans ? Ce serait plutôt aux curés de faire le service d'ordre de leurs enfants de Marie. Pendant ce temps-là, ils attendront au chaud dans leur presbytère. Et s'il y a une tuile, qu'est-ce qui trinquera ? La gendarmerie. Il emmanche au bout de son rapport une nouvelle précaution :

> *Ne vous mettez pas trop en évidence. Pour ce qui est du miracle, laissez faire l'autorité : maire, commissaire de police, procureur impérial, juge de paix. C'est leur affaire. La nôtre est de maintenir la circulation libre et l'ordre.*

Le lieutenant Bourriot s'arrête, insatisfait. Va-t-il être compris ? Il en remet :

> *Le reste ne nous regarde pas. Faites ces recommandations à vos hommes.*

recommander à vos hommes beaucoup
de calme et avoir soin de vous les moins
susceptibles de cette qualité, (Corrège)
ne vous mettez pas trop en évidence pour
ce qui est du miracle, laissez faire
l'autorité maire, commissaire de Police
Procureur Impérial, juge de Paix, c'est leur
affaire; la nôtre est de maintenir la
circulation libre et l'ordre, le reste ne
nous regarde pas, faites ces recommandations
à vos hommes.

Prescrire à tout le monde de
prendre le mousqueton et d'avoir un
pistolet dans la poche, les armes
seront chargées. la tenue sera toute
réglementaire comme sous les armes et non
comme service de ville. faire mettre les
jugulaires et passer une inspection de
vos hommes avant de partir, ils auront
constamment des gants, veillez-y.

Vous communiquerez cette note à Corrège
et à Mr le commandant s'il est à Lourdes
comment a-t-il trouvé la Brigade; a-t-il trouvé
la sellerie et l'écurie en ordre?...

à Argelès le 3 Mars 1858
Le Lieutenant
Bourriot

Note de service du lieutenant Bourriot (3 mars 1858)

Après tant d'explications, on peut prendre les mesures prévues en cas d'émeute. C'est le règlement :

> *Prescrire à tout le monde de prendre le mousqueton...*

Mousqueton... mousqueton... au milieu de la foule, c'est peu maniable. Il ajoute :

> *... et d'avoir un pistolet en poche. Les armes seront chargées.*

Le tout, en pareil cas, c'est d'impressionner pour ne pas avoir à sévir. Donc, du calme, de la discipline, du prestige. Il astique les dernières descriptions :

> *La tenue sera toute réglementaire comme sous les armes et non comme service de ville. Faites mettre les jugulaires et passez une inspection de vos hommes avant de partir. Ils auront constamment des gants. Veillez-y!*

A Pau, le procureur général prend les choses de plus haut. Il écrit ce jour :

> *Monsieur le Garde des Sceaux,*
> *Je viens rendre compte à Votre Excellence d'un fait qui n'offre pas, à mes yeux, du moins jusqu'à cet instant, un caractère délictueux, mais qui, par l'émotion qu'il produit dans l'arrondissement de Lourdes et même au-delà, me paraît mériter que je vous en instruise. Il s'agit de l'Apparition de la Vierge à une humble petite fille de Lourdes, âgée de treize ans, qui se nomme Bernarde Soubirous...*

Le cas Bernadette montera ce soir à Paris sous pli cacheté, au ministère de la Justice.

A Tarbes, en milieu d'après-midi, le préfet a reçu le rapport du commissaire. Les trois points clés savamment mis en relief par Jacomet lui sautent aux yeux :

> *Quatre mille personnes... ce matin... Que sera-ce demain, jour de marché et quinzième jour ?... M. le Maire a décidé qu'il ne fallait pas intervenir.*

Vraiment, ce Lacadé! Aussitôt le préfet lui envoie une dépêche : la première sur l'affaire de la Grotte. Elle arrive à Lourdes à sept heures. Lacadé vient de donner ses instructions aux agents municipaux et d'envoyer une note au commandant du fort de Lourdes pour réquisitionner la troupe. Il lit posément le message. Tout ce que prévoit M. le Préfet est *déjà fait* depuis vingt-quatre heures, sauf un point : surveillance et inspection nocturne de Massabielle. Le baron Massy semble craindre que l'on ne dissimule dans cette grotte quelque machine, ou feu d'artifice propre à abuser les foules. Il pense que la présence des agents de l'autorité est le meilleur moyen de neutraliser les efforts troublants de la nuit et du mysticisme. Ce sera fait.

Tout est prêt, archi-prêt. M. le Maire s'endort avec la bonne conscience du devoir accompli.

Veillée d'armes.

Pendant ce temps, les fonctionnaires des échelons inférieurs sont sur les dents. A onze heures du soir, le commissaire de police se rend à Massabielle accompagné de quatre agents. Son bon ami, le maréchal des logis d'Angla, est sur les lieux : lui ne se couchera pas.

Leur premier étonnement, c'est de trouver des gens qui « attendent ». Déjà!

Ils promènent leur lanterne pour voir si quelque forme ou reflet ne serait pas de nature à expliquer les apparitions, dressent une échelle, empruntée aux Espélugues, et font l'ascension de la niche. Nulle machine ne s'y trouve dissimulée. A tout hasard, on recueille ce qui s'y trouve : « Cinq pièces de cinq centimes, une de deux centimes, un bouquet composé de feuilles de laurier et de deux boutons de rose » (récoltés où ? en cette saison!) ont été lancés là-haut... Enfin voilà « un vieux chapelet, à moitié démonté ». Butin sans intérêt, sauf ces roses, peut-être, qui auraient risqué de faire un miracle, puisqu'on parle d'un rosier qui doit fleurir. Inventaire dressé, le commissaire va prendre, après le maire et le procureur, un repos bien gagné, tandis que les trois agents du dernier échelon restent là, avec le secrétaire Joanas, au milieu de la foule qui grossit d'heure en heure.

La nuit est belle et fraîche. La lune monte obliquement à l'horizon. Le gave murmure en remuant d'infimes scintillements d'étoiles.

22

JEUDI 4 MARS 1858

QUINZIÈME APPARITION

La nuit du commissaire est courte. Ce 4 mars, à *5* heures du matin (il écrira *4* dans son rapport), il est de nouveau à la Grotte avec M. Capdevielle, adjoint, que M. le Maire a délégué sur les lieux. Nouvelle perquisition, sans plus de résultat que celle d'hier soir. Ils attendent maintenant l'arrivée de Bernadette. La foule, déjà considérable, grossit dans l'obscurité qu'adoucit une large demi-lune sur son couchant...

Sur le pied de guerre.

Six heures. A l'aube déjà blanche, les militaires du fort se rassemblent devant la mairie. Devant la gendarmerie de Lourdes, les brigades de Saint-Pé (10 km) et d'Argelès (15 km) ont conflué. Les deux maréchaux des logis d'Angla et Corrège se concertent. C'est le premier qui a le commandement. Il lit et commente le dispositif prévu par le lieutenant Bourriot :

> *établir un va-et-vient sur la route... Les* allants *passeront à gauche de la route, et les* venants *à droite.*

Pour le moment, il n'y a que des « allants ». Et, à l'heure du retour, que des « venants ». Mais les ordres sont les ordres et la consigne, la consigne.

> *Cette disposition devra être prise au point le plus convenable, le plus étroit et le plus près de la ville et maintenue de distance en distance.*

L'antique porte du Baous, qui n'a jamais canalisé tant de monde, sera le point de départ du dispositif, puis le Pont-Vieux, couvert de lierre, où sera posté le gendarme Bernard Pays, de Lourdes, enfin le redoutable casse-cou, seul passage possible entre le chemin du bois et la Grotte. Un cordon de quinze hommes était prévu. Avec les renforts et la troupe, on peut en mettre bien davantage, et garder une réserve. Il est six heures et demie. Le flot circule dans le calme, sous la surveillance du maréchal des logis qui va partout, glorieux, encourageant chacun à la prudence.

En face de cette foule, le ciel blanchissant a découpé en ombre chinoise la masse noire du château, où les fenêtres vis-à-vis percent des petits carreaux de lumière blême. A mesure que les minutes passent, le vieux fort s'auréole d'une gloire dorée. Enorme, couché sur son rocher comme un bœuf hiératique, protecteur de la cité, il semble regarder avec stupeur cette affluence telle qu'il n'en a jamais vue depuis les hordes arabes, perdues dans la nuit des temps.

En ce jour décisif des annales de la cité, M. le Maire, d'instinct, s'est réfugié dans cette citadelle... Retour aux sources ? Moyen surtout de voir sans être vu. Il s'est fait accompagner par Dominique Auzous, le cordonnier, qui travaille parfois, comme auxiliaire, à la mairie.

A mesure que le jour se lève, il peut mieux contempler ce spectacle qui est un peu son œuvre : de l'ordre, du calme. Nul cri ne monte, ni de la multitude, ni du service d'ordre dont les uniformes jettent çà et là une note de couleur brillante. A gauche, sur le chemin du bois, la foule coule vers la Grotte, calme comme le gave, dans le même sens. Un contre-courant se dessine toutefois, aux approches de sept heures, avec quelques remous et engorgements. Le maire en comprend bientôt la signification. L'approche de la Grotte est devenue impossible; et les gens refluent en ville par le Pont-Vieux, pour gagner la rive droite. Cette rive, le soleil commence à l'éclairer. D'un grand coup de projecteur majestueux, en quelques minutes, il a balayé l'obscure vallée, de l'horizon depuis longtemps lumineux, jusqu'au pré de la Ribère qui fait face à Massabielle. Il éclaire une foule joliment bigarrée : capulets blancs, capulets rouges. Du haut de la citadelle que glorifie le soleil levant, M. le Maire est baigné d'un discret bonheur. Devant ses yeux, 7 000 administrés, 8 000 peut-être! Pour aujourd'hui, l'assurance d'un marché sans précédent. Pour demain, de confuses promesses de prospérité, plus radieuses encore d'être indéfinies. On parle d'une source merveillleuse, de guérisons. Sur la croupe déshéritée de Massabielle, maigre pacage du troupeau de porcs de la commune, Lacadé croit voir monter (qui sait ?) des hôtels, un établissement thermal, une affluence de tous les étés, comme à Cauterets, comme à Bagnères. Tout à l'heure, en écrivant son rapport au préfet, il ne pourra s'empêcher de laisser filtrer quelque chose de ses rêves dorés :

> *C'est un lieu pittoresque et je présume que les étrangers le visiteront pendant la saison.*

A la même heure, tandis que l'abbé Pomian célèbre, sans fièvre aucune, la messe qui lui a été demandée avant-hier pour le « grand jour », l'abbé Pène ne tient plus en place. Il a parcouru les rues, sans but, à contre-courant du flot qui allait vers la Grotte, un flot qui diminue avec l'heure. Même la place du Marcadal est déserte en ce jour de grand marché. Lourdes est une ville morte : la vie a fui ailleurs. Il s'y sent enfermé, comme en quarantaine.

— Allez-y... N'y allez pas!

La récente entrevue du curé et de l'évêque lui remonte avec une bouffée d'indignation. Le balancier épiscopal s'est arrêté là, et le tient exilé de la terre promise...

Mais après tout, pourquoi rester en ville ? Rien n'interdit d'aller se promener discrètement sur la rive opposée. De l'hospice, par des chemins détournés, le vicaire gravit le coteau, bien au-dessus de la route de Pau et de la Ribère, trop envahies pour qu'il puisse s'y montrer. De l'orée d'une châtaigneraie, il observe, à cinq cents mètres de distance, l'extraordinaire entassement de la foule. « Mille idées » se pressent dans sa tête, sur ces événements et leur avenir. En dépit du propos sardonique de l'abbé Pomian, jamais il n'a été si près de s'avouer « croyant ». Sur la vieille roche tapissée de minuscules personnages, il guette le signe que tout le monde attend.

A la Grotte.

Sept heures sont sonnées maintenant, depuis quelques minutes... Sept heures!... Le moment attendu à la Grotte, par des milliers de personnes, debout depuis la veille, dans des positions parfois critiques. Sept heures; l'heure où Bernadette est arrivée les jours précédents... Pas de Bernadette.

L'impatience monte en fièvre. Les crampes s'exaspèrent dans ces grappes humaines, « suspendues au rocher », accrochées dans les arbres, ou comprimées au sol. D'autres, curieusement isolés en pleine eau, sur les moindres pierres qui émergent du gave aujourd'hui très bas, vacillent, sans vouloir quitter une place irremplaçable.

Que se passe-t-il ? Aurait-on séquestré Bernadette ? Pourtant, l'adjoint et le commissaire de police sont là depuis cinq heures, avec les agents de la mairie et le gendarme Malé. Ils défendent fermement l'espace envié réservé pour Bernadette. L'autorité attend donc la voyante... Alors, qui a pu l'empêcher ?

Il y a un moment critique : du bruit, des cris... des pieds longuement retenus se déplacent et ne peuvent plus que retomber sur d'autres pieds. Des crinolines imprudemment descendues là se brisent. Madeleine Pontic perd ses sabots.

Sensible aux ambiances, Jacomet est saisi par l'impatience collective. Près de lui se trouvent le charron, Martin Tarbès, et son fils Jean. Tous deux ont construit avec des perches et des traverses une espèce de « sentier ou passerelle », pour assurer le passage de Bernadette. Le fils a vingt ans. C'est un débrouillard, malin et réveillé comme pas un. Le commissaire lui a fait avoir la médaille de sauvetage, il y a deux ans, pour avoir tiré deux personnes du gave. C'est l'homme de la situation. Jacomet l'apostrophe :

— Jean! Va voir si Bernadette arrive.

Le voilà parti! Son adresse, sa gentillesse ouvrent un passage, là où il n'y en a pas. On espère son retour, comme la colombe de l'arche.

Où est donc Bernadette?

Que faisait donc Bernadette ? Ce matin, au cachot, tout le monde était réveillé depuis cinq heures. A cinq heures et demie, tandis que Jeanne Védère allait commencer sa « petite toilette », trois messieurs sont entrés, aimables, importants, et sûrs d'eux : trois médecins de Bordeaux, a-t-elle compris; ils désirent examiner Bernadette : sa santé, ce qu'elle a vu; avait-elle déjà eu des visions ? Non, Bernadette n'en avait jamais eu. Viennent ensuite des contre-questions... Voilà presque une heure que cela dure, et cela pourrait durer encore longtemps. Toute la famille est prête et ne sait comment se débarrasser de ces personnages de haute classe et de haute autorité. C'est Bernadette qui les congédie avec son franc-parler. Ils n'insistent pas, mais reviendront ce soir à trois heures.

Pour le moment, il n'est encore que six heures et demie; rien ne presserait donc, s'il n'y avait aujourd'hui cette messe, célébrée pour tante Jeanne, sœur aînée de François Soubirous, morte hier matin à cinq heures.

Sous la voûte romane, les cierges éclairent là-bas l'ornement noir à broderies d'argent. Les saints dorés veillent dans l'ombre des chapelles latérales. Sur un prie-Dieu vide, Tècle Soubirous, mère de Jeanne Védère et sœur de la défunte, vient d'allumer pour la première fois la *candela* (une longue mèche de cire, analogue à nos vulgaires queues de rat, mais artistement pelotonnée, et revêtue de prestige); durant toute l'année, posée sur la chaise de la défunte, cette flamme la représentera aux cérémonies. Jeanne Védère, enfouie dans ses prières, a oublié sa crainte de ne pas trouver place à la Grotte. Elle confie au Seigneur le désir déterminant de sa vie : Etre toute à Lui. Qu'Il change le cœur de ses parents qui refusent... Une main touche son bras :

— Votre cousine est déjà partie.

Le *Requiescat in pace* n'a pas encore retenti. Sur la pointe des pieds, Jeanne se hâte vers le fond de l'église. Bernadette est encore sur la place du Porche.

— Alors, tu m'abandonnes ?

— C'est que... j'étais beaucoup pressée...

Elles partent en silence. Dans le groupe, il y a le père Soubirous, sa sœur Tècle, la marraine, quelques autres membres de la famille, et surtout Jean-Marie Cazenave (« Ganço ») qui a promis hier son assistance pour franchir les rangs serrés de la foule... Ce matin, François Soubirous est allé lui-même le réveiller. Ils ont choisi une voie détournée : le chemin de Pet de Pesqué, le moins encombré. Mais, depuis le cachot, un groupe suivait. Il s'est grossi à l'église. En route, devant et derrière, des gens voient, se font signe, s'agglomèrent; ils respectent pourtant le recueillement de Bernadette, qui ne sera interrompu que trois fois.

« Arrivés derrière le fort », Jeanne se serre près de sa cousine qu'elle craint de perdre et lui murmure à mi-voix :

— Je ne pourrai jamais te voir à la Grotte. La foule nous séparera.

Bernadette renouvelle sa promesse de la veille avec une calme assurance :

— Soyez tranquille, vous serez près de moi.

Elle dit *vous* à la grande cousine institutrice qui a ce matin l'impression d'être la petite suivante.

Un homme venu de Luz s'approche :

— Priez pour mon enfant qui est aveugle.

Elle est là, en capulet rouge, un bandeau sur les yeux, cette petite, si frêle qu'on ne saurait lui donner d'âge, et l'air si malheureux. Bernadette la regarde et répond :

— Allez la faire laver à la fontaine.

Un peu plus loin, c'est une dame et sa bonne portant une pauvre chose, un enfant infirme (3 ou 4 ans ?) qui ne parle ni ne marche...

— Prenez ce cierge. Offrez-le à la Vierge pour mon enfant.
— Madame, je prierai pour votre enfant. Quant au cierge, mettez-le vous-même à la Grotte ou à l'église.

Les réponses de Bernadette sont douces, mais fermes. Elle a une sorte d'autorité que sa cousine ne lui connaissait pas. Le cierge, que la dame s'efforce de lui laisser dans les mains, elle ne le prendra pas.

Une sorte de grâce la tient calme, « recueillie », toute « retirée au-dedans d'elle-même », indifférente à la ferveur qui l'assiège de plus en plus à mesure qu'elle avance. De-ci, de-là, des gens se présentent en face d'elle avec un chapelet, pour qu'elle le touche. Elle s'y prête, pour s'en débarrasser, car elle est en retard au rendez-vous. Solution dangereuse; elle ne va pas tarder à s'en apercevoir... Un rite s'institue dont elle sera prisonnière.

Sur le Pont Vieux, le gendarme Malé, dans l'exercice de ses fonctions, est remué par le passage de la voyante (« Ça me fit un effet! »). Pour un peu, il s'agenouillerait. Ce soir, à la nuit tombée, il reprendra la petite tenue, moins voyante, et descendra au lieu de l'apparition pour y prier.

Après le pont, il devient de plus en plus difficile d'avancer. Les gendarmes s'en mêlent, car Cazenave lui-même commence à peiner. Privé de son fouet, de ses chevaux, de la hauteur de son siège et du roulement fulgurant de sa diligence, son autorité perd assurément quelque chose...

La chance de Jeanne.

C'est vers le haut du sentier de la Grotte, entre 7 h 5 et 7 h 10, que Jean-Marie Tarbès, l'émissaire de Jacomet, rencontre Bernadette. Des bruits confus de la foule, un cri émerge qui fait taire tous les autres :
— La voilà! La voilà!

Jean-Marie court, presque aussi vite que cette rumeur qu'il porte et confirme. Il regagne sa première place, à miracle, en marchant pour finir sur les épaules des plus solides. Tout lui est permis. N'est-il pas le héraut de la bonne nouvelle ?

Pour Bernadette, en dépit de l'aide des gendarmes, c'est une autre affaire. Le dispositif improvisé par les deux Tarbès, les efforts de Ganço et la bonne volonté de tous ne sont pas de trop pour lui permettre d'atteindre sa place... Mais Jeanne Védère, elle, est restée bloquée en route. Elle se résigne tristement lorsqu'elle entend une voix forte :

— La petite demande une de ses cousines.

Elle répond :

— Je suis ici, mais je ne peux pas avancer.

Là-dessus, un gendarme s'approche avec un personnage en civil (elle apprendra bientôt que c'est le commissaire de police) : ils la prennent par la main, et, sur le seuil du passage réservé, interdit à la foule depuis le matin, ils la montrent à Bernadette :

— C'est bien elle ?

Sur un signe, la voilà conduite à la « bonne place », sous la vaste ouverture conique qui perce la voûte de la Grotte, juste en face de Bernadette.

Celle-ci vient de s'agenouiller, au milieu de l'immense dispositif, « un mouchoir usé sur la tête », un autre, tout délavé servant de fichu sur les épaules.

Elle allume son cierge. Le silence se fait, vibrant, chaleureux, autour de cette silhouette et de ce creux de rocher où se braquent tous les regards. L'émotion est vive ce matin, à la mesure de l'affluence et de l'attente : le jour du miracle est arrivé.

Bernadette se signe, commence le chapelet, simplement, sans ombre de pose. Elle a fait signe qu'on l'imite. La prière, interrompue depuis l'aube par l'agitation de l'ultime attente, se ranime. Des chapelets arrêtés reprennent leur glissement entre les doigts qui les avaient oubliés. Des « mécréants », émus soudain, cherchent dans leurs souvenirs, les mots d'une prière lointaine : « Priez pour nous, pauvres pécheurs »...

Jeanne Védère, les yeux fixés sur la main droite de sa cousine, tente de réciter au même rythme. « Au troisième *Ave* de la deuxième dizaine », cette main pâlit, un sourire apparaît sur le visage qui blanchit également; le monde extérieur a échappé à Bernadette. Ceux qui ont la chance de bien voir sont frappés à l'évidence de son bonheur : un bonheur sans commune mesure avec tous ceux qu'ils avaient pu imaginer jusqu'ici, un bonheur qu'ils partagent, et qui, pour eux, d'instinct, porte déjà un nom.. « *Je vous salue, Marie* » : en redisant ces mots avec Bernadette, ils sentent toute proche la présence de celle qu'ils invoquent.

Le commissaire et l'adjoint ont tiré leur calepin et notent. Le commissaire surtout. Il a ouvert deux rubriques : sourires, saluts, et met des petits bâtons en face... Il y en a déjà une vingtaine pour les sourires. Il y en aura 34 à la fin, et 24 aux saluts; il renoncera finalement à livrer ces chiffres dans son rapport : sorti de l'ambiance où chaque geste de la voyante prend une formidable importance, cette minutie lui paraîtra vaine. Pour le moment, une activité lui est bonne et le préserve de se laisser gagner par l'émotion générale.

Une tante de Bernadette pleure au fond de la Grotte, comme si elle allait perdre sa nièce. Elle songe aux oiseaux de mauvais augure qui ont annoncé, hier soir, la mort ou l'enlèvement de la voyante. Le gave murmure. Le temps glisse doucement, presque sans bruit, dans un renouvellement continu, et comme immobile de joie et de ferveur. Bernadette poursuit lentement la récitation du chapelet, entrecoupée de saluts et de sourires. A la fin, elle porte vers le front « les trois doigts » entre lesquels elle tient la Croix. Mais ce mouvement tourne court, comme si la main avait pénétré dans une masse résistante : elle retombe, remonte une deuxième fois, et se trouve pareillement arrêtée. C'est à la troisième qu'avec beaucoup d'aisance, elle parvient au milieu du front, posément : Bernadette, le regard tourné vers le rocher, vient de commencer un de ces extraordinaires signes de Croix — extraordinaires surtout de simplicité — qui ont déjà émerveillé les témoins des précédentes apparitions. A la ronde, ceux qui la voient refont son mouvement. La Croix du Christ, dévaluée, bâclée, amputée par l'habitude et la négligence, semble être descendue, toute neuve, du haut du rocher, et, par Bernadette, passe dans cette foule.

Sous la cavité.

Il y a une demi-heure que l'apparition est commencée. La voyante se lève, « le cierge à la main », passe, sans la voir, sur une grosse pierre, et pénètre dans la Grotte. Jeanne Védère, placée en bordure de l'espace réservé, peut l'y suivre, tout près, juste sous la cavité. Bernadette est en face d'elle, le visage illuminé de joie, elle salue. Un saisissement, une sorte d'effroi s'empare de Jeanne... le sentiment d'un lieu sacré, d'une place usurpée : *Quelqu'un est là, tout près,* à la toucher. Elle recule d'un pas, sans perdre sa cousine de vue, toutefois.

Bernadette regarde toujours sous la cavité, les yeux à peine levés, mais bien en face, comme parlant de plain-pied à une autre personne. Elle remue les lèvres, mais nul bruit ne filtre au dehors. Durant deux minutes, elle reste là, joyeuse. Jeanne Védère a « compté » durant cette seule phase, semble-t-il, « 18 sourires ». Puis le visage se fait sérieux et triste, durant trois minutes, s'éclaire de nouveau; elle salue à deux ou trois reprises et revient à sa première place. Là elle s'agenouille et reprend la récitation du chapelet (toujours entremêlée de saluts et de sourires) durant un quart d'heure.

Elle remonte alors sous la voûte, mais cette fois, pour trouver une déception. Elle semble attendre, durant deux minutes tout au plus, paraît contrariée, redescend de nouveau, regarde en direction de la niche, fait un signe de croix, se recueille un instant, se relève. Depuis la fin du chapelet, *Aqueró* l'a quittée. L'enfant éteint son cierge, et, sans rien dire, reprend le chemin de Lourdes, indifférente à la foule encore silencieuse qui la dévore des yeux. Huit heures sont sonnées. L'apparition de ce matin, « plus » longue que celle des jours précédents, a duré trois bons quarts d'heure.

L'heure du mirage.

La foule se retire, comme à la sortie d'un office. Mais la déception est vive et serait violente, n'était ce climat de prière et de joie qui a régné durant l'apparition. Le miracle attendu a fait défaut : « J'ai été bien attrapé, on ne m'y reprendra plus », pensent les uns, tandis que les sceptiques ricanent; mais les plus ardents — et ils sont nombreux — continuent d'espérer, un peu fiévreusement. Le miracle qu'ils tenaient d'avance, confusément, ils en cherchent l'ombre. Leur appétit de merveilleux reste en quête du signe qui ne peut manquer. Au désert du miracle, c'est l'heure du mirage...

Le silence de Bernadette cache un secret merveilleux qui va bientôt être dévoilé. Et cet oiseau qui a passé au-dessus d'elle durant l'apparition, n'était-ce pas une colombe ? Les commentaires s'amplifieront sur ces thèmes, tout au long du jour... La déception n'attend qu'un rien pour se changer en triomphe.

Le capulet rouge.

Bernadette, accompagnée des siens, est rendue à mi-côte. Jean Cazenave lui tient la main droite, tandis que, de l'autre, sa main droite à lui, il invite la foule à faire place. Mais Bernadette ralentit.

— Que fais-tu ? Marche donc!...

(Il y a justement une belle trouée sur laquelle la foule va se refermer).

Bernadette a les yeux fixés vers la droite.

— Que regardes-tu ?

— Cette maïnade là-bas.

C'est la fille à capulet rouge dont le père l'a implorée sur le chemin de l'aller, cette petite de son âge, et si malheureuse. Ganço aussi la reconnaît. C'est lui qui l'a transportée dans sa diligence.

Plus que de la pitié, il y a un élan d'affection dans le regard et la voix de Bernadette.

— Tu l'aimes donc bien, cette pauvre fille ?

— Oh oui!

— Alors, embrasse-la.

Ganço hèle un voisin :

— Jeune homme, faites approcher cette « toye » (on désigne ainsi les habitants de Barèges).

L'appel se répercute alentour, en se déformant. La silhouette rouge approche, d'une démarche malaisée, un bandeau sur les yeux, qu'elle porte aussi bien pour cacher la disgrâce de ses paupières vilainement malades que pour se protéger de la lumière qui lui fait mal. Une vive émotion la saisit d'être ainsi appelée, elle, la petite fille dont personne ne veut, moquée à l'école, parce que dans les jeux les plus simples, elle se trompe toujours...

Bernadette vient au-devant d'elle, riche de tout ce qu'elle a reçu ce matin. Elle lui prend les mains et lui fait un gros baiser. La petite fille que personne ne voulait embrasser depuis longtemps se sent régénérée. Toutes deux rient aux éclats en se tenant les mains. Bernadette l'embrasse « une seconde fois », et repart, sans lui avoir demandé son nom.

Cet incident la libère, car la foule s'agglomère autour du capulet rouge... Elle file sous la protection de Ganço.

Au cachot.

Il s'agit de suivre le plan tracé hier soir par M. Clarens, inquiet pour ses « cousins » Soubirous. Il a « prévu » ce qui arriverait. La foule va assiéger la voyante, l'enserrer, l'embrasser. Une journée folle en perspective : on ne lui laissera pas le temps de manger. Il tremble pour la santé fragile de Bernadette, pour son état nerveux — si état nerveux il y a... Pour sa famille aussi. Devant la pauvreté du cachot, les visiteurs vont offrir, imposer des cadeaux. La police aura vite fait de crier à l'escroquerie. Il sera dès lors trop tard pour les défendre... Clarens a donc décidé de cacher la voyante chez lui. Un imprévu compromet la réalisation du projet : Bernadette doit aller porter réponse à M. le Curé, et tout d'abord, repasser chez elle. On la suit. Le cachot va être envahi. Pas d'autre solution que d'en barricader l'unique porte.

Jeanne Védère, qui avait perdu sa cousine dans la montée, a pu la rejoindre en route; ce qu'elle a vu à la Grotte l'a intriguée. Elle profite de ce répit pour questionner :

— Pourquoi t'y es-tu prise à trois fois pour faire ce beau signe de Croix ?

— *Aqueró* ne l'avait pas encore fait. Je ne pouvais pas arriver la main jusqu'au front...

— Pourquoi étais-tu tantôt gaie, tantôt triste ?
— Je suis triste quand *Aqueró* est triste, et je souris quand elle sourit.
— Et pourquoi as-tu été regarder dans ce trou ?

Jeanne est encore sous le coup de son émotion au moment où, d'instinct, elle a reculé.
— *Aqueró* était descendue là. Si vous aviez étendu tant soit peu la main, vous l'auriez touchée.
— Et pourquoi parlais-tu si bas que je n'ai rien entendu ?

Bernadette paraît s'étonner :
— Nous parlions comme je vous parle maintenant...

Cependant, la foule, loin de se disperser, grossit de minute en minute. Au bout de quelques instants, il y a eu un second flot, plus considérable que le premier, une recrudescence d'enthousiasme. Le mot « miracle » est dans l'air. La rue des Petits Fossés est obstruée. La foule réclame Bernadette et ne bougera pas qu'elle ne l'ait vue. En attendant, certains prennent un acompte, en arrachant à titre de reliques des petits morceaux de la maison.
— Ils vont la mettre dans leurs poches! s'écrie le maréchal des logis d'Angla qui surveillait le retour.

Cette nuit de veille et cette journée d'activité spectaculaire l'ont survolté. Il prévient Jacomet, et installe deux gendarmes en faction à la porte du cachot. Son idée de Dieu et du monde souffre violence, l'impatience le gagne :
— Le désordre fait au nom de Dieu n'en est pas moins un désordre intolérable, s'écrie-t-il en frappant du pied.

Il ajoute :
— J'en veux au Bon Dieu de ne pas faire cesser à l'instant un pareil scandale.

La foule grossit toujours. Une idée s'impose chez les assiégés : qu'ils la voient et qu'ils s'en aillent!

On fait monter Bernadette au premier étage, dans la chambre haute des Sajous. On la montre à la fenêtre. La foule va-t-elle se disperser ? Non, l'enthousiasme redouble.

On la redemande :
— Ber-na-dette! Ber-na-dette!

C'est irrésistible comme une inondation. Il faut ouvrir une deuxième fois la fenêtre, puis une troisième, et finalement, la porte.

Le flot monte à l'assaut de l'escalier. Parmi les premières visiteuses, Jeanne Adrian, l'institutrice de Gavarnie, qui a passé toute la nuit à la Grotte. Elle embrasse la voyante avec « tout l'élan » de son « cœur », et repart joyeuse vers son village, réparer sa nuit blanche, avant la classe du lendemain.

Le défilé.

Bernadette est en proie à la foule : « Beaucoup plus de femmes que d'hommes et nombre d'enfants. » Des lèvres de toutes consistances se pressent sur ses joues, sur ses mains. Des ciseaux discrets enlèvent quelque fils à la doublure de sa robe. Elle est devenue la « chose » de cette ferveur collective, un peu sauvage chez les plus exaltés. Elle proteste :

— Pourquoi me toucher, je n'ai aucun pouvoir...

Peine perdue...

Certains veulent plus. Il ne leur suffit pas de *faire toucher* les chapelets, médailles ou autres objets; il faut que Bernadette les touche de ses mains. Elle proteste encore, « tout en riant » car elle a depuis longtemps l'habitude de faire contre mauvaise fortune, bon visage :

— Et après que je l'aurai touché, qu'est-ce qu'il y aura de plus ?

Le flot se renouvelle sans cesse, elle craint de le voir durer jusqu'à la nuit. Elle est lasse. Si seulement en cédant, elle pouvait tout régler d'un coup. Elle tente d'en finir.

— Mais que voulez-vous que je vous y fasse!... Portez-les *tous à la fois*, et je vous les toucherai.

Vaine demande, on comprend seulement son acceptation, et les chapelets se présentent de plus belle. Cette cérémonie froisse quelque chose en elle, mais la nécessité la talonne; elle improvise, comme elle peut, un compromis dont sa cousine aura au passage l'explication.

Voici en effet Jeanne Védère qui, elle aussi, a pris la queue dans l'escalier. La contagion l'a gagnée. Obligée de repartir le jour même, elle ressent l'obscur besoin d'emporter quelque chose. Elle présente ses chapelets à toucher, elle en a trois (tout un arsenal : celui des Sept Douleurs, et celui des Camaldules, avec le Rosaire de saint Dominique...).

— Vous aussi! murmure Bernadette. Que voulez-vous que je vous y fasse ? Je ne suis pas prêtre!

Elle se résigne pourtant, non sans mettre les choses au point :

— Je vais les faire toucher au chapelet que j'avais à la Grotte.

Et elle mêle consciencieusement les chapelets de Jeanne avec le sien, en les serrant dans ses mains. Simple moyen de renvoyer à la « demoiselle » du rocher ce qui converge ainsi vers elle. Mais Jeanne Védère y verra davantage. Ne serait-ce pas que ce chapelet aurait été touché par la Sainte Vierge ?

Ce chapelet de deux sous, il est déjà objet de convoitises. Deux dames veulent l'échanger contre les leurs qui sont des joyaux d'orfévrerie... Car des riches défilent dans cette foule. Crinolines, bijoux, chapeaux lustrés font contraste avec la misère du cachot. Une des plus riches familles de Pau : « Monsieur, les demoiselles et les femmes de chambre », défilent à tour de rôle pour « embrasser cette pauvre enfant ». On ne dédaigne plus « d'entrer dans cette pauvre maison », remarque Adélaïde : cette « maison » que le procureur qualifiait, lundi dernier, de « bouge infect » et dont on arrache maintenant des morceaux comme reliques.

Dès lors, cette misère, qui faisait partie de l'ordre établi, paraît insupportable. Les visiteurs offrent de « riches aumônes » : refusées. L'insistance, l'habileté, sont vaines.

A défaut d'argent, un monsieur tente d'offrir des objets en nature : des fruits rares, inconnus dans la famille Soubirous, il appelle cela des oranges. Il doit les remporter.

Maintenant, c'est une servante qui porte une enfant de 6 à 7 ans, la fille de M. Sempolis, de Tarbes, à demi paralysée des bras et des mains. Elle a débarqué hier soir à l'hôtel, en vue du « miracle ». La servante paraît épuisée d'avoir fait la queue dans la rue et l'escalier. Louise, qui s'y connaît en la matière, lui offre une chaise, en face de Bernadette. Le regard de la jeune malade répond à celui de la voyante, puis, s'abaisse vers la poche du tablier : un objet rouge dépasse... C'est la pomme que Bernadette n'a pas eu le temps de manger. Les petits bras aux gestes désordonnés et saccadés battent l'air en direction du fruit. Bernadette a tout de suite compris et le met adroitement dans le creux de la main aux doigts à demi fermés. La pomme tombe. On la ramasse. Bernadette la redonne encore. Une nouvelle saccade a vite fait de l'envoyer promener. La petite malade pleure. Un troisième essai ne sera pas plus fructueux. La servante ramasse le fruit, et part en l'agitant devant les yeux de l'enfant qui sourit...

Ce sourire suscitera l'opinion d'un nouveau miracle... Des Angles, Adélaïde en écrira bientôt avec ferveur.

Le flot, un instant contenu, reprend son mouvement. Un service d'ordre s'est organisé. Soubirous se tient devant la porte au seuil de laquelle on trébuche.

— Attention à la marche!.... Ne serrez pas dans l'escalier! (Cet escalier, va-t-il tenir ?) Tarbès, lui, a pris la bonne place, à côté de Bernadette, et « fait circuler » ceux qui s'attardent.

Dehors, des gendarmes sont toujours en faction, mais leur mission a changé.

L'un d'eux est placé près de la porte. Discrètement, correctement, il s'adresse aux sortants qui secouent négativement la tête. La curiosité d'Anna Dupin, femme Dupas, la chapelière, en est excitée. (Elle est venue conduire chez Bernadette les neveux et nièces de l'abbé Gaillon). Tout en avançant vers l'entrée, elle s'approche du gendarme assez près pour entendre le dialogue :

— Vous avez donné de l'argent à la petite ?

— Non...

C'est la grande préoccupation de Jacomet, qui achève en ce moment son rapport au préfet :

> *Le bruit a couru qu'un droit de 15 centimes par personne était perçu par les parents. Cela peut être et je vais plus loin, j'ose le croire. Mais, jusqu'à présent, il nous a été impossible de l'établir. Cependant nous exerçons une surveillance de tous les instants. Cela s'éclaircira.*

Décidément, les questions sont une mauvaise méthode. Il faut faire des expériences. De nouveaux émissaires prendront la queue et glisseront une pièce dans la main de Bernadette. Ces Soubirous sont des malins... toujours suspects, jamais en faute. Mais le geste expérimenté avec lequel la petite ramasse les pourboires la trahira. L'opération se déroule sans succès. On a d'abord essayé d'un gendarme..., mais cette ficelle était un peu grosse. Le maréchal des logis envoie sa femme que Bernadette ne connaît pas; peine perdue. La voyante qui ne refuse pas les poignées de main, retire vivement les doigts dès qu'elle sent la rondelle de métal, comme si on la brûlait. Jacomet en sera pour ses hypothèses, mais n'en continue pas moins sa surveillance. « Cela s'éclaircira », continue-t-il à penser.

Le « dîner » approche et la foule n'a pas tellement diminué. Elle se renouvelle. Le service d'ordre improvisé accélère la cadence. On défile maintenant devant Bernadette sur deux ou trois rangs. Ceux du deuxième et du troisième passent le bras à travers le premier pour toucher ce qu'ils peuvent de Bernadette, de la main ou du chapelet.

Cette fois, on gagne du terrain. L'heure du repas accélère le processus. Voici la fin, qu'on n'espérait plus.

— Il en est bien passé 10 000! évalue Sajous non sans exagération.

Reste encore une dame : la dernière. Mais elle en profite. Adroitement, elle a su nouer conversation avec Bernadette et maintenant, elle veut acheter son chapelet. Proposition refusée vertement. Elle veut donner l'argent quand même... sans plus de succès. Eh bien! Puisque Bernadette est si désintéressée, pourquoi ne le lui donnerait-elle pas tout simplement ?

— Ni le vendre, ni le donner!

On ne se débarrasse pas, de la visiteuse, quoique l'heure du repas soit largement dépassée. La dame y songe soudain. Elle offre des oranges... insiste. Bernadette, qui lui a si vivement résisté, n'est pas impitoyable. Elle finit par concéder :

— Oui! Mais à condition que vous mangiez avec nous.

On s'installe donc à table avec elle et Tarbès. Elle n'a jamais fait si maigre chère en si humble compagnie, mais elle n'a jamais été si heureuse...

Chez M. le Curé.

Le repas ne traîne pas pour Bernadette. Il lui faut profiter de ce répit pour aller faire la commission au presbytère. On l'y conduit en la camouflant comme on peut.

L'abbé Peyramale l'attend, non sans émotion. Il espère :

— Que t'a dit la dame ?

— Je lui ai demandé son nom... Elle a souri. Je lui ai demandé de faire fleurir le rosier, elle a souri encore. Mais elle veut toujours la chapelle.

— Tu as de l'argent pour la faire, cette chapelle ?

— Non, Monsieur le Curé.

— Ni moi non plus... Dis à la Dame qu'elle t'en donne...

Il ajoute :

— Elle ne t'a pas dit de revenir ?

— Non, Monsieur le Curé.

— Elle ne t'a pas dit qu'elle ne reviendrait pas ?

— Elle ne me l'a pas dit.

Le curé a tourné les talons, déçu. Bernadette a le cœur gros de n'avoir pas obtenu, en ce dernier jour, la réponse attendue... mais enfin, elle a fait sa commission.

Il ne lui reste plus qu'à gagner son refuge, la maison que le « cousin » Clarens partage avec Isidore Baudéan, le fabricant de chandelles, 15, rue du Bourg. Et sans façon, elle entre dans les jeux des jeunes enfants du directeur, sans plus s'inquiéter des événements. L'hôte, un peu ému de recevoir ainsi le personnage du jour, n'en revient pas. Qui croirait une extatique ?

Déconcertante, cette petite fille qui rit de bon cœur et s'est si vite fait des amis, d'enfants tellement plus jeunes qu'elle.

Sa tranquillité sera vite menacée...

« *L'aveugle de Barèges.* »

Après la déception du matin, comment un tel enthousiasme avait-il surgi ? Pour le comprendre, il faut revenir sur la pente de Massabielle, au moment où Bernadette l'a quittée, après avoir embrassé la Barégeoise au capulet rouge.

La petite fille déborde de bonheur. C'est la fin inespérée d'une longue nuit. Deux jours durant, hier et avant-hier, à Luz-Saint-Sauveur, elle avait pleuré, supplié son père de l'emmener à Lourdes. C'était non! Une sorte de désespoir l'avait saisie, lourd d'arriéré : une fois de plus elle était en quarantaine; son infirmité lui interdisait d'aller là où « tout le monde » allait. La permission arrachée à force de larmes, elle n'était pas au bout de ses peines. Gênée encore par ses yeux, elle n'avait même pas pu avancer jusqu'à la Grotte. Elle était restée bloquée à mi-pente, et c'est là que Bernadette l'avait demandée entre mille, contre toute attente...

La voilà comblée. Il y a longtemps qu'elle ne s'était sentie aussi bien. La lumière hostile qui blessait sa vue semble maintenant lui faire signe. Elle arrache le bandeau qu'elle avait soulevé d'instinct pour regarder la voyante, elle n'en éprouve aucune souffrance; la verdure d'alentour a remplacé sa nuit. Le geste a frappé les Barégeois qui l'entourent. Elle murmure, ravie :

— J'y vois mieux.

Un cri s'élève aussitôt :

— Miracle!

Le voilà donc, le prodige qu'on avait attendu en vain, à longueur de nuit...!

Le bruit se répand, « avec la rapidité de l'étincelle électrique », selon la formule encore neuve de Peyramale. On fait cortège à la Barégeoise. Elle descend à la Grotte, où deux cierges brûlent, se lave à la fontaine, puis rentre en ville sans paraître incommodée (émue seulement), et se promène sur le marché, au milieu du caquetage de la volaille et des villageoises. Elle regarde avec bonheur. La lumière ne lui fait plus mal. Elle rayonne. On se montre du doigt la « miraculée ».

De là l'enthousiasme et la foule qui s'est renouvelée au cachot toute la matinée.

— Mais il faut faire constater!

L'idée germe de la conduire au procureur impérial, ce procureur qui a interrogé Bernadette et qui n'y croit pas. Il va bien falloir qu'il se rende au miracle.

En ce moment, M. Dutour savoure un certain soulagement. Enfermé depuis ce matin au parquet, il travaillait, pour tromper son attente. Il n'a été interrompu que par de bonnes nouvelles. Plein succès du service d'ordre, déception de la foule, assemblée comme pour le jugement dernier. Cette affaire est donc terminée.

C'est alors qu'un groupe d'ouvriers fait irruption dans son bureau :

— Il y a du nouveau, une aveugle guérie. Venez constater!

Ces gens sont émus, convaincus. Impossible de se dérober. D'ailleurs, le procureur est troublé. Après tout, s'il y avait miracle...

Quelques minutes après, les visiteurs reviennent, poussant devant eux le capulet rouge, suivi d'un homme qui est le père de la Barégeoise. M. Dutour est impressionné de la voir si frêle, et si rayonnante. « Une énergie surnaturelle » semble « véritablement » la « soutenir ». Il éprouve une sorte de gêne à traiter pareil cas avec l'appareil de la justice.

— Eh bien, mon enfant... vous devez être bien heureuse!

— Oh oui, monsieur, bien heureuse!

— Vous étiez aveugle et vous y voyez!

— Je n'étais pas aveugle tout à fait, mais j'y vois bien mieux maintenant.

— Certainement, monsieur, qu'elle y voit beaucoup mieux, renchérit le père. Elle n'y voyait à vrai dire pas. C'est tout autre chose à présent.

Le miracle n'est donc pas bien clair. Mais il va faire du bruit. Le procureur prend les éléments d'un rapport. L'enfant s'appelle Eugénie Troy. Depuis neuf ans, elle y voit mal : presque pas, ou pas ? Les déclarations flottent sur ce point. Dans l'idée des témoins, c'est par inspiration qu'elle a voulu venir à Lourdes, et Bernadette poussée par une inspiration complémentaire l'a demandée sans la connaître... Que penser de tout cela ?

Du tribunal, le groupe se rend au presbytère. Le père s'échauffe en témoignant. « Avec l'accent de la conviction la plus profonde, les larmes aux yeux, il affirme sur la foi du serment que sa fille a recouvré la vue miraculeusement. » Des hommes de Barèges qui l'accompagnent témoignent avec lui. Le curé qui attendait un signe en réponse à ses hésitations est impressionné. Il rédige aussitôt un procès-verbal qu'il envoie à l'évêque.

Ainsi, pendant que Bernadette rit de bon cœur avec les petits Cla-

rens, comme il convient à un franc jeudi de congé, les événements marchent, et menacent sa retraite.

Le dernier défilé.

Des amis de Clarens ont obtenu qu'il leur laisse voir Bernadette. L'un d'eux vend la mèche. Des coups de sonnette s'ensuivent, se multiplient.

Au cachot, pas de répit non plus. Depuis le début d'après-midi, les pèlerins reviennent voir Bernadette, et la sachant absente, attendent son retour.

A trois heures, les médecins de ce matin se présentent et s'étonnent de ne pas trouver la voyante. Ils avaient pourtant bien pris rendez-vous! Louise, toujours inquiète de la santé de son aînée, demande :

— Pensez-vous qu'elle est malade, docteur ?

Ils ont un mot banal sur son asthme.

— Vous ne la croyez toujours pas malade de la tête ?

— Nous n'avons rien observé dans ce sens.

Ils regardent, reniflent discrètement l'air fétide :

— Cette maison est à vous ?

— Non.

— Eh bien! si vous voulez conserver vos enfants, il ne faudra pas rester ici...

Comme ils sortent, arrive Jeanne Védère, qui voudrait revoir sa cousine avant de retourner à Momères.

Et cependant, la foule grossit devant la porte. On y remarque maintenant le capulet rouge d'Eugénie Troy, venue avec son escorte; sa présence remonte l'ambiance générale. La rue est embouteillée. Les Soubirous sont débordés. Un seul moyen d'en sortir : montrer Bernadette.

Entre 3 et 4 heures, François Soubirous va donc sonner chez le directeur de l'Ecole supérieure de Lourdes. Il vient reprendre sa fille. Ainsi Clarens échappe-t-il de justesse à une situation qui devenait difficile.

Au cachot, le défilé a recommencé, le soir tombe. L'épuisement gagne Bernadette. Sous les embrassades, elle sent ses joues devenir gluantes et blettes comme un fruit pourrissant. L'oppression la gagne. L'asthme, qui allait si bien depuis trois semaines, menace d'un retour offensif. Elle crie grâce.

— Fermez la porte à clé.

Dominiquette peut se glisser quand même à l'intérieur, comme amie

et « patronne » de François Soubirous. Elle remarque le visage défait de Bernadette :

— Tu es bien fatiguée ?

— Oh oui! Quand ce ne serait que des embrassades...

Un vent de miracles.

Tandis qu'elle s'endort, un vent de miracles continue de souffler sur la région. Un groupe qui rentre aux Angles voit la nuit se trouer soudain d'une vive lueur, « comme du feu dans les airs » : une lumière « à ramasser une épingle à dix pas »... Arrivés vis-à-vis de la poudrière, ces gens rebroussent chemin vers Lourdes, jusqu'à la première auberge. Ils y trouvent la patronne effrayée. Un autre groupe de six ou sept dont l'huissier Lacoste, qui se retire vers Saint-Pé a vu aussi cette incandescence, vis-à-vis de la Grotte :

> *Deux lumières qui sillonnaient la rive du gave et parcoururent chacune à peu près cent mètres de distance.*

Elles disparaissent brusquement et, dans la nuit, ils aperçoivent encore la Grotte « comme illuminée par plusieurs flambeaux ». La frayeur les saisit, malgré le nombre, y compris le plus dur des sept : Capitayné, le braconnier, qui s'arrête au premier abri, et ne reprendra la route qu'au lever du jour.

Demain, l'huissier Lacoste racontera la chose au docteur Balencie et à l'instituteur Monlaur :

— Vous savez que je ne suis pas fort orthodoxe! Eh bien cependant j'ai eu peur et je me suis mis à genoux en disant : Dieu, aidez-moi!

— Mais vous étiez un peu gris...

— Gris! répondra l'huissier avec indignation. J'avais bu une tasse de café en toute la journée et les personnes qui étaient avec moi n'en avaient même pas bu du tout. Et pourtant, demandez-leur!

Où va tout cela ? Comme dit Peyramale, il faut vivre pour voir...

23

DU 5 AU 24 MARS 1858

Au lendemain du « grand jour », l'atmosphère est à la confusion. Qu'ils se l'avouent ou non, les « croyants » sont en majorité déçus : ceux du moins qui avaient espéré des merveilles.

Sans doute, ceux-là s'accrochent-ils encore à des épaves. Il y a la colombe qui a volé hier à la Grotte et l'empreinte qu'elle aurait laissée sur le roc... La Vierge aurait aussi laissé son empreinte dans les entrailles du rocher, dit-on encore. Il y a les mystérieuses lueurs du soir du 4 mars, la « guérison » de la petite Sempolis. Enfin et surtout, celle de « l'aveugle de Barèges », qui a suscité hier de tels transports d'enthousiasme. Mais tous ces bruits ont quelque chose de mouvant, d'évanescent. Aux récits impressionnants, les démentis succèdent. La colombe n'était pas une colombe. Les empreintes ne sont rien d'autre qu'une forme accidentelle du rocher. La lumière mystérieuse est le fait d'un « météore » à inscrire avec la comète au palmarès astronomique (chargé) de l'année 1858. La petite Sempolis ne serait ni mieux ni plus mal qu'avant. Quant à « l'aveugle de Luz », son cas suscite les plus vives contestations.

Bernadette ne prend pas fait et cause pour ces miracles. Elle ne semble même pas s'y intéresser. Elle les ignore et les démentirait plutôt, en sorte qu'on en vient à la considérer comme un peu innocente, très au-dessous de la faveur dont elle a été l'objet. Qui sait si l' « Evénement » n'a pas tourné court à cause de l'excessive « simplicité » de cette gamine, qui paraît aussi embarrassée pour transmettre les communications de la dame au curé, que celles du curé à la dame, et n'a su obtenir de celle-ci, ni signe patenté, ni même une déclaration d'identité.

Satisfaction complète, au contraire, du côté des fonctionnaires. Leur service d'ordre a été un succès, et Lourdes revient à l'assiette habituelle. Résultat inespéré : en dépit de la foule du 4 mars, pas d'accident, pas de désordre. Presque un « miracle »! estiment-ils, mais un miracle qui est leur œuvre, et chacun l'attribue plus spécialement à la part qu'il a prise dans les mesures administratives. Ce bonheur-là, ils ne sont pas les seuls à le savourer. Tarbès qui a monté la passerelle de bois, les carriers qui ont donné d'efficaces coups de pioche dans le sentier de Massabielle, la foule des spectateurs, enfin, qui ont spontanément maintenu la discipline de calme, d'ordre et de prière, si méritoire en pareil entassement, tous ont quelque satisfaction à penser que, grâce à leur effort, tout s'est bien passé.

La gloire du « Lavedan ».

Les vrais triomphateurs du jour, pourtant, ce sont les adversaires de la Grotte, secrètement ébranlés hier, au matin du grand jour... On allait voir ce qu'on allait voir! proclamaient alors les « croyants ». Eh bien, on n'avait rien vu du tout!

Les rédacteurs des journaux locaux enfourchent ce thème avec bonheur. Cazenave, directeur du *Lavedan*, rédige lui-même l'éditorial du 4 mars (paru en fait, le 5 ou le 6). Il commence sur le ton de l'ironie légère :

> *Encore Bernadette! nous direz-vous, cher lecteur. Un peu de patience. Nous avons cru devoir donner encore quelques détails qui seront les derniers, nous l'espérons bien...*

Et de conclure victorieusement :

> *Quelle déception! Que de pauvres crédules ont été humiliés... Combien de personnes ont compris, alors, mais trop tard, hélas! le ridicule de leur démarche, et déploré leur excessive crédulité.*

L'*Ere impériale* de Tarbes (journal semi-officiel de l'administration préfectorale), lance comme flèche du Parthe, l'idée que le baron Massy tient en réserve pour le cas de récidive.

> *Voilà où nous en sommes et où nous ne serions pas à Lourdes si les parents de la prétendue sainte de onze ans avaient suivi les conseils des médecins qui les invitaient à* envoyer la malade à l'hospice.

Quant au *Bagnerais*, il pratique l'ironie au second degré :

> *Nous aussi, nous croyons à l'existence d'un miracle... Il est dans*

> *la crédulité prodigieuse de cette foule qu'un simple bruit a suffi pour convaincre, et que le spectacle de sa déconvenue n'a pu détromper.*

Jamais les journalistes régionaux n'ont été à pareille fête. Jamais ils n'ont eu matière si flatteuse à se mettre sous la plume. Pour la première fois, la célébrité advient aux feuilles locales... Les articles du *Lavedan* font maintenant le tour de la presse parisienne, du *Courrier Français* au *Charivari*, en passant par *L'Union*, le *Journal des Débats*, *La Patrie*, *Le Courrier de Paris*, *la Presse*, et même l'*Indépendance belge*.

Pourtant, ce triomphe n'impose pas aux croyants. Ce ton persifleur suscite leurs colères. C'est bien facile de pilonner la croyance après l'avoir défigurée! Ces articles devenus célèbres ? Ils fourmillent d'erreurs!

> *Que ne suis-je un journaliste de marque! (écrit à sa sœur le jeune Pimorin, 20 ans, frais émoulu surnuméraire de l'enregistrement à Lourdes). Comme j'imposerais silence à ces tas de badauds, à ces grands diseurs de rien! Tout ce qui se passe ne peut être imposé comme article de foi; qu'on ne croie pas si l'on ne veut pas croire, mais à quoi bon plaisanter bêtement sur des choses qui peuvent devenir sérieuses ? Le plus sage est d'attendre.*

La vie silencieuse.

En vérité, ce qui se passe à Lourdes, est au-delà de ce vain duel entre les champions du « miracle » à tous crins, prompts à donner pour preuve décisive des bobards parfois dérisoires, et les adversaires, féconds en caricatures burlesques. L'événement authentique est tel que nul ne saurait encore l'exprimer... car il ne relève pas des formules toutes faites, ni même du talent d'un publiciste, mais d'une lumière, d'une expérience intime, vite défigurées, lorsqu'elles deviennent objet de littérature...

Sous-jacente au bruit de ces vaines disputes, nombre de gens simples goûtent une conviction silencieuse et discrète, qui produit, en pleine vie, de vrais fruits, d'où sa pudeur. Ce qui compte pour ceux-là, c'est d'avoir prié à la Grotte, comme ils n'avaient jamais prié, pendant les apparitions, et, plus encore peut-être pendant les longues veilles qui les précédaient. Durant cette nocturne et lumineuse attente, la puissance de Dieu paraissait toute proche. Ils L'attendaient, prêt à venir. Et il est venu, non pour les yeux, mais pour le cœur. Ce qu'ils ont reçu alors, cela reste. Cela continue, et c'est pourquoi les pèlerinages persévèrent à la Grotte où la prière ne tarit pas. Avant l'aube, le jour levant révèle quelques formes agenouillées, silencieuses, étonnamment immobiles. En arrivant, en partant, les pèlerins boivent et se lavent à cette fontaine qui grandit de jour en jour, et de ces ablutions, ils sortent rajeunis, régénérés, plus près de leur baptême et de l'Evangile...

Le souffle des béatitudes passe sur la Bigorre. Ces Lourdais, dont le maréchal des logis d'Angla notait la « finesse mercantile » et « l'âpreté au gain », chez eux, l'argent paraît moins roi... La ferveur pour la petite fille pauvre, Bernadette, a retourné la pyramide des valeurs établies. Les pauvres sont à l'honneur. Un élan de générosité passe. De jour en jour davantage, il pleut à Massabielle des offrandes : en monnaie, en nature... Pour qui, pour quoi ? Ceux qui les déposent ne sauraient le dire. Ils donnent pour donner, sans raison claire, mais avec autant de zèle qu'ils en dépensaient auparavant pour acquérir. L'argent qui afflue, à même la Grotte, ne suscite pas de convoitises. Il est ramassé en bon ordre, au gré d'initiatives particulières, et remis à des personnes accréditées à des fins pieuses ou charitables.

C'est à la pointe de ce courant silencieux et inaperçu que se situe — plus discrète encore que tous les autres — Bernadette Soubirous. Etablie dans une sorte d'indifférence à l'égard de ce qui passionne l'opinion, elle ne va même plus à la Grotte. Ses proches remarquent seulement qu'elle est plus heureuse, plus solide de santé, plus efficace aussi dans tout ce qu'elle entreprend. Quant à sa gentillesse, à sa docilité, à sa bonne humeur, cela ne se remarque guère; sur tout cela, elle ne laissait pas à désirer auparavant.

Ce qui va le moins bien pour elle, c'est la classe, y compris le catéchisme qu'il faudrait arriver à se fourrer dans la tête pour faire la première communion si désirée. A l'école, les sœurs ont beau jeu à constater :

— Tu aurais mieux fait de demander à ta dame de t'apprendre le catéchisme.

Il n'y a rien à dire à cela.

Pour vaincre l'inertie de sa mémoire, on recourt à plus jeune qu'elle, la petite Julie Garros, 9 ans, première au catéchisme, gamine d'une prodigieuse vitalité : elle est chargée de la faire répéter « pendant les récréations ».

Bernadette admire son autorité, son aisance à redire à l'endroit et à l'envers les paroles du livre, mais en retire moins de réconfort que de découragement, comme au temps de la faim en voyant manger les autres.

Par contre, elle domine presque sans y penser, un autre problème, apparemment plus difficile : faire face à tous ces gens dont elle reste le point de mire. Mais, est-ce « dominer » qu'il faut dire ? Sa « simplicité », là encore, stupéfie ses fervents jusqu'à les décevoir. Ils en viennent à se demander s'il faut admirer ou déplorer cette « naïveté qui n'a pas de nom ». Est-il possible d'ignorer à ce point l'espèce de gloire dont on est l'objet, d'être si peu à la hauteur de son privilège, si différente de « la sainte », de « l'oracle » qu'on aimerait trouver en elle, et de ne paraître rien aimer mieux que rire et jouer comme une gamine... ?

L'exaltation ne trouve guère en elle sa pâture. Elle répond court, net, sans flamme, le plus souvent, décevant. Le nom de la dame ? Elle ne le sait toujours pas. Les secrets ? Il lui est défendu de les dire : ils sont pour elle seule, et n'ont d'intérêt pour personne. Elle n'a « pas de pouvoirs », elle ne partage ni les ferveurs sentimentales, ni les indignations, elle ne sait rien d'aucun miracle. Elle décourage les admirateurs.

C'est vers la Grotte, c'est vers la source qu'ils se tournent maintenant. C'est là qu'ils se contentent. Une semaine après le 4 mars, la voyante connaît une sorte de répit.

Ce résultat est pourtant fragile. Bernadette va l'apprendre à l'occasion d'un événement insignifiant dont les répercussions iront loin.

L'infirme dans la cheminée.

Le mardi 9 mars, à la sortie de l'école, une compagne de classe, Joséphine Doucet, l'aborde avec toutes sortes de gentillesses.

— Mon petit frère voudrait bien te voir. Il est malade, et depuis quelques jours il ne pense plus qu'à ça.

Bernadette veut bien. Seulement pour aujourd'hui, c'est trop tard.

Le lendemain, mercredi 10 mars, à la sortie de l'école, elle accompagne Joséphine. A peine cinq minutes de marche sur le raidillon qui monte vers Bartrès, et voici, dans les arbres, à droite du chemin, une maison carrée, flanquée de hangars qui sentent le mouton et le foin. C'est la ferme Piqué. Là, dans la grande salle, à droite de la cheminée, Bernadette découvre soudain un étrange spectacle...

C'est une grande bouche, ouverte comme un four : elle appartient à un enfant malingre, assis dans une sorte de berceau, près du feu, à l'intérieur même de l'immense cheminée, selon l'usage régional.

Il s'appelle Jean-Marie. Il a neuf ans et demi et fait, maintenant, le désespoir de la famille. Avant, bien sûr, il n'était guère fort; mais depuis Noël, tout va de mal en pis. Maintenant, il ne marche plus. Il fait, par moments, d'étranges soubresauts. Quant à sa bouche, c'est tout juste s'il la ferme, une fois par jour, pour un tout petit repas. Les docteurs Lacrampe,

Peyrus et Bordères y perdent leur latin, autant qu'ils en ont. Ils n'ont jamais vu ça et prononcent des mots graves : « névralgique... incurable ».

Les amis et voisins affluent : mi-pitié, mi-curiosité. Tous apportent des conseils, des recettes qui auraient fait merveille dans d'autres cas, mais ne font rien ici. Certains apportent aussi des friandises. La famille n'a pas les moyens de les multiplier, et cela seulement facilite la fermeture de la bouche pour l'unique repas.

En voyant Bernadette, le petit infirme a poussé un jappement joyeux, « comme l'aboiement d'un petit chien ». De derrière la bouche qui envahit le visage comme une plaie béante, deux yeux regardent avidement. Ils sont vifs, ces yeux, et le visage est frais et rose. Mais, décidément, on ne peut voir que cette bouche, cette langue sèche et râpeuse, cette bave qui, des lèvres, dégouline lentement sur les genoux, et puis cette agitation : hoquets, soubresauts... Cela fait mal. Mais Bernadette fait bon visage. Elle fixe les yeux restés vivants, et c'est avec un sourire amical qu'elle dit à cette pauvre chose :

— *Quinteba ?* (Comment vas-tu ?)

Dans un nouveau jappement (que la mère traduit), il répond :

— *Nou pas gayré pla* (Non, pas très bien.)

— Est-ce toi qui as fait cela ? demande-t-elle, saisissant d'instinct le seul sujet de conversation possible...

C'est, à côté de lui, une petite chapelle formée de branches de sapin où s'accrochent quantité d'images bariolées : une vraie collection, qu'augmentent de jour en jour les cadeaux des visiteurs. Il en est bien l'auteur, car au milieu de ses misères, il garde curiosité, désir d'apprendre, de s'exprimer, une activité tenace, polarisée par le dessin. A traits serrés, il remplit inlassablement d'étranges visages, les feuilles de papier dont il doit être économe.

La visite de Bernadette est courte, à cause du repas et de l'école qui reprend à une heure...

— Allons, je dois partir, porte-toi bien

Anem quey a partie portat pla (*sic*)

Jean-Marie ne la perd pas des yeux et reprend une série de jappements qui se désespèrent de n'être pas compris. La mère interprète.

— Il dit qu'il faudra revenir.

— C'est promis.

A ces mots, la bouche figée du petit malade s'anime de joie; tandis que Bernadette s'éloigne, ses lèvres s'agitent : « trois grandes bâillées », et la voilà fermée.

— Maintenant, je voudrais bien boire et manger, demande-t-il d'une voix normale.

La mère qui, depuis des mois, ne fait que pleurer à l'idée qu'elle va le perdre, est transportée d'espérance. Il y a si longtemps qu'il n'avait demandé à se nourrir. C'est un « miracle » de cette saintoune!

... Petit miracle. A peine le repas terminé (écrit Jean-Marie, en son style et en son orthographe très personnels)

> « *tous les autres tournements recommencerent avec la même violance qu'au moment précédent; de ce soir-là, je ne put pas fermer la bouche, ni boire, ni manger* » *(*Journal *de Jean-Marie).*

Il en est ainsi toute la journée du lendemain. La bouche se referme juste le temps d'un bref repas, vers midi.

C'est le surlendemain, vendredi 12 mars, que Bernadette revient. Pas seule, car Joséphine a raconté le « miracle » de la première visite et les gamines de la classe indigente : les Thérèse Courouau, Marie Chouatou et compagnie, ont l'habitude de sortir en bande. Bernadette salue le petit infirme avec toute sa bonne humeur :

— *Quinteba!*

— Pas bien, répond-il. (Cela va devenir le refrain de ces visites.)

— As-tu faim ? (*as hamie ?*)

— Oui.

— Eh bien, force-toi donc à fermer la bouche, et mange!

Là-dessus, comme avant hier, la bouche se ferme sur « trois ou quatre bâillées ». Du coup, Jean-Marie peut interroger la petite fille sur les apparitions... Le temps passe vite. Mais avant que Bernadette reparte, la bouche est déjà rouverte.

Le samedi 13 mars, à 11 heures et demie, troisième visite, en nombre, cette fois. Bernadette qui ressent intuitivement tout ce qu'il y a de repli sur soi dans l'état du petit malade, le brusque. Chez les Soubirous et les Castérot, on ne « s'écoute pas » et les caprices sont traités énergiquement. Elle reprend d'instinct les méthodes familiales, mais avec la manière enjouée qui est la sienne :

— Alors, tu ne veux jamais te lever! C'est toujours moi qui dois venir te voir!

— Oh! si je pouvais me lever, je me lèverais bien, oui!

— Oh! tu es un *fénian.* Autrement, tu te lèverais, oui! Et tu ferais des sauts par la chambre. Tiens, tu es un fripon, tu fais le malade pour manger ce qui est bon. Eh bien, moi, je ne t'aime plus parce que tu es un *fénian*!

La mère Doucet encourage :

— Allons, Bernadette, tâche donc de lui faire fermer la bouche! qu'il n'a rien mangé encore, aujourd'hui.

— Tu n'as rien mangé ?

— Non.

— Eh bien, mange, *fénian*!

Ces algarades font merveille et Jean-Marie s'est mis à manger gaiement, lorsque la mère Doucet s'aperçoit tout à coup d'un oubli...

— Et ce fromage à prendre chez Minjote Théas, pour le président Pougat! Vas-y donc, Joséphine.

Il n'y a que le temps avant l'école... Les enfants y courent malgré le ciel noir gonflé de pluie, tandis que Bernadette continue à donner la becquée. On passera la reprendre. Il y a bien le temps...

C'était beaucoup d'optimisme. Le temps passe et ne les ramène pas.

— C'est l'heure, je pars, dit Bernadette.

— Attends-les donc! Elles ne vont pas tarder. Et puis, regarde ce temps dehors. Ce ne serait pas raisonnable de partir maintenant.

De fait, le ciel dégorge une affreuse neige fondante qui tourne en boue... Lorsque les autres arrivent, sur le coup d'une heure, elles sont trempées et transies.

— Il faut rester là vous sécher, décide la fermière.

Beaucoup de ces gamines pauvres n'ont pas de rechange, et la mère Doucet n'est pas mécontente de garder ainsi cette Bernadette porte-bonheur.

Le plus heureux, c'est Jean-Marie... Ce qu'il n'a pas prévu, c'est que Bernadette, après avoir épuisé ses ressources auprès de lui, va dans le grenier, faire avec les autres, enfin séchées, une énorme partie d'on ne sait quoi...

> *Alors (raconte-t-il dans le style recherché où il se complaît) mais intellectueles et redouctables furies vinrent de nouveau m'accabler de leur rédouctables réproches, comme si je les avais fait quelques affront.*

Et cela dure... A trois heures, la mère va quérir Bernadette.

— Qui me demande ?

— Jean-Marie.

— Et que veut-il ?

— Le plaisir de te voir.

Non! Bernadette ne s'en tiendra pas à se montrer. Elle croit aux vertus de l'énergie.

— Hé! tu ne veux rien manger, *fénian*! recommence-t-elle.

Effet immédiat : trois bâillements, et un repas d'un quart d'heure. Après quoi, dit Jean-Marie :

> *toutes mes sanguinères doulours vinrent de nouveau exercer leur redouctable tyranie sur moi...*

A quatre heures, les gamines se retirent, pas fâchées d'avoir goûté un après-midi d'école buissonnière... sous le couvert des parents Doucet.

Chez ceux-ci, l'espoir est revenu. La bouche de Jean-Marie se ferme maintenant deux fois par jour. Oh oui! Il faut que Bernadette revienne.

Dimanche matin, elle consent une double visite : à l'aller et au retour de Bartrès. Elle trouve pour faire manger le petit malade un argument décisif :

— Eh bien, puisque tu ne veux pas, je pars... Adieu! Je ne t'aime plus.

A peine la porte fermée, la bouche se ferme aussi. On court la rappeler et, tambour battant, elle lui administre deux repas en une heure.

Cette fois, l'amélioration tient, que Bernadette vienne ou ne vienne pas; et ce ne sont plus deux, mais trois ou quatre repas par jour.

Cependant, ce succès déploie en ville des conséquences que Bernadette ne soupçonne pas. On y proclame le nouveau « miracle ». Le presbytère est alerté.

Le lundi 15 mars, trois visiteurs de marque débarquent, après bien d'autres, à la ferme Piqué : M. le Curé, flanqué de son vicaire, l'abbé Pène, et de l'abbé Pomian, aumônier de l'hospice, fort intéressé d'y voir clair comme confesseur de Bernadette. Les parents, débordants de joie et d'actions de grâce, leur vantent le changement qui s'est opéré. Depuis Noël, tout allait de mal en pis. Maintenant, ça ne peut plus se comparer... D'ailleurs, le petit en avait le pressentiment. Il ne voulait plus prendre ses remèdes. Il disait comme ça que la Sainte Vierge le guérirait par l'eau de la Grotte ou par Bernadette. M. le Curé interroge Jean-Marie, toujours assis dans cette espèce de berceau qu'on lui a installé dans l'angle droit de la cheminée. Voici comment l'enfant lui-même rapporte cette conversation, dans son fameux *Journal* :

> — *Souffres-tu ?*
> — *Oui.*
> — est dou *souffre-tu ?*

— De tout mais plus particulièrement de l'estomac.

— Est qui ta fait cela ? ajoute-t-il en montrant la petite chapelle.

— Moi, lui répondi-je.

— Ont ma dit que tu avec pleine confiance en la Grotte; est-ce vrai ?

— Oui.

— Boit tu de son eau ?

— Oui.

— Est que te sert d'y avoir confiance, si elle ne te guérit pas ?

— C'est égal. Je guérirai quand il plaira Dieu

M. le Curé se retire perplexe. Rien de bien substantiel. Cet enfant souffre encore; il ne marche pas, et cependant, ses parents assurent une amélioration progressive vraiment extraordinaire. Leur ferveur, l'espérance et l'abandon du petit malade à la volonté de Dieu sont touchants. M. Peyramale rentre au presbytère avec une assez bonne impression pour écrire à l'évêque :

> *Fait intéressant... Amélioration notable. S'il guérit radicalement, nous pourrons dire alors avec saint Augustin :* Causa finita est.

Mais ce n'est encore qu'un espoir, et la position de M. le Curé reste tendue. Toujours la même chose. Du côté des âmes, la prière qui se fait à la Grotte est ordonnée, fervente; elle ne tarit pas celle qui doit se faire à l'église. Bien au contraire : « jamais on n'avait vu tant d'affluence aux instructions » de carême, de fréquentation des offices. Et le reste... Le doigt de Dieu est là. Le miracle est en marche. Un peu de patience et il éclatera en puissance. Mais que les voies de Dieu sont impénétrables! Jusqu'ici, il faut bien l'avouer, les espoirs ont versé de déception en déception. On ne parle que de prodiges, mais, comme papillons échappant au filet, ils fuient dès qu'on tente une vérification précise.

« *L'aveugle* » *de Luz.*

Le 4 mars, après la visite de la fille Troy (« l'aveugle de Luz »), l'abbé Peyramale aurait pour un peu mis la main au feu qu'il tenait un signe du ciel... Mais, dès le lendemain, le maire Lacadé l'avait alerté.

— Monsieur le Curé, je rentre de Tarbes. Monseigneur m'a parlé ce matin de votre rapport... C'est très impressionnant. Je m'apprêtais à vous féliciter, mais je viens de recevoir une visite du docteur Theil, de Luz. Eh bien, il assure que cette petite n'a jamais été aveugle.

— Aveugle, non, sans doute, mais son père m'a juré qu'elle n'y voyait pas même pour se conduire.
— Eh bien, monsieur le Curé, non seulement elle se conduisait seule, mais elle tenait un bureau de tabac à Barèges pendant la saison. C'est dire qu'elle voit assez pour compter les pièces et rendre la monnaie.
— Mais, monsieur le Maire, si vous aviez entendu comme moi les serments du père, si vous aviez vu ses larmes, vous hésiteriez à douter de sa parole! Il est peut-être mieux placé que le sieur Theil pour juger de l'état de sa fille. J'en viens à me demander si nous parlons bien de la même personne.

M. le Curé a écrit le soir même (5 mars) au curé de Luz, pour plus amples renseignements... Le 6, tandis qu'il attendait la réponse, M. le Maire s'est rendu à Luz, il n'y a rien recueilli que de défavorable. Là-dessus, lundi 8 mars, le père Troy débarque avec sa fille : il se rend à la Grotte « en actions de grâces », et ce, en dépit des menaces du procureur qui lui a interdit de se manifester à Lourdes. Une chose est donc certaine : cet homme agit à l'encontre de son intérêt. Peyramale signale ce point à l'évêque dans sa lettre d'aujourd'hui, 15 mars. Il n'ose pourtant plus ajouter ce qu'il écrivait mardi dernier à son frère, sur le même sujet : « S'il n'y a pas là un fait miraculeux, c'est un dédale d'où l'on ne peut sortir. »

C'est alors que le curé de Luz débarque à Lourdes. Il était en voyage, et c'est pourquoi il n'avait pas répondu. Les précisions qu'il donne sont aussi nettes qu'atterrantes : cette enfant n'a jamais été aveugle, et son état n'est pas sérieusement amélioré, si ce n'est la joie et la ferveur que lui ont procurées son voyage à Lourdes, ardeur partagée par ses parents, dont l'émotion est sincère, mais pleine d'illusion. C'est ce qu'a constaté M. le docteur Theil, envoyé tout exprès.

Voilà M. le Curé replongé dans le « dédale d'où l'on ne peut sortir ». Son enthousiasme est tombé de haut. Mélancoliquement, il écrit à son frère : « C'est une chose difficile à trouver que la vérité. »

Mesures de police.

Cependant, Jacomet et le procureur triomphent! Oh! sans éclat, mais ils ont la satisfaction de voir leur position confirmée sur toute la ligne. Cette nouvelle déception est une occasion à saisir. Ils tiennent conseil avec le maire pour assurer l'unité d'action qui remettra les populations dans leur « bon sens ».

Le conciliabule est optimiste.

Somme toute, plus de visions, plus de miracles. Cela finira par se savoir... Reste un point noir : cette affluence à la Grotte. Elle avait cessé du 8 au 13, grâce au mauvais temps, il est vrai; mais depuis, la foule est revenue avec le soleil. Jacomet a relevé les faits sur son calepin : c'est dimanche 14 mars que le mouvement a repris : deux cierges ce jour-là au fond de la Grotte, renouvelés le soir; lundi : trois cierges; mardi : cinq; ce mercredi matin : dix, et toute une décoration : un crucifix en os, entouré de branches de laurier et de buis, trois gravures représentant la Vierge. Bref « le zèle se réchauffe »...

Le maire serait, comme toujours, pour l'abstention. Les gens sont calmes, ils prient, ils ne font ni mal ni désordre. Tout finira de soi-même. Les deux autres pensent qu'il faut y aider : les résultats aujourd'hui acquis ne le seraient pas si l'on ne s'était pas donné le mal de surveiller, d'avertir, de menacer. Jacomet est partisan d'interventions énergiques : il faut fermer la Grotte. Le procureur préfère une politique plus discrète, ce qu'il fait efficacement à l'encontre des maraudeurs et délinquants forestiers, de petits avertissements discrets et préventifs sur le thème :

— Méfiez-vous, vous êtes surveillé, et à la moindre tentative suspecte, gare à vous!

Rien de tel pour mettre les gens au pas! Dans l'affaire de la Grotte, M. Dutour a déjà multiplié les pressions en ce sens. Il a averti le père Troy. Il vient de faire de même à l'égard de M. Romain Capdevielle, le fiancé de Mlle Marie Dufo — fille de l'avocat —, chaud partisan de la Grotte. Ce jeune et brillant rédacteur du *Mémorial*, de Pau, a publié les 9 et 15 mars de déplorables articles où il dit de Bernadette toute sorte de bien, et ce, sur un ton d'autant plus dangereux qu'il est celui de l'objectivité. Avec cela, M. Capdevielle aura recueilli les suffrages de sa délicieuse fiancée et du futur beau-père qui baise la main de Bernadette et l'appelle la sainte, mais à quel prix pour l'ordre public! (Ah! ces Dufo!)... Néanmoins, sous la semonce elliptique du procureur, le prétendant semble avoir accusé le coup; il ne recommencera plus.

Il faudrait maintenant resserrer l'action près de Bernadette et de sa famille. Sans doute n'a-t-on rien de précis à leur reprocher. La docilité de la petite a même démenti les prévisions du commissaire. Contrairement à ce qu'il avait prédit dans son rapport du 2 mars, elle n'a jamais remis les pieds à la Grotte. Mais il serait bien imprudent de s'y fier. Cette conduite n'est-elle pas habileté ? On dit que M. Pougat lui-même, le président du tribunal! la conseille. Que trafiquent les Soubirous à l'abri de leur apparente discrétion ? Il faudrait y voir de près et veiller à ce que ne prolifèrent pas des « miracles » comme celui qui est survenu à la ferme Piqué.

L'interrogatoire du 18 mars.

Un interrogatoire est décidé. Il aura lieu demain, jeudi 18; en attendant, M. Dutour commence à rédiger, à l'intention du procureur général de Pau, un rapport qu'il complétera demain après avoir vu Bernadette. Déjà, il augure bien de ce qui va en résulter :

> *Elle ne paraît pas vouloir se brouiller avec l'autorité locale et il faut lui en savoir bon gré, tout en continuant à surveiller sa conduite et celle de ses parents.*

A l'interrogatoire du lendemain, en présence du procureur, du commissaire et du maire assisté du secrétaire de mairie, Bernadette ne fera que confirmer ses bonnes dispositions. Sans doute on n'en peut rien tirer quant aux secrets, au sujet desquels on l'interroge journaux en main (les fameux « articles Capdevielle »). Là-dessus, elle déclare ne pouvoir parler, puis se tait et laisse dire avec déférence. Mais, sur les miracles, elle apporte de l'eau au moulin de ces messieurs. De malades ? Elle n'en a vu que deux : la petite Sempolis, le 4 mars (histoire ancienne!), la seule qu'on ait portée chez elle; et Jean-Marie Doucet qu'elle a visité, sur la demande instante de sa compagne de classe. Elle ne le reverra plus, puisqu'on le lui défend. Elle n'a guéri ni l'un ni l'autre.

— Et cette fille de Barèges ?

Bernadette se rappelle l'avoir rencontrée, et embrassée par compassion, mais elle ne voit là aucun miracle :

— Je ne crois pas avoir guéri qui que ce soit, et je n'ai au reste, rien fait pour cela, conclut-elle.

Importante déclaration!

Reste à lui faire préciser, à toutes fins utiles, ce qui s'est passé au cours des dernières apparitions, et surtout à lui faire promettre qu'elle ne retournera pas à Massabielle. Là-dessus, également, sa déclaration est satisfaisante. Elle n'a pas promis d'y aller après les quinze jours; elle n'a pas l'intention d'y retourner. Toutefois, c'est en termes prudents qu'elle conclut :

— Je ne sais pas si je reviendrai davantage à la Grotte.

Le ton était si conciliant que le procureur Dutour s'est cru autorisé à traduire ce propos en termes de promesse catégorique, à l'intention du procureur général :

> *Elle a promis de ne plus y reparaître et de ne plus se prêter à*

l'abus que la crédulité et la mauvaise foi font de ses actions et de sa personne.

Côté Soubirous, tout va donc pour le mieux. Au matin du jeudi 18, premier grand marché. Depuis le jeudi 4 mars, de célèbre mémoire, ils ont tenu leur porte barricadée, conformément aux avis reçus la veille. Bernadette a effectivement cessé ses visites à la ferme Piqué, où Jean-Marie se lamente, la bouche plus grande ouverte que jamais...

« *Eau dangereuse.* »

Le problème se réduit désormais à presque rien : cette source, cette Grotte qui, de plus en plus, se transforme en lieu de culte. Du moins, ce jour de marché tant redouté n'a-t-il provoqué aucune recrudescence : 10 cierges comme hier, 5 seulement le lendemain vendredi. Hélas! dimanche 21 mars, voilà les records de nouveau battus : 19 cierges... Enfin, le 23, à huit heures du soir, vraie cérémonie : en présence de 600 personnes, on a transporté et installé à la Grotte une vierge en plâtre dans une niche en fil de fer, fournie par un certain Félix Maransin, qui s'en servait chaque année pour le reposoir de la Fête-Dieu.

Ce matin-là, en faisant l'inventaire de la décoration, Jacomet a repéré « une panière » avec de l'argent...

— Tiens! Tiens!

Il a passé la journée à enquêter sur ce point. N'est-ce pas là le *profit* des Soubirous ? De fil en aiguille, il apprend que l'argent afflue depuis le 4 mars, mais sans avoir prêté au moindre abus. Les dons ont été remis en des mains inattaquables et désintéressées.

Cette enquête manifeste plus clairement la racine de toutes les difficultés : la fontaine qui continue d'attirer malades et bien-portants. Mais, ici encore, les choses sont en bonne voie; la dénonciation des fausses guérisons finira bien par éclairer les gens, et l'analyse opportune du pharmacien Pailhasson qui a déclaré cette eau « dangereuse » est déjà de nature à les faire réfléchir.

Les foules sont comme les enfants. Elle se lassent, si on sait détourner leur attention. Encore quelques jours, et personne n'y pensera plus...

Plus tard Cela (aquéro) me dit de marcher à genoux en baisant la terre — pour faire pénitence pour les pécheurs —

Enfin Cela me dit d'aller boire à la fontaine; je ne puis pas révéler ~~la motif raison~~ les motifs de cet ordre; Cela me l'a défendu.

Le 2 mars, mardi, je fus à la grotte comme d'habitude; ~~Cela me dit ce que~~ Cela me dit de demander, ~~je ne sais si c'est une procession ou une chapelle; je n'en suis pas sûre. Je fus trouver~~ une chapelle et je ne suis pas bien sûre si une procession fut aussi demandée —

Je fus trouver M. le Curé qui ~~me~~ dit qu'on ne pourrait rien faire jusqu'à ce qu'il y aurait une remarque quelconque, = que la vierge par exemple fît fleurir le rosier qui est devant la grotte = = Je ne sais pas si je reviendrai davantage à la grotte =

Procès-verbal de l'interrogatoire du 18 mars (p. 3).
Les ratures de Jacomet manifestent l'hésitation de Bernadette au sujet de la procession (ci-dessus tome 5, pp. 161-164)

24

JEUDI 25 MARS 1858

SEIZIÈME APPARITION

Nous voici arrivés au soir du 24 mars, dans un calme qui paraît de bon augure aux fonctionnaires. Bernadette s'enveloppe de silence, d'absence à l'égard des curieux, qui la négligent de plus en plus. L'administration respire.

L'Annonce faite à Marie.

Pourtant, la fête du lendemain suscite une discrète espérance : ceux qui, en dépit des réserves de Bernadette, restent persuadés que « c'est la Sainte Vierge », pensent qu'elle pourrait bien se manifester pour son Annonciation. Les « commères » brodent là-dessus, avec leur gratuité ordinaire.
— Bernadette va partir pour Rome, disait-on à Lourdes le samedi 13 mars.
— C'est vendredi prochain qu'elle y part, et avec un prêtre, précise-t-on le samedi suivant (20 mars).
— Ce prêtre est son confesseur, et la veille du départ, jour de l'Annonciation précisément, Bernadette va se rendre à la Grotte.

Ces bruits se discréditent près des plus sérieux, par leur mouvance même.

Ce soir, Bernadette se couche à la nuit tombante, comme d'ordinaire, un peu fatiguée seulement. Sa santé, excellente depuis la mi-février, marque aujourd'hui un léger fléchissement. Elle s'endort, pourtant. Entassés à deux ou trois par lit, dans l'âcre atmosphère, les habitants du cachot écrasent leurs paillasses d'un même poids de lassitude.

Et voici qu'en pleine nuit, Bernadette se réveille, mais non pas d'oppression comme dans les crises d'asthme. Cette fois, c'est la joie, une joie vite reconnue. Elle se sent pressée d'aller à la Grotte... un attrait qui est une promesse. Toinette dort à côté d'elle et les parents, dans l'autre lit.

Une heure sonne... de nombreux coups. On n'est pas encore au matin. Elle se rendort confiante.

Mais, avant quatre heures, elle est réveillée, s'habille à tâtons dans la nuit, et guette les premiers symptômes du réveil familial...

— Il faut que j'aille à la Grotte. Dépêchez-vous si vous voulez m'accompagner.

— Mais, voyons, cela te ferait du mal... Tu n'es pas assez malade comme cela!

— Je suis guérie maintenant.

— Attends ce soir qu'il fasse soleil!

— Non, il faut que j'y aille, et vite...

La permission est accordée. Un peu avant cinq heures, elle est sur le chemin de la Grotte. Il fait encore nuit. Cette fois-ci, personne de prévenu; on va être tranquille, pense-t-on.

Surprise! Le bruit qui courait depuis une semaine a drainé quelques dizaines de personnes. Le commissaire est là, à qui nul bruit n'échappe, vrai ou faux...

La jeune fille blanche est là aussi, fidèle au rendez-vous qu'elle a fixé, pour Bernadette seule.

A la joie des autres apparitions s'ajoute le goût de l'amitié retrouvée, après une longue absence. Le chapelet des nuits d'insomnie, le chapelet laborieux des heures d'oppression, devient lumière et transparence.

Le groupe de fervents qui se presse autour de Bernadette trouve sa part de joie. A la lueur des cierges sur laquelle, insensiblement l'aube naissante l'emporte, le visage de la petite fille a repris sa pâleur, son sourire d'un autre monde.

Mais voici qu'à la fin du chapelet, la voyante paraît déçue, hésitante. Son visage semble se ternir... Enfin, elle s'avance à l'intérieur de la Grotte — sous la fameuse cavité.

Aqueró lui a fait signe et Bernadette la retrouve : plus bas, plus près, à toucher les gens qui sont là, à frôler cette statuette qu'on a installée depuis deux jours, sur une pierre, dans « une niche en fil de fer, ornée de mousse et de fleurs ». Elle prend confiance. Depuis que l'attrait s'est manifesté, son grand souci, c'est cette réponse à obtenir, pour M. le Curé. Pendant les apparitions, elle oublie tout le reste. Va-t-elle y penser ? Osera-t-elle insister encore, en dépit du sourire désarmant d'*Aqueró* ?

Là, sous la cavité, tout devient plus facile. Et puis l'usage n'est-il pas établi entre elles, qu'après la prière et la contemplation devant la Grotte, ce lieu est celui de l'échange, des confidences ? Il y a quelques instants encore, impossible de parler. Maintenant que la « demoiselle » a réduit elle-même les distances, Bernadette ose.

Le nom d'Aqueró.

Durant les trois semaines d'absence, elle a tourné et retourné dans sa tête une belle phrase, cérémonieuse comme une révérence, qu'on lui a en partie conseillée :

— *Mademisello, boulet aoué la bountat de me disé que es, s'il bou plait ?*	— Mademoiselle, voulez-vous avoir la bonté de me dire qui vous êtes, s'il vous plaît ?

Mais la « belle phrase » est trop compliquée. Bernadette s'embrouille, trébuche, et dit *volonté* (boulentat) au lieu de *bonté* (bountat) : deux mots qu'elle ne sait pas bien distinguer. Le plus long lui a paru le plus poli.

La « demoiselle » de lumière sourit encore. Se moquerait-elle comme dit M. le Curé ? Non... il y a tant de gentillesse et de bonté dans son regard. Il faut recommencer :

— *Boulet aoué la* boulentat *de disé...*

Aqueró sourit de plus belle. Elle rit, mais Bernadette ne lâchera pas cette fois. Elle supplie encore :

— *Boulet aoué la* boulentat...!

Silence toujours... Mais notre Bigourdane est décidée; rien ne l'arrêtera plus. Elle répétera dix fois s'il faut... puisque la « demoiselle » ne se fâche pas.

Pas besoin d'aller jusque-là. A la quatrième fois, *Aqueró* ne rit plus. Elle vient de passer son chapelet au bras droit. Ses mains jointes s'écartent, s'étendent vers la terre. De ce geste si simple, une majesté rayonne : sa silhouette de petite fille en prend une sorte de grandeur; sa jeunesse, un poids d'éternité. D'un même mouvement, elle joint maintenant les mains à la hauteur de la poitrine, lève les yeux au ciel et dit :

— *Que soy era Immaculada Councepciou.*

Il y a près d'une heure que l'apparition est commencée. Les couleurs reviennent sur le visage de Bernadette. Dans la blancheur du jour levant, elle se relève, joyeuse, débordante d'action de grâces, en deçà de toute réflexion.

Le désir la prend de laisser quelque chose, en reconnaissance, avant de quitter la Grotte. Hélas! elle n'a rien, et on ne peut laisser son cœur... Elle regarde le cierge, qu'elle retrouve dans ses mains, pas encore éteint... Le joindre à ceux qui brûlent déjà sous la voûte ? Il y en a un grand nombre : tous les trous de la planche installée samedi par Tarbès sont déjà remplis : cela fait une forêt grésillante et crépitante au souffle de cheminée qu'aspirent les mystérieuses cavités de la Grotte... Mais celui qu'elle tient n'est pas à elle : c'est le cierge de congréganiste de tante Lucile. A demi-mot, celle-ci comprend et veut bien. De ses mains adroites, Bernadette le cale entre des pierres, sous la cavité, d'où la réponse a jailli enfin...

— *Qué t'a dit ? Qué t'a dit ?* (Qu'est-ce qu'elle t'a dit ?).

Déjà, de toutes parts, les questions fusent, et la ramènent aux problèmes, un moment évanouis. Tout à l'heure, ce que la jeune fille disait était si merveilleux, si transparent... Bernadette s'aperçoit soudain que ces mots jamais entendus sont en réalité difficiles, compliqués... qu'elle ne les comprend même pas, comme les mots de la classe... le second surtout. Comment est-ce donc ? Cou-che... sion... Coun-chet-siou ? Elle sent qu'elle va perdre sa « commission » — comme le jour de la procession... d'autant qu'il y en a une autre aujourd'hui. *Aqueró Immaculada* veut toujours la chapelle.

Vite, il faut échapper, se recueillir. Bernadette s'accroche aux lambeaux du second mot en train de disparaître, et prend sa course en répétant tout bas :

« *Immaculada Counc...-chet...siou, Immaculada Coun...chet-siou.*

D'un signe, elle entraîne sa tante sur le chemin du presbytère. Les questionneurs se résignent, respectueux... un peu déçus. Ils commencent à être habitués à son mutisme, à son entêtement. Est-ce encore un secret ? Et tout va-t-il rester en suspens comme au 4 mars ?

Quelques personnes suivent, pourtant : Julie Garros, Ursule Nicolau, d'autres... Parmi elles, tout près, Jeanne-Marie Tourré (12 ans) épie sur les lèvres de la voyante les mots étranges qu'elle répète à mi-voix.

Le ciel a blanchi. Derrière le petit groupe, les dernières étoiles s'évanouissent. En face, le château juché en plein ciel, découpe au plus clair de la lumière naissante une ombre chinoise ajourée de curieuses transparences. Le soleil commence à jaillir au flanc...

En tête du petit groupe, Ursule Nicolau s'avance à la hauteur de Bernadette, l'attrape par le bras tout en marchant, et l'embrasse en lui disant tout bas :

— Tu sais quelque chose ?

Bernadette rit. Ursule voit qu'elle est contente...

— Tu sais quelque chose ?

— *No digos pas*	— Ne le dis pas,
mes que m'a dit :	mais elle m'a dit :
Que soï Immaculada Conceptiou	Je suis l'Immaculée Conception

Ursule court le dire (sous le sceau du secret) à Eugénie Raval. Eugénie le dit à sa sœur Germaine, qui le répète (toujours sous le sceau du secret) à Dominiquette Cazenave.

Chez M. le Curé.

Pendant ce temps, Bernadette a gravi la rue du Baous, traversé la place du Porche, enfilé l'impasse. La voilà dans l'escalier qui monte à la maison Lavigne, énorme et carrée sous son haut toit mansardé... Rassurée, maintenant qu'elle tient ferme les deux mots qui avaient failli lui échapper, elle est de plus en plus intriguée, un peu déçue, elle aussi. Comme tout le monde, elle aurait tant aimé croire que c'était la Sainte Vierge, cette merveilleuse Apparition... Qu'est-ce que c'est donc que cette « *Counchetsiou* » ?

Elle pousse la porte, jette sa commission à la tête de M. le Curé, d'un coup, presque à tue-tête :

— *Que soy era Immaculada Counchetsiou!*

Le rocher Peyramale vacille sous le choc, dont il mesure mal la portée. La colère qui, dans les cas difficiles, accompagne chez lui l'exercice de l'autorité, commence à fonctionner comme un réflexe bien monté. Il est pour dire : « Tu es l'Immaculée Conception! » ou « Petite orgueilleuse! » Mais les mots s'encombrent en route, et se coincent. D'ailleurs, Bernadette, qui vient de mesurer l'abrupt de son propos, reprend avec assurance :

— *Aqueró a dit :* Que soy era Immaculada Counchetsiou!

Cette fois, M. le Curé s'est repris. Les mots sortent, drus et bourrus.

— Une dame ne peut pas porter ce nom-là!

Il bat le rappel de sa théologie, les articles lus il y a quatre ans, lors de la définition du dogme, ses sermons du 8 décembre : voyons, la Vierge est conçue sans péché... sa conception est immaculée... mais comment peut-on dire qu'elle *est sa conception* ?

Il attaque :

— Tu me trompes! Tu sais ce que ça veut dire ?

Bernadette remue la tête piteusement.

— Alors, comment peux-tu dire, si tu n'as pas compris ?

— J'ai répété tout le long du chemin.

L'arme de son autorité (ces solides colères sans lendemain, dont il s'arme au service du « bien ») l'abandonne. Du fond de son cœur, et de sa poitrine, une marée s'est soulevée qui le submerge comme lorsqu'il était enfant. Est-il malade ? Ce qui monte, ce sont des sanglots.

— Elle veut toujours la chapelle, murmure Bernadette dans le temps de silence.

Il concentre ses forces pour lancer une dernière phrase qui sauve la face.

— Rentre chez toi. Je te verrai un autre jour.

Ce que veut dire « Immaculée Conception ».

Bernadette repart, toute décontenancée. Si M. le Curé ne sait pas, qui saura ? Elle rentre chez elle où des questions l'attendent. Survient Dominiquette (la courageuse qui l'a accompagnée le 2 mars au presbytère). Elle l'attire à l'écart, dans l'ombre, « près de la porte au gros verrou ».

— Tu connais le nom de la Dame ?

— Qui vous l'a dit ? Je ne l'ai dit qu'à Ursule.

— Dis-le-moi.

— Je voudrais le dire en premier à M. l'Abbé.

— *Dis-le-moi.*

Bernadette cède pour se libérer et se rend chez l'abbé Pomian, toujours avec sa tante. Le vicaire écoute avec son calme habituel, mais visiblement surpris, perplexe, sous son air enjoué. Il en parlera à M. le Curé...

En sortant, Bernadette ne sait toujours pas ce que veulent dire ces mots qui provoquent tour à tour déception, joie ou colère... Nul n'a encore songé à les lui expliquer...

C'est cet après-midi, chez M. Estrade, un savant, que la lumière se fera. Une fois de plus, Bernadette y raconte la scène du matin : le sourire d'*Aqueró*, la quadruple demande, et enfin la réponse. Ici, elle joint le geste à la parole. Ses deux mains s'étendent et se rejoignent, tandis que, la tête toujours bien droite sur les épaules, les yeux se lèvent vers le ciel. A travers ce geste, quelque chose passe. Estrade et sa sœur sont au bord des larmes... Mais tandis qu'ils la regardent encore, comme un oracle, l'enfant sublime d'il y a un instant, redevenue une pauvre petite fille demande avec embarras :

— Mais que veulent dire ces mots : Immaculada Coun-chet-siou ?...

Cette journée s'achève pour elle dans la joie. Ainsi c'était bien la Sainte Vierge...

Cependant la nouvelle fait à travers la ville un cheminement plus lent, plus laborieux que les vains bruits des jours précédents.

— La Vierge est descendue plus bas que d'habitude.

— Elle a été satisfaite de la décoration, surtout de la statue.

— Bernadette a reçu des secrets.

— La Vierge lui a demandé de laisser son cierge, raconte-t-on en ville. Cette dernière interprétation commande une véritable illumination. L'affluence du jour de fête aidant, tous les records sont battus : 65 cierges à midi.... 50 encore à 10 heures du soir, lorsque Jacomet fait sa dernière ronde, et 61 francs dans la panière de la Grotte... la majeure partie en monnaie de billon. Cela suppose un défilé considérable : des centaines, des milliers sans doute... Les records de prières sont battus aussi. Le chapelet n'a pas cessé devant la niche. Il continue, à cette heure tardive. L'ambiance est à la joie, une joie discrète et ardente, comme la lumière des cierges qui animent la pâleur du clair de lune de leurs lueurs vivantes.

Cette joie, la révélation du matin n'en est pourtant pas l'élément principal, dans la conscience claire des gens, du moins. C'est la fête liturgique, c'est l'apparition, survenue après trois semaines d'interruption, qui attirent aujourd'hui la foule. Mais la formule ne satisfait pas : on la voudrait autre. Et c'est pourquoi elle fait si piètre carrière. Elle ne parviendra même pas aux oreilles du commissaire. Ceux qui la répandent l'entourent de rectifications bien-pensantes : *Je suis la Vierge Immaculée... Marie Immaculée... La Vierge de l'Immaculée Conception; à* la rigueur : *Marie, l'Immaculée Conception.* On ramène aux formules connues le propos insolite.

Il y en a quelques-uns, cependant; il y en a un surtout, qui a bien retenu les mots et les retourne pour en pénétrer le sens. Dès ce soir, en écrivant à son évêque, il les transmet, tels quels, en soulignant son étonnement, ses critiques. C'est Peyramale. Mais si son esprit s'agite, son cœur est sorti du doute. Plus les choses se décantent, plus il pense : Cette petite n'a pu inventer cela. Tel quel, cela doit avoir un sens. Il bat le rappel des figures de rhétorique apprises au séminaire : « C'est la blancheur même , pour dire « c'est très blanc », comment donc cela s'appelle-t-il ? Et comment cela peut-il s'appliquer à un objet théologique si spécieux ? Peu à peu la lumière suit cette chaleureuse adhésion du cœur, qui fut pour lui avant tout calcul, le premier mouvement.

25

DU 26 MARS AU SOIR DU 6 AVRIL

Les jours qui suivent le 25 mars sont marqués par un mélange de ferveur et de fièvre fort difficile à démêler. Il y a ferveur. Il y a prière. Il y a conversion du cœur. Voilà qui ne laisse pas de doute à l'abbé Peyramale, placé aux premières loges pour constater ce côté des choses. Il y a fièvre aussi, une fièvre dont il est moins conscient parce que son tempérament émotif en est quelque peu gagné. A un âge où la foi se fait plus obscure, presque opaque, il a soudain saisi, quasi palpable, le choc du surnaturel. Il savoure le sentiment d'un seuil mystérieux, sur lequel la Vierge se tient en puissance. Des temps nouveaux sont arrivés. Le ciel s'est entrouvert, et il semble qu'il va s'ouvrir. Le merveilleux est là, aux portes de la ville et va faire son entrée.

Apparitions et miracles de ce mois de mars ne sont qu'un commencement, les premiers bourgeons d'un printemps de grâce. Si le curé maintient cette impression dans la mesure, les plus exaltés vivent dans l'attente de nouvelles visions... pour eux, peut-être ? D'autres épient la suite des événements, dans un état de suspense aigu. Ce n'est plus cette vigilance, dont parle l'Evangile, ces veillées de prière calme qui rassemblaient des foules croissantes avant chacune des apparitions de la quinzaine, mais un appétit démesuré, une boulimie de merveilleux. Sur cet état d'hypersensibilité collective, de brusques mouvements se dessinent, des bruits naissent, se gonflent, se répandent.
— La Petite va à la Grotte, commence-t-on à chuchoter le vendredi saint (2 avril) à une heure de l'après-midi.

En un clin d'œil, au pas de course, plus de 300 personnes accourent à Massabielle (vite rejointes par le commissaire). Bernadette n'y est pas. On confronte les renseignements. Qui a dit qu'elle viendrait ?... Là-dessus, la nouvelle arrive qu'on s'est trompé... La foule se disperse, déçue, comme les invités d'un banquet qui se seraient trompés de jour.

Le 6 avril au soir, pour la n^ieme fois, le même bruit renaît... : « La petite va à la Grotte! » Lourdes se couche en état de veille. Demain matin, dès 4 heures, il y aura du monde sur le chemin.

D'où venait ce bruit ? et que valait-il ? Nous l'apprendrons en suivant les activités de la voyante en ces derniers jours.

Du 18 au 25 mars, Bernadette avait retrouvé le calme, lorsque ses parents avaient condamné la porte. Depuis, visites et sollicitations se multiplient. L'apparition du jour de l'Annonciation a emporté le barrage.

Ce matin, mardi 6 avril, il a fallu céder à une offensive venant d'Adé. C'est l'ancien maire de cette commune, Blaise Vergez, dit Blazi, négociant en vins, qui veut voir Bernadette. Il a été à la Grotte le 17 ou 18 mars, laver son bras et son épaule rhumatisante. Aidé de son médecin, le docteur Larré, il a enlevé sa veste, s'est penché sous le jet d'eau glaciale. Le soulagement n'a pas été immédiat : il est reparti déçu et inquiet de ce moment de folie. Mais au retour, il s'est senti beaucoup mieux. Il désire voir Bernadete par reconnaissance, et se recommande plus ou moins de son curé. Il a dépêché son fils, avec le break. Les Soubirous sont perplexes. Mais la parole persuasive de Blazi fils trouve un terrain favorable. Ils sont débordés. Il y a de quoi : depuis deux jours, l'affluence des visiteurs, que multiplient les vacances de Pâques et le début de la saison, devient affolante. Les agents postés à la Grotte par Jacomet le dimanche de Pâques 4 avril ont compté 3 625 visiteurs dont 805 étrangers; hier lundi 5 avril : 5 445 dont *3 433 étrangers.* (Ces derniers, retenus par les offices et le repas de Pâques, avaient pour la plupart, attendu le lundi pour bouger). Tout ce monde-là veut voir Bernadette, savoir quand sera la prochaine apparition. Et c'est ainsi que, depuis hier, le cachot est envahi. S'en aller, fermer pour de bon la porte avec personne derrière et laisser les gens cogner sans plus les entendre : cette pensée est trop tentante pour qu'on y résiste longuement.

Toute la famille part donc le plus discrètement possible, au petit matin, dans le break de Blazi. Adé est à une bonne lieue sur la route de Tarbes. Les Soubirous y « dînent » (« déjeunent » pour les gens du Nord) avec Blazi père et M. le curé. Le négociant est content. Oui, son bras va mieux.

— Jacomet dit à Lourdes que vous y avez attrapé le coup de la mort!

Blazi coupe court. Il a bien dit lui-même quelque chose comme cela, en quittant la Grotte, transi et encore endolori. Mais depuis...

— Qu'on dise tout ce qu'on voudra, proteste-t-il, il n'en est pas moins vrai que je ne pouvais pas boutonner mes pantalons et qu'aujourd'hui, je le puis. (Et mariant allégrement le spirituel au trivial dans son robuste personnage, il ajoute sans transition) : Je ne pouvais pas faire le signe de la croix, aujourd'hui je le puis.

On resterait bien là, dans la douce ambiance d'après un confortable déjeuner, mais Bernadette presse le départ... A 4 heures, elle est de retour à Lourdes. Quelque chose la préoccupe. Elle va prier à l'église, entre au confessionnal.

Ce qui la travaille, Antoinette Tardhivail va l'apprendre. En ce moment, elle range en compagnie de ses deux sœurs, Marie et Théotiste, les ornements des vêpres de la « troisième fête de Pâques », comme on appelle ce mardi.

Rien ne lui échappe de ce qui concerne les apparitions. Durant la quinzaine, elle était chez sa sœur, la femme du pharmacien Duserm, à Bagnères, près du cher Carmel que sa mauvaise vue et sa mauvaise santé l'avaient obligée à quitter. Malgré sa joie de se retrouver au contact du milieu spirituel où elle avait espéré vivre, elle bouillait de se trouver si loin de ces apparitions dont la nouvelle gagnait peu à peu toute la région, et que lui racontaient les lettres de ses sœurs et de ses amies. Au retour, elle a joué de malchance. Elle, l'Antoinette-qui-sait-tout, elle n'a su qu'au dernier moment l'apparition du 25 mars. Mal placée, handicapée par ses mauvais yeux, elle n'en a vu que la tache blanche du capulet de la voyante. Elle s'est rattrapée au soir du dimanche 28 mars, en interrogeant longuement Bernadette qui a raconté en détail l'apparition, puis, en riant, l'examen des trois médecins qui voulaient absolument qu'elle soit malade.

Ce 6 avril, au soir, l'entrée de « la petite » au confessionnal ne lui échappe pas. Tiens, tiens, on dit qu'elle consulte son confesseur lorsqu'elle se sent attirée à la Grotte...

Elle épie les réactions de l'abbé Pomian, imperturbable à la sortie. A défaut de Bernadette, qui échappe aux questions indiscrètes, elle interroge la mère, visiblement inquiète, qui laisse échapper :

— Oui, la petite se sent pressée d'aller à la Grotte... Mais il ne faut pas le dire. La police nous guette, vous savez!

Quelques minutes après, le secret fait le tour de la ville :

— Demain, Bernadette va à la Grotte.

— Elle a fait bénir un gros cierge.

— C'est le maire d'Adé qui l'a offert pour sa guérison.

Quoi de vrai là-dedans ?... On ne sait trop. Il y a tant de faux bruits et de fausses alertes... Avec des airs de mystère et des précautions qui ne passent pas inaperçues, des gens viennent vérifier au cachot...

— Mais comment savez-vous ?

La situation devient inquiétante. Le bruit qui gagne va parvenir à ce diable de Jacomet. La descente de police n'est pas loin. Il faut aviser, trouver quelque chose. Mais où est donc Bernadette ?

A la nuit tombante, elle a été convoquée chez l'abbé Serres. Des dames, venues de Bagnères tout exprès, en sont la cause. A tout prix, elles voulaient voir la voyante. Elles sont conquises, la retiennent, la comblent de caresses. Le petit instant qu'elles mendiaient est devenu une grande heure. Et le commissaire le sait déjà.

Un plan s'élabore, où la suggestion de Blazi fils, encore à Lourdes, joue un rôle déterminant. Il n'y a qu'à ramener Bernadette à Adé. On dira, sans mentir, qu'elle n'est pas à Lourdes. Police et curieux s'y casseront le nez. Mais demain matin, foi de Blazi, elle sera à la Grotte au petit jour, avant même, si elle veut.

Vers 8 heures du soir, le break repart donc sur la route de Tarbes, cependant que des remous parcourent l'opinion :

— Bernadette n'est plus à Lourdes. Elle est partie pour Adé.

— Mais non! C'est ce matin qu'elle y était, et elle est revenue cet après-midi pour l'apparition.

— Revenue ? Voyons! Elle vient d'y partir!

— Si! Si! elle est revenue à 4 heures.

— Mais je vous assure, elle est partie ce soir, à la nuit.

On s'y perd. Mais, en définitive, le bruit qui surnage, c'est le premier parti, le plus conforme aux désirs des gens : demain matin, la petite va à la Grotte.

26

MERCREDI 7 AVRIL 1858

DIX-SEPTIÈME APPARITION

Minuit sonne à la paroisse. Enfin, 7 avril! Antoinette Tardhivail n'a pas enlevé son dessus de lit.

— Si je m'endors, je risque de ne pas me réveiller, a-t-elle expliqué.

Antoinette et Théotiste.

Ses sœurs Marie et Théotiste l'ont rassurée. En vain. Non! Cette fois, elle ne manquera pas l'apparition. Elle sera aux premières loges, et n'oubliera pas ses « doubles lunettes ».

Elle a établi ses quartiers dans le corridor, sur une malle, d'où elle guette les sonneries d'horloge, dans l'interminable étirement du silence nocturne. Elle craint toujours de se tromper.

— Théotiste, quelle heure est-il ?

Ce refrain rythmera la nuit...

A quatre heures, avant l'aube, les trois sœurs sont sur la route, au moment où Bernadette monte une fois de plus dans le fameux break... Vers quatre heures un quart, elles arrivent à la Grotte. Elles ne sont pas les premières, mais peuvent choisir leur place. Antoinette s'établit au fond de la Grotte, vers le haut de la pente sablonneuse qui monte à la rencontre de la voûte, à l'endroit où on peut se tenir encore debout, sous le bord le plus intérieur de la mystérieuse crevasse. D'après ses « renseignements » (et elle est toujours bien renseignée), de là, elle *verra* tout.

Il y a du monde sur la route... Le charron Martin Tarbès s'en aperçoit et court prévenir le docteur Dozous qui prend déjà le « déjeuner » matinal (à Paris, « petit déjeuner »). A la parade, comme à l'incendie, et à l'heure des rafraîchissement corporatifs, de bonnes relations de lieutenant à simple pompier les unissent.

Le docteur qui n'y croit pas, reste curieux:
— Fais-moi signe, a-t-il dit au charron.
Sajous qui a reçu la même consigne, a ce matin la même idée.
Tous trois se hâtent maintenant sur la route...

Une foule de mille personnes.

Bernadette les a précédés. Lorsqu'elle arrive, à 5 heures, il y a déjà des centaines de personnes. Les plates-formes du rocher sont occupées. Lorsqu'elle partira, il y en aura un millier. Grâce à la complaisance de tous, elle prend sa place à une dizaine de pas devant la niche extérieure. Enfin Antoinette voit la scène dont elle s'est fait cent fois ressasser la description, et qu'elle a mille fois imaginée. Bernadette s'agenouille très simplement entre Germaine Raval à sa droite et Justine Cassou à sa gauche. (Quelle chance elles ont, ces deux-là!)

On allume son cierge, ce gros cierge, qui pèse bien deux livres, trop lourd pour être longtemps porté, assez grand pour qu'elle le pose à terre et le tienne à la hauteur de sa poitrine.

Ce matin, il y a dans la niche une petite statue « de plâtre sur un tapis de velours fleuri ». Devant la figurine dérisoire, Bernadette commence le chapelet avec calme et ferveur, les yeux fixés en avant...

Le dernier arrivant.

Mais quel est ce brouhaha ? Un pas lourd, une voix autoritaire progressent vers la place enviée de tous. Le murmure éclate en cris hostiles lorsqu'on s'aperçoit que le dernier venu, contre toutes les habitudes de respect, a gardé le chapeau sur la tête. C'est Dozous accompagné de Tarbès. Avec une formule sans réplique, il bouscule Justine Cassou et prend sa place à la gauche de la voyante. Les protestations s'enflent. Il fait face et explique avec importance l'évidence de son bon droit :
— Je ne viens pas en ennemi, mais au nom de la science. J'ai couru et ne puis, ruisselant de sueur (il découvre un instant son crâne dénudé qui luit à la flamme des cierges) m'exposer à ces courants d'air. Je suis seul à pouvoir étudier le fait religieux qui s'accomplit ici. Laissez-moi poursuivre cette étude.

Ce discours ramène un calme parfait.

Bernadette en est à la deuxième dizaine. Elle salue, sourit. Son visage s'est transfiguré. Antoinette Tardhivail éprouve « un saisissement ». Oui,

« Notre-Dame est là ». Des hommes s'inclinent et retirent leurs bérets (tolérés par la foule à l'exclusion des chapeaux). Bernadette continue la récitation du chapelet, mais « de manière tout à fait irrégulière », observe Dozous; par moments, le ravissement l'arrête, elle ne sait plus que rire de joie et saluer encore. De temps à autre, une larme brille doucement à la lueur du cierge avant de sécher sur ses joues. Le chapelet terminé, qui dure une bonne demi-heure, elle reste là, ravie. Et on est ravi de la voir...

L'épreuve du feu.

Mais une agitation, une inquiétude commencent à remuer les plus proches spectateurs :

— Voyez comme la flamme lui sort des mains, murmure Antoinette, qui crierait si elle n'avait la gorge si serrée.

C'est étrange, en effet. Récitation terminée, Bernadette a rentré son chapelet, elle a joint les deux mains verticalement le long du cierge dont la flamme, agitée par le fameux courant d'air évoqué par Dozous, menaçait de s'éteindre. Quand Bernadette a-t-elle élevé les mains ? Toujours est-il que maintenant, elles enveloppent la mèche comme entre les deux valves d'un coquillage, les poignets enserrant la tige de cire. A travers les doigts entrouverts, la flamme éclaire de lumière vive les paumes incurvées.

— Mais elle se brûle!

Il semble à plusieurs que la flamme lèche les doigts, passe au travers. Certains veulent se porter à son secours...

— Laissez faire!

D'un geste décisif, Dozous arrête toute intervention. N'en croyant pas ses yeux, il se concentre sur le phénomène. Il voit bien, lui aussi, la flamme passer entre les doigts, comme à travers une grille. Et Bernadette sourit toujours. La voisine des Tardhivail hoche la tête, les larmes aux yeux.

— Vous voulez un miracle ? N'en avez-vous pas un ?...

On lui impose silence. Mais le mot gagne jusqu'aux confins de la foule où l'on ne voit rien :

— Miracle! Miracle!...

On n'ose en dire davantage. Le silence revient, s'épaissit, lourd de respect, d'appréhension aussi. Comment va-t-on trouver les mains quand ce sera fini ? En dépit d'une sorte de fascination, le temps paraît long...

Combien cela a-t-il duré ? Dix minutes, dira tout à l'heure Dozous, qui a, de temps à autre, jeté un coup d'œil sur sa montre...

Alors les mains abandonnent leur curieuse position. Bernadette a repris le cierge de la manière ordinaire. Elle se lève, salue joliment vers la niche, s'avance sous la voûte. La voici sous la cavité intérieure, tout près d'Antoinette qui voit maintenant le visage en gros plan.

Vifs et brillants, les yeux noirs de la voyante sont fixés sur l'entonnoir rocheux. Elle semble scruter. Puis ses lèvres remuent sans bruit. Juste un souffle... Elle s'attriste; elle sourit. On voudrait savoir ce qu'elle entend, pour partager sa joie et sa tristesse. Aucun son ne passe à l'extérieur, mais on sait aujourd'hui de qui elle est le miroir. On s'unit par la prière à l'invisible conversation de celle qui s'est nommée « l'Immaculée Conception ».

Quelques minutes après, une sorte de voile descend sur la pâleur du visage. Bernadette vient de saluer, une dernière fois, avec un respect et une grâce inimitables. Elle se lève. Il y a près d'une heure que l'extase a commencé.

Dozous ne la laisse pas partir. (Il attendait ce moment.) Il a saisi les deux mains de la voyante, les retourne, essuie l'une d'elles du revers de sa manche et murmure :

— Il n'y a rien *(Nou ya pas arré)!...*

— N'y a rien! N'y a rien! répète-t-on à la ronde.

— Je ne sais pas ce que tu vois, ajoute le médecin bouleversé, mais maintenant je crois que tu vois quelque chose!

Entre ses deux pompiers, le charron et le carrier, le lieutenant-docteur s'en retourne maintenant, tout autre qu'il n'était parti, ému, subjugué de ces jeux déconcertants de la flamme sur l'épiderme de Bernadette.

— A présent, j'y crois! avoue-t-il.

Oui, décidément, « la foi » lui est venue, torrentueusement, avec tout ce que cela comporte chez ce passionné :

— Je m'en vais à Saint-Pé (il y est médecin du petit séminaire), j'y dirai ce que j'ai vu.

Il fera comme il a dit. Car pour le courage de ses opinions, il n'a pas son pareil. Lui qui, il y a quelques jours, au Café Français, traitait les apparitions de « farces », et Bernadette de « drôlette », il propage le miracle avec cette sorte de virulence qui fait partie de son personnage. Au petit séminaire, où il y a encore bien de la réserve, certains souriront de son enthousiasme turbulent. L'évêque lui-même accueillera bientôt ses propos comme galéjades. Mais rien ne trouble Dozous. Sa conviction est toujours indépendante d'autrui... La contradiction ? Si elle est légère (ces sourires ecclésiastiques aimablement sceptiques), il ne la voit pas. Si elle est

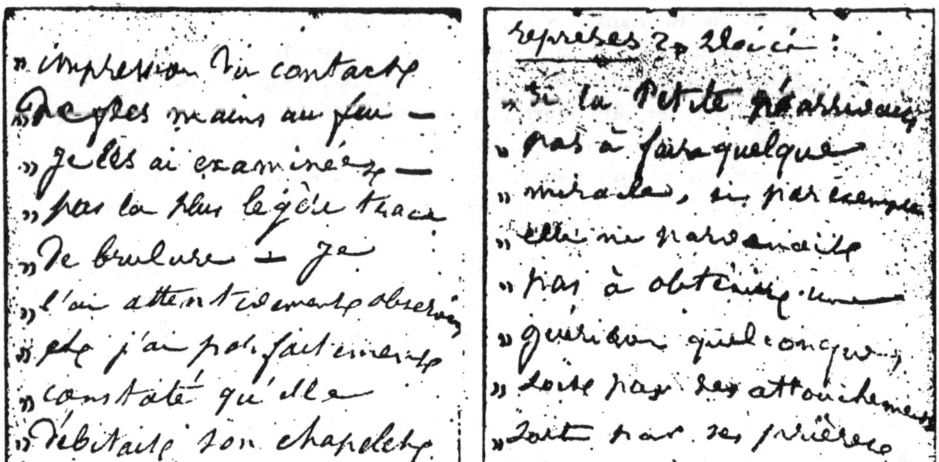

» impression du contact
» de ses mains au feu —
» je les ai examinées —
» pas la plus légère trace
» de brulure — je
» l'ai attentivement observée
» et j'ai parfaitement
» constaté qu'elle
» débitait son chapelet
» d'une manière entrecoupée
» tout à fait irrégulière —
» Le haut clergé est
» tout à fait ébranlé
» de tout ce qui se
» passe — Il accepte
» le faire — quel faire
lui ai-je dit à plusieurs

reprises ? — Voici :
» Si la Petite ne réussissait
» pas à faire quelque
» miracle, si par exemple
» elle ne parvenait
» pas à obtenir une
» guérison quelconque,
» soit par ses attouchements
» soit par ses prières,
» eh ! bien le grand concours
» de monde qui se
» porte à la grotte lui
» suffirait pour se
» convaincre qu'il y a
» quelque chose de
» miraculeux — Au
» reste, [illegible]
» [illegible]

Le commissaire de police Jacomet
a noté au vol sur son calepin les propos enflammés
du docteur Dozous sur l'apparition du 7 avril et sur le « miracle du cierge »

violente, il s'en nourrit et s'en grise comme le guerrier primitif du sang de ses ennemis.

Retour de Saint-Pé, ses discours emplissent la ville. Après-demain, il en maintiendra l'enthousiasme confus et prophétique, face au commissaire venu l'inviter à la discrétion. Pour Jacomet, rien d'autre à faire que de noter sur les pages étroites de son calepin quelques échantillons de ces propos qui remuent les populations, afin d'en livrer rapport à M. Dutour, désarçonné par ce fait nouveau. Voici donc, ligne pour ligne, ce qu'il a noté :

— *J'ai été frappé et*
c'est un fait surnaturel
pour moi de voir
Bernadette agenouillée
devant la grotte, en
extase, tenant un
cierge allumé et
recouvrant la flamme
de ses deux mains,
sans qu'elle ait paru
ressentir la moindre
impression du contact
de ses mains au feu.
Je les ai examinées.
Pas la plus légère trace
de brûlure.
Le haut clergé est
ébranlé... Il accepte
le fait.
— *Quel fait ?* (demande Jacomet)
— « *Voici :*
Si la petite n'arrivait
pas à faire quelque
miracle, si par exemple
elle ne parvenait
pas à obtenir une
guérison quelconque
soit par ses attouchements
soit par ses prières,
eh bien! le grand concours

de monde qui se
porte à la grotte
suffirait pour le
convaincre qu'il y a
quelque chose de
miraculeux. Au
reste, rappelez-vous
que sous peu de
jours vous y verrez
aller en procession.

Mais revenons à la matinée du 7 avril. Peu après six heures, Bernadette est rentrée au cachot, suivie d'une foule enthousiaste, mais recueillie. De toute la journée, elle n'échappe guère aux curieux. Ce soir, passant sous les fenêtres des demoiselles Tardhivail, la voilà de nouveau appelée, happée. Les trois sœurs, Marie, Théotiste et surtout Antoinette, l'assiègent de leurs questions.

— Qui t'a appris à si bien saluer ? demande Marie.
— Je ne sais pas comment je salue.
— Mais à la Grotte ?
— Je fais comme la Dame fait.
— Et pourquoi es-tu allée sous la voûte ?
— La Dame s'enfonçait pour me parler.
— Pour te parler ? (Antoinette brûle d'en savoir davantage.)
— C'est là qu'elle me parle.
— Et comment sais-tu qu'il faut y aller ?
— Elle me fait signe du doigt.
— Mais qu'est-ce qu'elle t'a dit ?
— Elle veut toujours une chapelle.
— Et toi, tu avais l'air de parler. Que disais-tu ?

Bernadette, soumise depuis ce matin à un tir continu de questions, donne des signes de lassitude. Antoinette a cru comprendre qu'elle avait demandé un miracle pour convaincre ceux qui ne voulaient pas croire. (Est-ce la floraison des roses pour M. le Curé ?) Elle insiste :

— Elle t'a dit autre chose ?...

Bernadette se ferme. Antoinette conclut qu'il y a sous roche un secret, ou une confidence.

— Mais, pourquoi as-tu mis les mains sur la flamme ?... Tu n'avais pas peur de te brûler ?

Bernadette paraît étonnée. Elle n'a pas encore bien compris pourquoi le docteur Dozous lui a ainsi regardé les doigts avec cet air de stupéfaction. Voilà Antoinette plongée dans la même contemplation. Elle a pris les mains de Bernadette et s'étonne de ne pas même les trouver « rudes », ces douces mains de petite fille, piquées seulement à l'index par les travaux d'aiguille. Non, ce n'est pas là une peau de salamandre!

Ainsi germe dans la tête de l'aide-sacristine Tardhivail une idée diabolique :

— Joins les mains comme ce matin... comme ça!

Et tandis que cette attitude recueillie lui fait baisser les yeux, elle glisse une bougie entre les doigts de Bernadette. Les mains se retirent précipitamment, dans un cri :

— *Qem cremy!* (Je me brûle)

La petite Marie Duserm, sept ans, qui est là, sans doute en répétition de catéchisme, demeure pétrifiée.

— Voyons, mets bien les mains comme ce matin...!

Bernadette fuit au plus vite cette expérience que les trois sœurs continuent précautionneusement (mais en vain) sur leurs propres mains.

Mais qu'est-ce que les gens ont donc aujourd'hui ? En sortant de chez les Tardhivail, Bernadette est de nouveau happée, cette fois, par Mme Garoby, qui ne se console pas d'avoir manqué l'apparition de ce matin (son mari était malade). Elle aussi, approche une bougie. Cette fois, Bernadette enlève la main à temps. Décidément, les gens sont fous! Elle s'éclipse au plus vite.

27

DU 7 AVRIL AU 16 JUILLET 1858

OU BERNADETTE S'EFFACE...

Ce qui suit n'intéresse plus guère l'histoire des apparitions, et de Bernadette, et nous l'avons déjà racontée ailleurs [1], cette phase étrange; pour Lourdes, une période critique, un temps d'épreuve.

Sans doute, à la Grotte, la prière continue, et aussi l'activité gratuite (souvent judicieuse) des ouvriers et artisans locaux. Ils ont capté la source, aménagé le « casse-cou »... et continuent les embellissements.

Mais quelque chose de moins sain et de plus bruyant monte de façon inquiétante. Cette agitation de surface procède de deux mouvements antagonistes. D'un côté, la population s'enfièvre et se laisse gagner par des contrefaçons de surnaturel. En face, l'administration s'inquiète, s'énerve, procède à des mesures irritantes. Ainsi les deux processus s'attisent en chaîne : les interventions administratives surexcitent la passion; la passion fait proliférer les abus, et ces abus motivent de nouvelles mesures, plus rigoureuses, d'où résulte un nouveau degré d'exaspération... Il n'y avait pas de raison que cela cesse.

Bernadette au milieu de tout cela ? Huit jours à peine après le 7 avril, elle est dépassée, oubliée. La vision a tari en elle, et prolifère ailleurs. La « nouvelle vague » triomphe.

Elle a surgi avec la fièvre dont les premiers symptômes se manifestaient déjà dans la foule du 24 février, et les premiers méfaits dans celle du 4 mars...

C'est le 11 avril, quatre jours après la dernière apparition publique que tout a commencé. Cinq femmes sont venues à la Grotte : Marie Cazenave, couturière, vingt-deux ans, Honorine Lacroix, Madeleine Cazaux et

1. *Lourdes. Documents authentiques*, t. 2-3, Paris, Lethielleux, 1958.

deux autres femmes étrangères à Lourdes. Leur piété à fleur de peau subit l'attrait d'un mystère d'ordre tout naturel : ce trou à peine discernable au point le plus sombre de la voûte... Non pas la cheminée largement ouverte vers la niche où Bernadette voyait parfois l'apparition, mais, tout au fond, une espèce de fente étroite dissimulée à trois mètres du sol, où Bernadette ne s'est jamais rendue. Si ce trou détenait le secret des apparitions ? Mais c'est bien haut... Le besoin d'une échelle s'impose. On en trouve une à deux cents mètres de là, à la ferme des Espélugues. On l'appuie contre la paroi et les cinq femmes s'enfilent à tour de rôle, suivies d'une fille de Cheust. Difficile entreprise. Il faut d'abord ramper presque à plat « comme des lézards » (selon l'expression du procureur Dutour) sur une pente forte et rugueuse... non sans transes, car ce n'est pas le tout d'entrer, il faudra en sortir. L'attente d'une mystérieuse rencontre terrifie et attire à la fois. Les cœurs battent. L'éclaireuse, Suzette, tient le cierge. A mesure qu'elle avance, la pente s'adoucit, la voûte s'élève, libérant l'échine qui s'y frottait. Elle peut se mettre à quatre pattes, puis à genoux. Elle commence le chapelet, les yeux fermés... les ouvre. Et voici une « forme blanche »... une forme de femme, émergeant d'un socle, lumineusement drapée... sans tête... avec tête... Le procureur et le commissaire identifieront froidement une étonnante stalagmite blanche à forme de statue. Mais l'imagination des cinq filles, la flamme tremblotante du cierge, la fumée qui s'en échappe en voile vaporeux, les jeux d'ombres projettent devant leurs yeux un film hallucinant.

Elles descendront ravies et défaillantes : elles ont vu la Sainte Vierge! D'autres recommenceront le 15. Et Peyramale qui se reproche d'avoir si durement reçu Bernadette, leur fera un accueil favorable, d'autant que la première de ces filles, Marie Cazenave, vocation retenue par l'opposition de sa famille, jouit d'une grande réputation de piété, et parle de ces choses avec art.

En tout cela, rien de bien diabolique au sens dramatique de ce mot. Nul prodige, nulle « possession », nulle immoralité. Point d'autre prière que le chapelet récité pieusement quoique avec une avidité de faveurs sensibles relevant de ce que les auteurs appellent gourmandise spirituelle. Une tentation des plus ordinaires en pareille situation. Durant les mois qui suivent, le phénomène s'amplifie en se dégradant.

En face, l'Administration se durcit. Les scènes ridicules qui se déroulent à la Grotte lui fournissent des arguments décisifs. L'ordre public est menacé; des mesures s'imposent. Et c'est le déménagement de la Grotte, les procès de « fausses nouvelles », l'interdiction de boire à la source, la solution radicale préconisée de longue date par Jacomet : la fermeture de la Grotte. Des barrières y sont posées le 15 juin, démolies le 17 (par ceux-là même que le commissaire avait réquisitionnés pour les poser!), reconstruites le 18, démolies dans la nuit du 27, reconstruites le 28, démolies de nouveau dans la nuit du 4 juillet, reconstruites le 10... Les procès-verbaux se multiplient. Les visionnaires aussi... dont les faits et gestes deviennent de jour en jour plus absurdes. Ce n'est plus la prière, trop fébrile, mais objectivement correcte des cinq femmes du 11 avril, mais débauche de simagrées et rites superstitieux.

Ici l'abcès crève. Le curé de Lourdes (8 juillet) et l'évêque de Tarbes (12 juillet) attaquent vigoureusement ces abus qui cessent d'un coup. A la mi-juillet, la Grotte est débarrassée de ces disgrâces. Le retour au calme et à la vraie prière s'opère lentement, mûrit... à distance de la Grotte toujours enclose de sa palissade.

Et c'est alors que va se produire le dernier événement...

28

VENDREDI 16 JUILLET 1858

DERNIÈRE APPARITION

Bernadette à la mi-juillet ? Elle n'est plus rien, dans ce qui agite et préoccupe les esprits.

Elle ne va plus à la Grotte, et prie dans la plus ordinaire discrétion. Nulle vision depuis le 7 avril, pas même le jour de sa première communion.

Le mouvement de résistance à l'administration ne trouve pas en elle l'encouragement qu'il attendrait. Elle est passive, et comme indifférente. En juin, lorsque le commissaire a dressé les barricades, elle n'a pas prêché la guerre sainte. Elle a dit :

— Il ne faut pas s'arrêter aux hommes. Le bon Dieu le permet.

Au moment où l'on s'honore d'un procès-verbal, comme d'un diplôme de confesseur de la foi, elle dit :

— N'y allez pas...

Décevante Bernadette!

Le « nez » du préfet.

Le 16 juillet, en la fête de Notre-Dame du Mont-Carmel, la ville résonne de « rires inextinguibles », note le commissaire Jacomet dans son rapport du jour même :

> *Depuis ce matin, ce sont des allées et venues, des groupes de femmes se forment, qui rient à gorge déployée.*

Que se passe-t-il ? Cette nuit, trois commères condamnées au tribunal de Lourdes pour « fausses nouvelles » relatives à la Grotte, sont revenues de Pau où elles avaient été « en appel », pilotées par Dozous qui mène grand bruit autour de tout ce qui touche Massabielle : acquittées!

On n'en revient pas! Jamais on n'aurait cru que « M. le Préfet aurait perdu son procès ». On rit du nez que font le commissaire et le procureur. On imagine celui que le baron Massy doit faire à Tarbes. C'est le thème d'inépuisables plaisanteries; elles se propagent sur le pas des portes, tandis que tombe des montagnes la fraîcheur du soir.

L'attrait.

Cependant, une petite fille oubliée se préoccupe de tout autre chose. Elle vient de ressentir un mouvement intérieur qu'elle avait appris à ne plus attendre. La Vierge (elle sait maintenant le nom de son attrait) l'appelle, la pousse vers Massabielle... vers ce lieu interdit. Ecartelée entre l'invitation et la défense, elle n'y voit pas clair encore... Comment demander conseil sans jeter ses parents dans l'embarras, sans déclencher, comme au 26 février, une discussion qui attirera les foules ? Une chose seulement s'impose à elle : ce qui va se passer ce soir doit rester hors du bruit qu'on mène à Lourdes...

8 heures. Le soleil s'est couché depuis quelques minutes derrière les châtaigneraies de la rive droite, en jetant sur la Grotte, qui ne sort de l'ombre qu'en ces jours autour du solstice, un dernier reflet de ses flamboiements rouges. Il laisse dans le ciel un épanchement mauve qui, peu à peu, tourne au noir... Deux ombres se hâtent dans la rue Basse. La plus grande, c'est Lucile Castérot, vingt ans, la plus jeune tante de Bernadette. Et l'autre ? Ce n'est pas le célèbre capulet blanc de la voyante. Et pourtant, sous cette « pèlerine » trop grande, sous ce « bonnet » qui lui cache aux trois quarts la figure, c'est bien Bernadette Soubirous. Elle a attendu cette heure et pris ce déguisement pour suivre son attrait.

Ses pas la portent, non sur la rive gauche, côté Grotte, côté interdit, mais à l'opposé, par la route de Pau, sur la rive droite.

Dans le pré de la Ribère.

Nul ne l'a reconnue, nul n'a rien su, si ce n'est Françoise Brinjot et une autre congréganiste, qui ont eu vent de quelque chose. Le meilleur moyen de ne rien ébruiter, c'était de les admettre. Les quatre jeunes filles dévalent maintenant les prés de la Ribère qui s'étagent en face de la Grotte. Des gens y prient, seuls ou en groupe. Quelques cierges émergent de l'ombre. Les nouvelles visiteuses n'en ont pas. Il s'agit avant tout de ne pas attirer l'attention.

Bernadette s'agenouille. En face, par-delà le Gave, dans le dernier lambeau de jour, la Grotte élève sa masse sombre...

Sombre, sauf pour Bernadette. A peine le chapelet commencé, ses mains se sont disjointes, écartées vers le bas, en un salut de joyeuse surprise. Dans la pénombre, les trois autres entrevoient son sourire...

Un cierge s'allume... ou s'approche, tout près de là. Une femme... A-t-elle remarqué quelque chose ? Non, elle est à genoux, tournée elle aussi vers la Grotte. Elle prie. Cette flamme vacillante éclaire le profil de Bernadette. Lucile discerne mieux sa pâleur, sa joie...

Combien cela dure-t-il ? L'écoulement du temps est impondérable dans cette nuit chaude. Une ensommeillante odeur de foin parfume l'ombre. Le chant du Gave sur les galets, les appels des grillons, refont inlassablement chaque instant semblable à celui qui s'efface. Les grains, qui glissent sur les doigts des quatre femmes, renouvellent joyeusement l'élan des *Ave Maria.* Les regards des trois compagnes oscillent entre l'invisible présence de Notre-Dame, quelque part, devant, et Bernadette qui en est l'icône, émergeant de l'ombre...

« *Ni les planches, ni le Gave.* »

Elle se lève. C'est fini! Alors les questions fusent, auxquelles Bernadette répond brièvement, de manière, comme toujours, décevante pour les curieux :

— Que t'a-t-elle dit ?

— Rien.

Peu lui importe ce silence. Le contact avec la Vierge a été bien au-delà des paroles. Elle est joyeuse. Il lui suffit de l'avoir vue, et jamais elle ne l'avait vue aussi belle...

Elle rentre à la maison comme si de rien n'était. Tout serait passé inaperçu à Lourdes s'il n'y avait eu les demoiselles Tardhivail. Mais celles-là savent toujours tout. Comment ?

Mystère... Toujours est-il qu'elles sont là, chuchotantes et pleines de questions.

— Mais comment as-tu pu voir avec la distance et cette barrière ?

— Je ne voyais ni les planches, ni le Gave. Il me semblait que j'étais à la Grotte, sans plus de distance que les autres fois. Je ne voyais que la Sainte Vierge.

La nouvelle restera du moins dans un cercle restreint, l'abbé Pène, quelques parents et congréganistes. Jamais le commissaire, à qui pourtant rien n'échappe, ne le saura.

Ceux qui sont dans la confidence se demandent une chose : Bernadette reverra-t-elle encore la Sainte Vierge ? L'apparition ne le lui a pas dit et elle ne l'a pas demandé. Mais elle sait, d'instinct, depuis longtemps, qu'elle ne doit pas établir sa vie sur l'attente de ces faveurs gratuites. Elle reprend courageusement son train ordinaire, son cheminement de foi, sans autre question que la fidélité quotidienne.

C'est la dernière fois, sur cette terre, qu'elle a vu la Sainte Vierge.

CONCLUSION

SENS DES APPARITIONS

Le film des événements qui remuèrent la ville de Lourdes en 1858 vient de se dérouler devant nos yeux. Nous avons suivi la petite fille Bernadette depuis son berceau jusqu'à ce moment où, de l'autre côté du Gave, elle voit, pour la dernière fois, Celle qui lui a enfin livré son nom. « L'histoire des apparitions » est terminée. Bernadette réintègre, pour la vie, la voie commune.

Au terme de ce récit qu'il a voulu sans commentaires, l'auteur souhaiterait mettre le point final, se retirer sur la pointe des pieds, et laisser le lecteur en tête à tête avec l'Evénement. Qui a su lire en transparence n'a plus besoin de pédagogue; et l'on ne bavarde point devant une icône...

Mais cette transparence souhaitée n'est peut-être qu'un rêve d'auteur. Et plus d'un lecteur aura buté au contraire sur ce récit réaliste, si différent de ceux qu'il avait lus jusqu'ici. Soyons donc explicite. Prenons du recul et essayons de saisir le sens des Apparitions de Lourdes : l'ordre qui s'y manifeste, et le message qui s'y exprime [1].

1. ORDONNANCE DES APPARITIONS

L'événement de Lourdes présente un ordre, une harmonie qui s'imposent davantage à mesure qu'on y pénètre.

1. Le problème est de dégager objectivement ce message. Tâche difficile qui exige une méthode et des normes rigoureuses, susceptibles de faire barrage à la subjectivité. Je fais grâce au lecteur de ces préambules et de ces précautions qu'il trouvera dans *Lourdes Histoire authentique*, tome 6, pp. 253-259.

ORDONNANCE DES APPARITIONS

LOURDES ANNÉE JUBILAIRE 1858

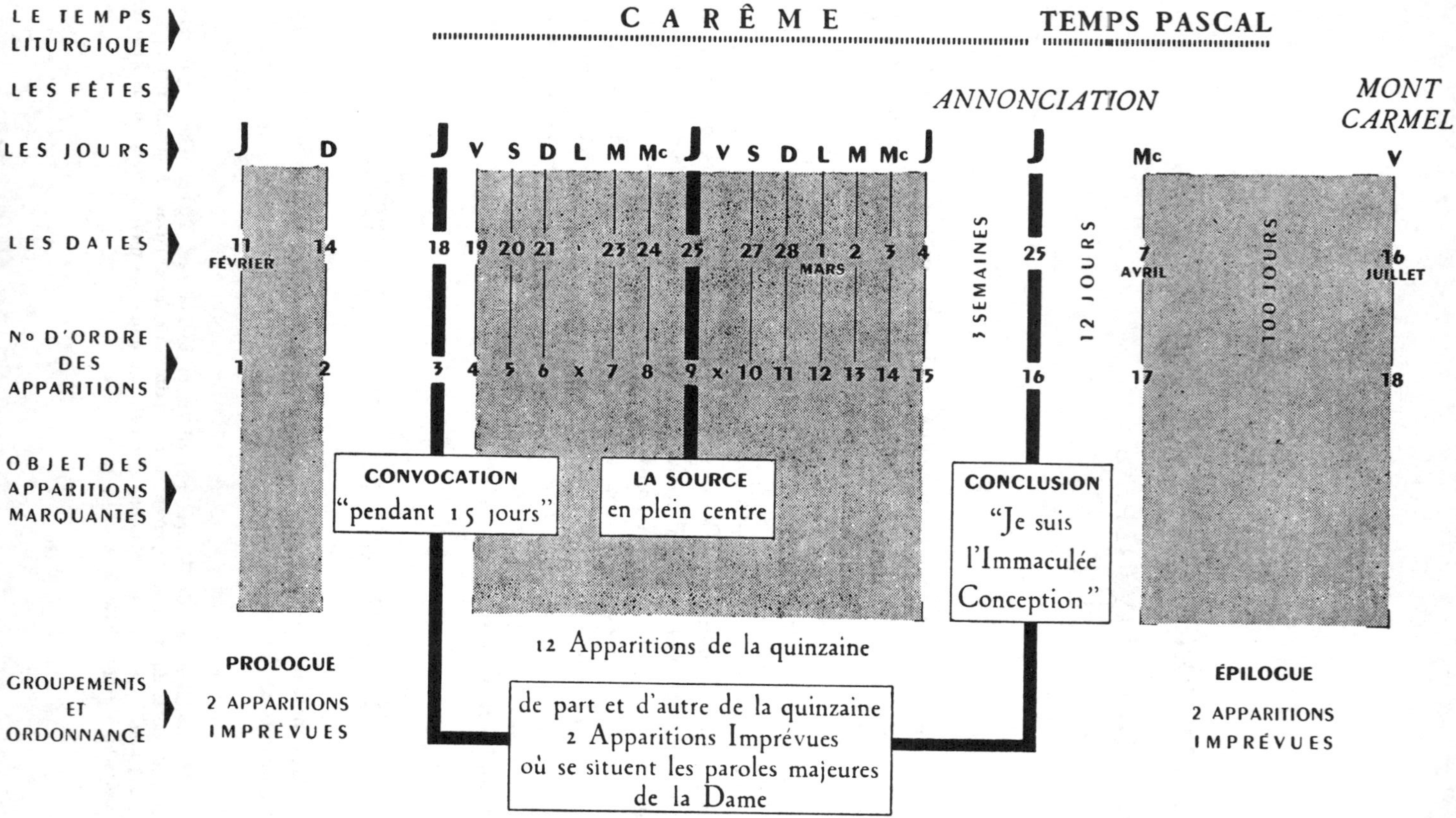

Les jours sans apparition sont marqués d'un x

Ordonnance statique.

Nous n'insisterons pas sur l'ordonnance statique des dix-huit apparitions, où l'on peut relever des symétries harmonieuses : deux séries de trois apparitions *imprévues* encadrent les douze apparitions de la quinzaine, au centre de laquelle se situe un événement majeur : la découverte de la source. Ces harmonies se laissent matérialiser en forme de graphique, mais passons, car ce n'est là qu'un cadre sur lequel on ne saurait s'appesantir sans artifice.

Ordonnance dynamique.

La progression de l'événement importe davantage, car elle traduit plus sûrement les intentions.

A travers l'espèce d'incohérence où Bernadette se démène, submergée de difficultés, ignorant où elle va, une main ferme dirige les événements.

Durant la première phase, le ciel compose avec les résistances que la terre oppose normalement aux événements insolites. A Lourdes, en effet, tous les responsables de Bernadette, des parents au curé, en passant par les sœurs de l'hospice, dont l'opposition fut particulièrement rude, tentent de mettre fin à l'aventure. C'était prudence et raison. La visiteuse céleste ne brusque rien. Ni contrainte ni prodiges : elle met de son côté le temps, la fructification quotidienne des événements, l'épreuve et la patience de Bernadette. Elle espace les premières apparitions. Celle du 11 février, puis celle du 14 ont provoqué l'interdiction d'aller à la Grotte (la seconde, plus énergique). Chaque fois, l'obstacle est tourné par le jeu des réactions ambiantes : intervention des « petites filles » du 14 février, puis des « grandes personnes » du 18.

Ce jour-là, l'Immaculée parle pour la première fois. Elle invite Bernadette à venir « pendant quinze jours ». L'entourage se nourrit du vain espoir que ces visites se feront en secret. Discrétion humainement impossible, et qui n'était pas dans les plans d'en haut.

Le 21 février, l'affluence commence à inquiéter la police. Bernadette subit son premier interrogatoire. Le commissaire lui interdit d'aller à la Grotte. Mais la situation n'est plus celle des premiers temps. La voyante a *promis* de venir « pendant quinze jours ». L'action céleste est assez engagée pour que le ciel affirme ses droits.

Le 22 février, Bernadette, qui a donné depuis l'enfance tant de preuves de son obéissance, est entraînée par une « force irrésistible » jusqu'au rendez-vous fixé, où pourtant l'apparition fait défaut. Cette apparente contradiction avait son sens : nous avons vu comment elle dénoua harmonieusement une situation inextricable. En ce premier mardi de la quinzaine, la violence intérieure faite à la docile Bernadette, son chagrin, son désarroi portent témoignage : les parents comprennent qu'ils n'ont pas le droit de maintenir la défense. Le chemin de la Grotte est de nouveau ouvert. La solution passait par la souffrance et l'épreuve de la voyante.

Dès lors, affluence et enthousiasme montent en flèche. Mais de ce fait, un autre péril menace, de l'intérieur cette fois, le développement spirituel du pèlerinage : la ferveur tourne à l'effervescence, le sentiment supplante la foi. On demande au « miracle » de la Grotte des évidences et satisfactions sensibles qu'il ne peut donner. On tend à s'installer dans l'exceptionnel. L'épidémie des visionnaires est en germe. C'est le 23 février qu'on en discerne les signes avant-coureurs. Ce jour-là, Estrade, converti et bouleversé, compare l'extase de Bernadette aux poses théâtrales de Rachel, qu'elle surpasserait. Piste dangereuse, car ce n'est pas dans cet ordre que le ciel entendait opérer des merveilles. Si quelque beauté sensible avait utilement ouvert l'appétit spirituel des foules, elle ne pouvait le satisfaire authentiquement. Elle pouvait surtout l'égarer. Plus tard, Estrade lui-même glissera sur cette pente des admirations équivoques jusqu'à s'extasier devant la visionnaire Joséphine.

Le 25 février, un coup de barre est donné d'en-haut. Le style des apparitions change et devient austère. L'extase se fait terne. Bernadette accomplit des exercices rebutants, baise la terre, creuse le sol boueux, mange de l'herbe. L'enthousiasme s'écroule. Estrade murmure : « Je n'y comprends plus rien. »

Ce même jour, l'épreuve s'appesantit sur Bernadette. Elle subit le plus long de ses interrogatoires. La Grotte lui est de nouveau interdite. Le lendemain, 26 février, l'apparition fait défaut. On en revient à la situation du 22. Epreuve utile encore, car si le sentiment des spectateurs est déçu, la raison trouve son compte : si Bernadette ne voit pas à volonté, c'est qu'elle ne joue pas la comédie, concluent sur l'heure certains témoins.

Les esprits, ramenés à l'austérité de la foi par la douche froide du 25 février, attendent pourtant des merveilles pour le 4 mars, dernier jour de la quinzaine. Une poussée de fièvre monte. Les imaginations travaillent. La déception sera sévère. Heureuse désillusion! L'excitation collective peut si bien créer l'illusion que l'effervescence de ce jour provoqua, au retour de l'apparition, le mirage d'un miracle : la fausse guérison de l'aveugle de Barèges. Si un vrai miracle, si une vraie révélation s'étaient manifestés en pareilles conditions, comme nous serions démunis pour en apprécier l'authenticité!

C'est trois semaines plus tard, lorsque les illusions nées dans l'excitation du 4 mars sont dissipées, qu'enfin la messagère anonyme dévoile son nom à Bernadette, mais, ici encore, au rebours de l'attente générale. Nous avons vu à quel point la formule : « Je suis l'Immaculée Conception » dérouta ou rebuta les plus croyants. Cette conclusion fut donc momentanément sans éclat. Bernadette, rabrouée par Peyramale, et sans explication jusqu'au soir, traversa, ce jour-là, une dernière épreuve. Il fallut des années pour que les esprits s'habituent à l'expression paradoxale : *Je suis l'Immaculée Conception.*

Enfin, après le 7 avril, au moment où l'effervescence provoque l'épidémie des visionnaires, où le vent est au prodige, le charisme tarit en Bernadette, car la vision n'était pas en elle don de nature, mais grâce momentanée.

Elle n'a plus qu'une apparition, discrète à souhait, lorsque l'épidémie a pris fin, le 16 juillet. Un double symbole éclaire le sens de cet adieu silencieux :

D'une part, la fête du Mont-Carmel : avant de quitter Bernadette, la Vierge insinue que sa présence et sa protection, symbolisées par le scapulaire, demeurent, mais dans la foi obscure, désormais.

D'autre part, la distance : entre la voyante et la Vierge, qui, autrefois, « s'approchait » presque à la toucher, il y a cette fois les eaux du Gave et ces barrières dressées par les hommes :

> « *Que signifient les flots ? écrit saint Grégoire, sinon le monde d'ici-bas... le flux de la vie corruptible, et que figure le rivage, sinon l'intégrité de l'éternel repos ?* »

Le 16 juillet, Bernadette a devant elle une icône des vicissitudes qui la séparent du bonheur de « l'autre monde » : la palissade dressée par le commissaire figure les contradictions des hommes, et le Gave, les eaux amères de la souffrance et de l'agonie.

Ainsi les apparitions finissent-elles comme elles avaient commencé : à la première comme à la dernière, l'eau s'interpose entre la voyante et la Vierge — une eau infranchissable... qui cependant sera franchie mieux que Bernadette n'osait l'espérer. Le 16 juillet, cette distance symbolique disparaît un moment, en gage d'espérance :

> *Je ne voyais ni les planches, ni le Gave. Il me semblait que*

> *j'étais à la Grotte sans plus de distance qu'autrefois. Je ne voyais plus que la Sainte Vierge.*

C'est la dernière fois. Après cet épisode obscur, inaperçu, qui faillit tomber à jamais dans l'oubli, Bernadette réintègre définitivement la voie ordinaire. Elle s'efface tandis que la Grotte, la source et les miracles passent au premier plan. Il faut que Lourdes croisse et qu'elle diminue. Après les oppositions, les nécessités du témoignage la mettent encore en vue, mais pour un temps. Le 4 juillet 1866, elle quitte Lourdes, « pour se cacher », et dès lors, l'Esprit Saint la guide dans des voies exemptes de tout prestige et de tout appareil extérieur. Sa sainteté restera mystérieusement voilée à son entourage.

Ordonnance du message.

Autre aspect dynamique des conduites d'en-haut : la progression du message.

D'abord, prière et contemplation silencieuse (11-14 février); puis les paroles, en plusieurs étapes : la convocation, préface discrète (18 février), suivie d'une nouvelle phase de silence contemplatif (19-23 février). Ensuite, l'apparition développe progressivement les consignes spirituelles de prière, l'invitation à la pénitence, et le message « aux prêtres » pour la fondation du pèlerinage (2 mars). Enfin, le 25 mars, la mystérieuse « *Aqueró* » dévoile son identité. L'événement s'achève comme il avait commencé, silencieusement dans la prière et dans la contemplation.

Telle est l'harmonie des grandes lignes. Reste à pénétrer le contenu objectif du message.

2. L'OBJET DU MESSAGE

Le message de Lourdes se laisse résumer en quatre points, proposés en *actes* avant qu'en paroles, et *plus* qu'en paroles, selon le style de la Bible et surtout des prophètes : quatre points qui tiennent en quatre mots très simples, et qui commandent la vie du pèlerinage.

A. Pauvreté

Le premier point reste implicite. Il est signifié, avec une sorte de pudeur, mais avec une convergence saisissante, par une série d'actes significatifs.

C'est tout d'abord le choix de la messagère, un choix au rebours des vues humaines, qui étonna et, il faut le dire, choqua l'opinion.

Le témoignage de Bernadette.

Bernadette Soubirous était bien une des dernières auxquelles la sagesse humaine eût fait appel pour porter un message céleste. Tout ce qui donne du poids dans le monde (fût-ce le monde ecclésiastique) lui fait défaut. Elle est pauvre en tout : argent, santé, instruction. L'instruction religieuse même laisse à désirer : à quatorze ans, « elle ignore tout du Mystère de la Trinité », et n'a pas fait sa première communion. La misère l'a soustraite au catéchisme et immergée dans une ignorance qui la fait tenir pour sotte. Nous savons en quel mépris la pauvreté avait fait tomber les Soubirous : suspects à la police par l'excès même de leur détresse.

Ce n'est pas par hasard que la Vierge a choisi ces suspects, ces misérables. Un des axes majeurs de l'événement de Lourdes tient en cette phrase clé de l'Evangile : Bienheureux les pauvres (*Mt* 5, 3). Aux détracteurs des Soubirous, à tous ceux qui, plus radicalement, ignorent « ces gens peu intéressants », la Vierge fait découvrir concrètement en eux cette béatitude. La foule vient révérer cette gamine laissée pour compte. Elle envie son bonheur, en souhaite quelque miette. Elle va s'étonner de l'état de misère où la société d'ici-bas laisse croupir l'élue du ciel. Ce scandale auquel ils n'avaient pas songé, Bernadette ne leur permettra pas de le faire cesser par le moyen facile, qui réglerait son cas individuel à elle, en laissant les autres sans changement, pour la bonne conscience de tous, car elle refuse « le malhonnête argent » (*Lc* 16, 9). Et comme les conditions de travail de ce temps ne permettent guère aux pauvres chargés de famille de « se remonter », les Soubirous offriront, tant que Bernadette sera parmi eux, l'insoutenable spectacle d'une misère noblement acceptée.

Ceux qui rentraient chez eux avec l'argent refusé, rendu, jeté par Bernadette, avaient éprouvé, en acte, le choc du message évangélique sur la richesse et la pauvreté : ce message appelé à prendre pour chacun, selon sa condition, une forme personnelle en pleine vie. Le sens général en fut vite perçu et formulé; Antoinette Tardhivail écrit *dès le 29 mars 1858* :

> *Ses parents sont très pauvres et cependant, ils ne prennent rien... Ils sont pauvres, aussi pauvres que l'était Notre-Seigneur sur la terre, et c'est sur cette enfant que Marie a jeté les yeux préférablement à tant de jeunes personnes riches qui, dans ce moment,*

> *envient le sort de celle qu'elles auraient regardée avec mépris, et qui s'estiment heureuses de pouvoir l'embrasser ou lui toucher la main.*

Quatre ans plus tard, le magistère de l'évêque dégagera la même conclusion, en citant saint Paul :

> *Quel est l'instrument dont... le Tout-Puissant... va se servir pour nous communiquer ses desseins de miséricorde ? C'est encore* ce qu'il y a de plus faible selon ce monde (I Cor. *1, 27) : une enfant de quatorze ans... née... d'une famille* pauvre.

La Vierge a donc été comprise, aussitôt et sans équivoque.

Pauvreté, faiblesse, humilité, tous ces traits solidairement évoqués par Mgr Laurence intègrent la notion biblique de pauvreté. Cette pauvreté spirituelle, cette faim et soif de Dieu suppose quelques racines d'indigence matérielle; elle a vite fait de s'éteindre chez les repus de ce monde, chez ceux qui se laissent enfermer dans la prison dorée de leur contentement égoïste, de leur sécurité matérielle.

S'agissant d'un message en actes, il sera inutile de manifester plus amplement les indices de cette intention céleste.

« *Les pauvres accueillent la bonne nouvelle.* »

Dans la vie collective de Lourdes, les pauvres sont les premiers touchés par l'événement. Seules les petites filles de la « classe indigente » participent aux apparitions initiales des 11 et 14 février. Jusqu'au dimanche 21 février, la classe populaire est seule représentée à la Grotte; elle reste prédominante durant tout le temps des apparitions, ce qui entraîne discrédit et parfois répulsion de la part de ceux qui auraient accepté Bernadette seule : « Je suis scandalisée de voir les femmes qui l'accompagnent », disait Dominiquette Cazenave, et d'autres avec elle. De fait, à un certain degré de misère, l'apparence de la moralité, sinon la moralité elle-même, devient un luxe presque inaccessible. Le scandale de Dominiquette englobait, au premier plan, les deux tantes maternelles de Bernadette, dont le mariage après coup avait fait jaser. Les pharisiens se scandalisaient aussi de l'entourage du Christ, qui répondait avec une pointe de paradoxe : « ... Les femmes de mauvaise vie vous précéderont dans le royaume de Dieu » (*Mt* 21, 31). Cela s'est réalisé à la lettre à Massabielle.

Les pauvres y sont les premiers à saisir le droit fil du message, les premiers généreux. C'est une vieille indigente qui déposa dans la panière de la Grotte, en avril 1858, la première pièce de cinq francs (elle refusa la monnaie qu'un voisin lui proposait en criant : « Elle est toute pour la Vierge »). C'est un paralytique, chargé de famille, un certain Jacquet, amené de Tarbes sur une charrette, qui jette la première pièce d'or. Jacomet en fait lui-même le constat :

> *Les offrandes les plus importantes nous arrivent de cette catégorie de visiteurs qui sont les plus malheureux et souvent les plus pauvres.*

Sans doute l'afflux de richesse qui déferlera plus tard sur Lourdes obscurcira-t-il, pour un temps, le signe transparent des premiers jours, et c'est laborieusement que l'on commence aujourd'hui à le redécouvrir; mais Bernadette, elle, a vécu cette dimension du message avec un éclat sans défaillance. Elle refuse rigoureusement tout argent en tous les cas, et impose cette loi aux siens avec une incroyable constance. Elle met autant de finesse à dépister les donateurs, que d'autres, les filous. Il y a dans son désintéressement quelque chose de charismatique. « Ça me brûle », dit-elle quand on glisse par surprise de l'argent dans ses poches. Elle parle sans le savoir comme l'apôtre saint Jacques : « Maintenant, riches, pleurez sur vos richesses... C'est un *feu* que vous avez thésaurisé » (*Jac.* 5, 1-3). Combien peu nous le sentons, que l'argent puisse être un feu!... Sur ce point, l'exigence évangélique se maintient en elle sans défaillance. Elle se plaît à la société des pauvres, de préférence à celle des riches, ont noté ses compagnes. Lorsqu'elle entre à l'hospice comme pensionnaire, en juillet 1860, les religieuses, soucieuses de bien faire les choses, l'affectent à la « première classe », fréquentée par les demoiselles de la société; Bernadette refuse cet avantage et supplie qu'on la laisse dans la classe des indigents. La chose était impossible pour une pensionnaire, car cette classe, extérieure à l'économie de la maison, ne comportait pas d'internes; elle obtint du moins la « seconde classe » avec le moindre confort que cela représentait.

Elle aime à ce point la pauvreté, qu'elle la désire non seulement pour elle, mais pour les siens. Et cette réaction est remarquable. Souvent, en effet, ceux qui font officiellement profession de pauvreté souhaitent confusément ou précisément pour leurs proches la richesse à laquelle ils se sont arrachés plus matériellement que spirituellement. Le souhait de Bernadette pour les siens, sa constante préoccupation lorsque l'entrée en commerce aura mis fin à la précarité de la situation familiale, tient en ces mots : « Pourvu qu'ils ne s'enrichissent pas... Dites-leur bien de ne pas s'enrichir. »

Pauvreté : pratique personnelle de cette vertu, et plus encore : amour des pauvres : c'est le point le plus abrupt du message, le plus ignoré. Cela reste au long des siècles une des données les plus fermes et les plus méconnues du message évangélique, une de celles qui donnent lieu aux plus énormes, aux plus inconscientes aberrations. Le mépris, l'ignorance des pauvres restent fréquents chez les chrétiens. Les pauvres avec leur disgrâce, leurs demandes, la mauvaise conscience que donne leur présence, on ne les aime pas, on ne les supporte pas. Paresseux, buveurs, voleurs, dès qu'ils s'agglomèrent quelque part, ces accusations pleuvent sur eux. Elles valent pour certains, pas plus nombreux qu'en d'autres milieux, mais quand c'est de pauvres qu'il s'agit, on généralise, on stigmatise la catégorie tout entière. Que de prétextes, que de bonnes raisons ne trouvons-nous pas pour nous dispenser de nos devoirs envers eux (comme autrefois ceux qui accablaient les Soubirous) sans nous douter que nous encourons le jugement de Dieu. Que de surprises nous attendent de l'autre côté lorsque retentira la parole définitive :

— Allez-vous-en loin de moi, maudits, au feu éternel; car j'avais faim et vous ne m'avez pas donné à manger; j'avais soif et vous ne m'avez pas donné à boire; j'étais sans gîte et vous ne m'avez pas recueilli, nu et vous ne m'avez pas vêtu... »

Alors, nous répondrons : « Seigneur, quand t'avons-nous vu avoir faim et soif, ou étranger, ou nu, ou malade, ou en prison et ne t'avons-nous pas secouru ? »

Mais notre insistance est réfutée d'avance, et le Seigneur nous a prévenus de sa réponse : « En vérité, je vous le dis, chaque fois que vous ne l'avez pas fait à un de ces gens de rien, c'est à moi que vous ne l'avez pas fait » (*Mt* 25, 31-45).

On ne voit pas comment le Christ aurait pu insister davantage. Mais, puisqu'en dépit de cette insistance, il est resté si souvent incompris, il importait que la Vierge ramène le monde en voie d'enrichissement à ces paroles fondamentales, il fallait qu'à travers les Soubirous, ces pauvres qu'Elle a choisis, Elle nous fasse saisir sur le vif la culpabilité de nos mépris, de nos négligences, les illusions de notre bonne conscience en la matière; car tout ce dont la famille de Bernadette fut l'objet en 1858, les pauvres d'aujourd'hui le sont encore de notre part, plus souvent que nous ne le croyons.

Par les apparitions de Lourdes, Notre-Dame a voulu restaurer en nous l'amour des pauvres et de la pauvreté, un amour ingénieux et libérateur.

B. Prière

Entre la petite fille Bernadette, choisie pour sa pauvreté, et Celle dont le Seigneur avait regardé la pauvreté (*Lc* 1, 48), c'est d'abord un contact silencieux, un contact dans la *prière* : tel est le deuxième point du message. Ici encore, les actes ont le pas sur les paroles. Ils les précèdent.

Dès le début de la première apparition, Bernadette a tiré son chapelet d'instinct; elle a tenté de faire le signe de la croix. Ce geste avait en elle des racines. Et nous comprenons mieux pourquoi elle avait été choisie, cette bergère de rien. Ce n'était pas seulement pour le *rien* qu'elle était aux yeux du monde. C'est aussi pour la richesse qu'elle avait déjà aux yeux de Dieu : selon l'esprit. Sa prière, courte en paroles, sans doute, mais profonde, lui avait permis d'assumer, en Dieu, la misère et la souffrance, la solitude et les avanies de Bartrès :

> « *Je pensais que le Bon Dieu le voulait. Quand on pense que le Bon Dieu le permet, on ne se plaint pas.* »

Cette unique confidence qui nous soit parvenue sur les racines les plus lointaines de la spiritualité de Bernadette en dit long.

Oui, si le ciel choisit ce qui n'existe pas selon ce monde, ce n'est pas pour le plaisir gratuit de se moquer du monde. Et ce n'est pas le néant qu'Il choisit, mais ce qui existe en vérité. Les Soubirous, avec leur inefficacité matérielle, leur générosité sans calcul, l'authenticité de leur travail manuel et de leur simplicité de cœur, ils *existaient* déjà devant Dieu avant le 11 février 1858, plus que les grandes familles de Lourdes. Bernadette était déjà plus aux yeux de Dieu que M. de La Fitte avec ses titres, sa fortune, son influence et son rang d'officier général, plus que Mme Pailhasson avec son luxe et sa beauté...

Les apparitions commencent par la prière : la seule prière que Bernadette connaisse encore : le chapelet. Elle l'a pratiqué jusqu'ici de manière sérieuse, mais élémentaire (elle ignore encore les mystères du Rosaire où cette récitation trouve son plein sens). Cette prière va s'illuminer, s'approfondir, au cours des apparitions. Elle s'enrichit de la contemplation, *réelle* bien qu'anonyme, de Celle à qui s'adressent les mots : *Je vous salue Marie.*

C'est une sorte d'osmose. Bernadette imite le signe de Croix de Notre-Dame, son recueillement, sa joie devant le « Père qui » est « aux cieux ».

Sa prière est enracinée de toutes parts dans le silence : silence du premier et du dernier jour, pauses au cours de la récitation du rosaire, recueillement que Bernadette garde autant qu'elle peut au retour de chaque apparition, car cette prière est essentiellement contemplative.

Le pèlerinage.

Cette grâce rayonne à l'extérieur. La prière de Bernadette est contagieuse. Les témoins, en petit nombre, puis en foule, redécouvrent cet acte qui devrait être l'incessante respiration de l'âme, dans le souffle de son Créateur et Sauveur. Ils prient à la Grotte, comme ils n'avaient jamais prié.

Le temps, dont ils étaient avares pour les choses spirituelles, ils le prodiguent maintenant. Le désir d'assister aux apparitions, en bonne place, les fait venir de plus en plus tôt, jusqu'à devancer minuit. Triomphant de la pesanteur du sommeil, ils improvisent ce que toute communauté chrétienne vivante réinvente périodiquement, depuis les origines, la prière nocturne où se réveille l'attente eschatologique, essentielle au mystère du Christ : « Veillez et priez. »

Ils réinventent autre chose encore : le pèlerinage. La prière commence sur les routes qui, de loin, drainent les foules vers Lourdes : chapelets, cantiques, litanies. Cette prière en marche commence par un acte plein de sens : quitter sa maison et partir de tout cœur vers un lieu saint pour y rencontrer Dieu. Yahweh a commencé par là avec Abraham :

> — *Quitte ton pays, ta famille, et la maison de ton père pour le pays que je t'indiquerai (*Gen. *12, 1-2).*

A Lourdes, le même mouvement de corps et d'âme ébranle de jour en jour davantage toute la région; ce sera bientôt la France, puis le monde, par toutes les voies de terre, de fer, de mer et d'air. Dans ce geste qui engage, l'homme retrouve la condition voyagère qui est la sienne en vérité.

Le pèlerinage est marche vers un but qui symbolise et actualise la fin surnaturelle. Le départ engage une victoire sur l'inertie habituelle. Quitter sa maison, c'est rompre avec des habitudes médiocres et terre à terre, c'est entrer dans la voie d'exigences oubliées, de sacrifices à faire. La marche vers le lieu saint ranime le sens eschatologique et l'espérance qui sont essentiels à l'esprit de prière.

Lorsqu'au milieu de la quinzaine la Vierge formule ce deuxième point du message, elle peut le faire en peu de mots. Déjà, elle avait été comprise en deçà de toute parole. C'est seulement le 24 février qu'elle rompt le silence, gardé depuis le début de la quinzaine, pour dire ces simples mots : « Priez Dieu pour les pécheurs. »

La « chapelle ».

Dès lors, le mouvement de prière n'a plus qu'à se poursuivre, à s'amplifier, à trouver son intégration, son accomplissement et son statut dans l'Eglise. La Vierge orientera elle-même cette dernière étape, le 2 mars :
— « Allez dire aux prêtres qu'on vienne ici en procession et qu'on y bâtisse un chapelle. »

Avec insistance, elle répète, aux apparitions suivantes, le second point de cette demande :
— « Allez dire aux prêtres de faire bâtir ici une chapelle. » « Aux prêtres », « *atz prêtros* », ce mot inusité dans le patois de Lourdes a étonné dans la bouche de Bernadette. Et pourtant, il est certain que la Vierge n'a pas dit « à M. le Curé », comme certains l'ont préconisé par simple vraisemblance. Le choix du mot n'est pas sans portée. Il signifie le sacerdoce dans son ensemble hiérarchique. (On sait qu'au temps des Pères, « prêtre » sans aucune précision désignait l'*évêque*, et non les « *prêtres de second rang* » comme on disait alors). Dès ce premier contact, le curé de Lourdes le comprit : la demande de Bernadette dépassait le curé de Lourdes et concernait l'évêque. Le 2 mars marque donc une étape ecclésiale du message, la Vierge remet la fondation et la direction du pèlerinage au sacerdoce hiérarchique, sans qui la prière improvisée risquait de se corrompre, comme il advint momentanément avec l'épisode des visionnaires.

Elle confie « aux prêtres » l'organisation des processions, déjà ébauchées sur tous les chemins menant aux apparitions, et qui prendront forme permanente : procession eucharistique de l'après-midi, procession mariale du soir.

L'Eucharistie.

Elle demande surtout qu'on bâtisse à Lourdes un lieu de culte où la prière trouvera son insertion ecclésiale, sa dimension liturgique, et sa forme plénière : l'Eucharistie. C'est dans le sacrifice du Christ, en effet, que la prière des hommes devient organique, parce que le Sauveur en prend la tête dans l'Acte même de la Passion et de la Résurrection rédemptrices.

Ici, une autre aspiration, jaillie de l'élan des hommes vers Massabielle, trouve son accomplissement. Dès le temps des apparitions, les foules étaient venues à l'appel de Notre-Dame. Ces foules chrétiennes cherchaient confusément leur nourriture. La source (simple sacramental) n'y suffisait pas. Il fallait le Pain de Vie. Elles cherchaient aussi leur unité. Il fallait l'Eucharistie, sacrement du corps mystique et de la croissance organique de l'Eglise, sacrement de la charité. Cela aussi fut vite et spontanément compris. La messe et le Corps du Christ sont devenus le centre même du pèlerinage de Lourdes.

Sur ce deuxième point du message, comme sur le premier, Bernadette fut exemplaire. Il n'est pas nécessaire de le démontrer.

C. Pénitence

Le troisième point est lié au second. Il a également des racines profondes dans l'enfance souffrante et généreuse de Bernadette. Il s'inscrit dans un cadre liturgique. La quinzaine des apparitions coïncide avec le début du Carême. C'est le lendemain du mercredi des Cendres (18 février 1858) que la Vierge déclare : « Je ne vous promets pas de vous rendre heureuse en ce monde, mais dans l'autre » : préface discrète.

La phase pénitentielle proprement dite se déclare brusquement, au milieu de la quinzaine, le mercredi des Quatre-Temps. Sans préalable, les exercices de pénitence font irruption dans la trame joyeuse des apparitions. Les spectateurs en sont déconcertés et consternés. Nous avons vu le sens de cette leçon, qui mettait un frein à l'enthousiasme des foules, au seuil d'une piste dangereuse.

Conversion et pénitence.

Reste à comprendre le sens de ces paroles, de ces gestes austères, qui nous déconcertent encore aujourd'hui.

« Baisez la terre en *pénitence* pour les pécheurs... pour la *conversion* des pécheurs... », dit la Vierge le 24 février. Et cette parole est répétée les jours suivants.

Deux mots ici émergent : *conversion, pénitence :* deux mots qui sont rigoureusement identiques au niveau du vocabulaire biblique.

Qu'est-ce en effet que la *pénitence* dans l'Ecriture ? C'est (selon la désignation de beaucoup la plus usuelle) l'acte par lequel l'homme se détourne du péché pour se tourner vers Dieu : ce qu'expriment pareillement l'hébreu šub^{h} et le grec 'επιστρέφειν comme le latin *convertere.*

Le mot français *conversion* est lourd aussi de cette image qui l'a fait choisir dans le langage du ski pour désigner une volte-face exécutée sur place. Tous ces mots signifient donc la pénitence à partir de l'image symbolique du retournement.

Une autre série de vocables désigne de manière plus intérieure, au niveau psychologique, le mouvement du cœur qui détermine cette volte-face. C'est un changement d'esprit (grec μετάνοια, μετανοεῖν ; cf. μεταμελεῖν μεταγιγνώσκειν), un regret, un repentir (hébreu : na*ham*; latin :*poenitere, poenitentia*), d'où notre mot *pénitence.*

C'est cette dernière racine, la plus négative, qui a triomphé dans le langage d'aujourd'hui, non sans se matérialiser et se dégrader, comme bien des mots de la langue chrétienne, avilis par la médiocrité de ceux qui en usent (pensons à la *charité,* devenue pour beaucoup l'aumône en ces formes caricaturales qu'immortalise la statue du square Boucicaut à Paris). Un premier glissement fait oublier que le regret du péché est l'envers de l'acte positif par lequel l'homme se tourne vers Dieu. Un deuxième glissement fait oublier jusqu'au regret du péché, et il ne reste plus que les exercices matériels de pénitence, dans ce qu'ils ont de plus négatif, de plus extérieur, voire de plus artificiel. A la limite, la pénitence est tenue pour une autodestruction morose, un stérile refus de la joie de vivre, sinon (et ce serait la dernière dégradation, l'ultime contrefaçon) une ostentation hypocrite : « Laurent, serrez ma haire avec ma discipline... »

Que la Vierge ait revalorisé le mot *pénitence* en l'associant à son synonyme biblique le plus essentiel : conversion, cela n'est pas sans portée.

Conversion : tel est le mot qui exprime le plus spécifiquement le sens du pèlerinage. Plus encore qu'une terre de miracle, Lourdes est une terre de conversions. Si les guérisons corporelles restent l'exception, la guérison du cœur est offerte à tous, et à chacun à son niveau, puisque la vie chrétienne est faite de successives et progressives conversions, à partir de la première qui coïncide normalement avec le baptême. Plus secrètes que les miracles, et réfractaires à toute statistique, elles sont assurément plus nombreuses. (Peyramale en fut saisi durant la quinzaine même des apparitions.) Elles sont aussi plus fondamentales dans les intentions de Dieu.

A Massabielle, en effet, comme dans l'Evangile, le miracle qui sauve les corps est un signe ordonné à manifester concrètement la puissance divine, capable de sauver l'homme tout entier, par la voie de l'esprit.

Nous y reviendrons.

Exercices de pénitence.

Mais pourquoi la pénitence, acte éminemment spirituel, prit-elle, à la grotte de Massabielle, au matin du 25 février, une forme si étrange, si agressive ? C'est pour une raison que nous connaissons déjà : Lourdes se situe dans le courant prophétique et, dans ce courant, c'est la loi que le message éclate en gestes symboliques, en signes abrupts, destinés à faire choc. Ainsi le Christ Lui-même, le « prophète » par excellence (*Dt* 18, 18; cf. *Mt* 21, 11, 16; *Lc* 7, 16; *Jn* 6, 14; 9, 17) a-t-il posé des paroles, des actes déconcertants qui ont profondément heurté ses interlocuteurs, et portaient pourtant la semence d'une réflexion à longue portée. Ainsi lorsqu'Il fait cette sorte de fugue à l'âge de douze ans (*Lc* 2, 41-50), lorsqu'Il chasse les vendeurs, et semble inviter à détruire « le temple » qu'il « rebâtira en trois jours » (*Jn* 2, 19), lorsqu'Il agrée l'hommage apparemment équivoque de Madeleine la prostituée, et commente en termes propres à exaspérer le scandale pharisaïque : « Il lui sera beaucoup pardonné parce qu'elle a beaucoup aimé » (*Lc* 7, 47), lorsqu'Il déclare au plus versatile de ses apôtres : « Tu es Pierre, et sur cette Pierre, je bâtirai mon Eglise », et lorsqu'il lui adresse peu après cette rude apostrophe : « Arrière de moi, Satan, car tu m'es un scandale » (*Mt* 16, 18 et 23; *Mc* 9, 34), enfin, quand Il meurt sur la Croix, geste prophétique suprême et souverainement, insoutenablement abrupt.

Plus formellement, cet acte difficile qu'est la pénitence (regret du péché et conversion vers Dieu) a besoin d'être préparé par des exercices extérieurs dont la fonction est multiple : vaincre l'inertie du péché, engager le corps, partie substantielle de l'être humain, dans l'acte de conversion. Bref, ici comme ailleurs, l'homme, qui n'est pas un ange, n'accède normalement aux réalités spirituelles que par des signes sensibles et corporels. Dans la Bible, comme dans l'Eglise d'aujourd'hui, la pénitence-signe (exercices de pénitence) est la voie normale qui conduit à la pénitence-réalité (conversion du cœur).

Dans ces exercices sensibles, la terre a toujours été le symbole privilégié : « Faire pénitence *par la poussière et la cendre* », lit-on en *Job* 42, 6. Aujourd'hui encore, la pénitence du carême commence par l'imposition des cendres : « Souviens-toi, ô homme, que tu es poussière et que tu retourneras en poussière. » La terre, l'élément d'en bas, l'élément dur, lourd, « sale », et pourtant nourricier, le gîte des racines, nous ramène au sentiment de notre humble condition, de notre pesanteur spirituelle, de la boue dont nous sommes pétris. Le geste de Bernadette qui baise la terre humide et la creuse non sans dégoût, s'inscrit dans une tradition pleine de sens. Il ramène l'homme à ses sources.

Ces exercices rebutants ne tardent pas à porter leurs fruits. Du geste pénitentiel de Bernadette, la source d'eau vive jaillit au fond de la Grotte, symbole inépuisable des grâces données à Lourdes. Elle jaillit peu à peu, laborieusement; elle entraîne la boue qui souillait encore son premier surgissement. De trouble, elle devient claire. Ainsi l'austère pénitence ouvre-t-elle la voie à la grâce de Dieu dans le cœur souillé des pécheurs.

Oui, ces exercices absurdes sont pleins de sens...

Ils ne sont pourtant qu'un aspect et un moment de la pénitence. Destinés à vaincre, sur son terrain, au niveau des gestes concrets et matériels, l'inertie du péché, qui nous retient, ils sont seulement l'amorce de la pénitence intérieure et réelle qui nous remet face à Dieu. Nous l'avons dit ailleurs, ni Bernadette, ni les pèlerins de la Grotte, ne se sont attardés à la matérialité de ces exercices. Une seule fois, Bernadette a mangé de l'herbe. Durant cinq à six jours seulement, elle a marché à genoux en baisant la terre. La transition du signe à la réalité s'est accomplie spontanément, rapidement, harmonieusement.

Cette spiritualisation n'a cessé de se poursuivre durant la vie de Bernadette. En 1859, elle sollicite la permission de jeûner en carême, et ne l'obtient pas. Son état de santé ne lui permettra jamais la pratique d'austérités extérieures qui lui seront mesurées ou interdites par l'obéissance. Elle était appelée à une pénitence plus intérieure : l'acceptation du joug choisi par le Seigneur, un joug qui lui fut lourd à la mesure de sa mission dans l'œuvre de la Rédemption : il y a les épreuves morales qu'on entrevoit plus qu'on ne peut les détailler, il y a les épreuves de santé que les rapports médicaux nous font connaître : atroces et sans relâche. Bernadette resta simplement humaine en tout cela : ni stoïcisme, ni déclarations enflammées sur le bonheur de souffrir et les appâts de la croix; des plaintes même, parfois, d'humbles plaintes, dans le sens des psaumes, de Job et des prophéties de l'Ancien Testament, mais un abandon aimant, et sans ombre de retour, à Dieu et au prochain.

Sur les traces de Bernadette.

Ce que la pénitence est devenue dans le pèlerinage de Lourdes ?

Elle est d'abord le pèlerinage même, l'acte par lequel l'homme quitte sa maison et se met en route vers le lieu de grâce où les exercices extérieurs de pénitence ont toujours gardé leur place active (montée du chemin de croix, prières bras en croix, etc.).

Miracles et malades.

Mais ici, l'élément frappant, l'élément profond, c'est l'afflux des malades. Ces pauvres de Yahweh, ces pauvres dans l'ordre de la santé qui est pour l'homme un bien fondamental, une place leur était préparée à Lourdes qu'ils ont su prendre très tôt. Ils sont venus vers la source, dès la seconde moitié de la quinzaine, et les miracles ont donné à ce mouvement une ampleur qui n'a cessé de croître jusqu'à ce jour.

Miracles, malades : la Vierge n'a pas prononcé ces mots, et pourtant ils font bien partie du message prophétique; comme la pauvreté, ils y ont leur place en acte. Celle des miracles est même si frappante que certains ont été tentés d'y voir l'essentiel. Dans le langage courant, « Lourdes » est devenu synonyme de « miracles ». Ceux-ci eurent longtemps une place de premier plan, une place excessive, non sans déséquilibre pour la vie du pèlerinage. Au temps de Zola et de Huysmans, c'était une ambiance fiévreuse, une polarisation parfois exclusive. C'est le temps où l'on mettait les foules en prières pour obtenir à tout prix « le miracle », s'il ne s'en était pas produit au cours du pèlerinage, le temps où le P. Picard fit plonger un mort dans la piscine, tandis qu'il dirigeait des supplications publiques pour sa résurrection. L'accent sur la foi-au-miracle était tel que l'essentiel de la foi s'en trouvait relégué : la « miraculite », si l'on peut appeler ainsi cette déviation, distrayait et entravait l'élan fondamental de la prière. Cette crise est aujourd'hui dépassée. Le miracle a retrouvé sa vraie place de don gratuit, qu'on prend comme Dieu le donne, avec une ferveur dépouillée de vaines excroissances; il a retrouvé sa fonction discrète et réconfortante, qu'il faudrait se garder de déprécier, car c'est aussi un don de Dieu.

Cette fonction s'éclaire à la lumière de l'Evangile selon saint Jean, dont le dernier mot est cette parole de Jésus : Heureux ceux qui croient sans avoir vu (*Jn* 20, 28). Pour le Christ, les miracles ne sont pas l'essentiel, il y a même un appât des prodiges qu'il a découragé (*Mt* 12, 38-39; cf. *Lc* 11, 29 et *Jn* 6, 30). Ce ne sont pas choses normales qu'on puisse exiger, ce ne sont pas des fins en soi.

Sans doute la guérison de la souffrance corporelle n'est-elle pas un pur moyen. Elle est un bien certain, et ainsi dans une certaine mesure une fin, mais selon le dessein évangélique, elle se présente *surtout* comme un moyen.

> *Afin que vous sachiez que le Fils de l'homme a le pouvoir de remettre les péchés..., déclare Jésus avant de dire au paralytique : « Lève-toi et marche » (*Marc *2, 9-11).*

A travers ces guérisons visibles, faites en faveur de quelques-uns, le Christ entendait signifier qu'Il venait apporter à tous la libération du péché, le salut éternel. Le miracle était le signal et le gage que « les temps » étaient accomplis.

Ainsi, à Lourdes, le miracle est-il le signe d'un don plus intime et plus largement octroyé. Il rappelle que la puissance de Dieu est toujours vivante pour sauver l'homme tout entier. Il est le gage corporel et limité de la grâce offerte à tous.

Voilà pourquoi Lourdes ne déçoit pas, bien que le miracle y reste exception. Les malades qui ne reçoivent pas ce don exceptionnel reçoivent, en nombre, un don plus haut. Le secret le plus caché de la Rédemption, celui dont les ombres ne se dissiperont pour nous qu'au-delà des vicissitudes de ce monde, leur est entrouvert : c'est par la souffrance que le Christ a sauvé le monde. En Lui, le fleuve des douleurs issues du péché a reflué, rejailli vers le péché, source de tout mal, pour l'engloutir. Ainsi, de par l'amour, la stérilité de la peine des hommes devient salut. Tel est le secret profond qui se révèle à tant de malades, après Bernadette, et qui change leur vie, car dès lors, ils engagent tout ce qui les écrase dans la Rédemption, ils continuent dans leur chair « ce qui manque aux souffrances du Christ pour son corps qui est l'Eglise » (*Col.* 1, 24).

Avec les malades, comme avec Bernadette, ce que la pénitence a de plus austère retrouve son plein sens, un sens très simple, mais dont l'expérience demeure au-delà de formules toujours décevantes, une incommunicable découverte. Cela aussi, « la chair et le sang » ne peuvent le révéler, mais seulement « le Père qui est dans les cieux » (*Mt* 16, 17).

Il est frappant de voir à quel point ce *sens* profond de Lourdes a progressé en ces dernières années. Grâce à une pastorale attentive, et centrée sur l'Evangile, les pèlerins mesurent de mieux en mieux l'ampleur du mystère de la Pénitence, trop souvent réduite à des à-côtés mesquins et dérisoires; ils découvrent tout ce qui s'y trouve lié vitalement. La pénitence retrouve à Lourdes ses dimensions de conversion. La conversion se réalise dans le pèlerinage même. Elle en est l'acte spécifique, et s'alimente à trois signes établis depuis les origines :

En premier lieu, *la source* jaillie des entrailles de la terre. Ce sacramental intarissable signifie l'affection de Notre-Dame pour ses enfants, et la grâce du Seigneur : la grâce qui alimente la conversion du cœur.

En second lieu, *le témoignage des malades*, venus à cet appel. Aux pèlerins de bonne volonté, leur simple présence pose une question inévitable qui tient en ceci : « Pourquoi eux, et pas moi... ? Moi aussi un jour peut-être... et pour finir inévitablement, la mort. Comment donc la vie des malades prend-elle ici un sens ? Ce qu'ils ont compris, n'est-ce pas l'essentiel ? Et qu'est-ce que je fais là, moi qui promène une santé inutile en marge de la Rédemption ? »

En troisième lieu, *les miracles* donnés d'en-haut dont certains malades sont l'objet. Ils sont à la fois rappel de l'Evangile et signal eschatologique : ils manifestent que la puissance du Sauveur n'est point en sommeil durant le temps qui sépare les deux avènements.

L'impact historique.

Pauvreté, prière, pénitence (au plein sens de conversion) : avec ces trois mots clés, le côté pratique du message de Lourdes est achevé.

Il nous ramène aux préambules mêmes de l'Evangile, à la prédication de Jean-Baptiste, au baptême de pénitence, au sermon sur la montagne qui commence par ces mots : *Bienheureux les pauvres,* et propose le nouveau statut de la prière et de la conversion. Il s'agit bien d'un retour aux sources dans leur jaillissement.

Cette invitation venait à son heure au milieu du XIXe siècle, car cette époque est la fin d'un monde vieilli en appétit de renouvellement et le point de départ d'un monde nouveau dont le développement se situe en marge et souvent à l'encontre de l'Evangile.

Le milieu du XIXe siècle, c'est, en effet, le triomphe du règne de l'argent sur le règne médiéval de l'honneur et des traditions. « Enrichissez-vous », telle est la consigne de M. Guizot aux Français de ce temps. L'argent devient la loi tentaculaire de l'activité humaine, la mesure de la hiérarchie sociale, de l'influence — parfois même de la capacité électorale — et finalement de la réputation et de la moralité bourgeoises. C'est à ce moment clé que l'Eglise commence à perdre les masses pauvres qui, jusque-là, avaient été siennes, lente hémorragie plus grave qu'un schisme, car les pauvres sont paradoxalement, selon le mot du diacre saint Laurent, « les trésors de l'Eglise ». Plus profondément, un nouveau monde des pauvres naît hors de l'Eglise qui lui restera impénétrable. Tel est le moment choisi par Notre-Dame pour rappeler le sens évangélique de la pauvreté.

Le milieu du XIXe siècle, c'est l'aube du progrès technique et de ses conquêtes : la vapeur, enfin domestiquée, révolutionne l'industrie; le chemin de fer sillonne les campagnes; l'électricité commence à transformer la vie. L'ère de l'efficacité matérielle est ouverte; mais les valeurs spirituelles sont éclipsées. C'est le moment choisi par Notre-Dame pour rappeler la valeur et l'efficacité spirituelle de la prière.

Enfin, cette ère de progrès commence à ouvrir aux privilégiés de ce monde des possibilités de jouissances matérielles dont l'essor est grisant. C'était le moment de rappeler le sens évangélique de la pénitence.

D. « Je suis l'Immaculée Conception »

Reste le dernier mot, celui qui achève et personnalise le message. Trois traits, évidemment intentionnels, lui donnent un relief saisissant. Il est différé après la quinzaine et livré de manière inattendue, quand on n'ose plus l'espérer : circonstance qui en manifeste la gratuité. Il est proclamé le 25 mars, jour liturgiquement assorti au mystère. Enfin, il est formulé d'une manière à la fois déroutante et bien frappée où s'affirme l'autorité surnaturelle de la messagère.

En quel sens cette dernière parole achève-t-elle le message ?

L'identité de la messagère.

Tout d'abord, elle en manifeste le sens et la portée.

Celle qui est venue choisir Bernadette, cette petite fille pauvre, c'est Celle qui a été choisie Elle-même pour sa « pauvreté » au plein sens de ce mot selon la grâce : la qualité des humbles en Dieu assumée : « Il a regardé la *pauvreté* de sa servante. » (Lc 1, 48). « Il a renversé les puissants de leur trône, et élevé les *pauvres* » (1, 52).

Celle qui est venue rappeler l'urgence de la prière, c'est Celle en qui s'achève la prière de l'Ancien Testament, et commence, de manière exemplaire, celle du Nouveau : « Voici la servante du Seigneur » (Lc 1, 38). « Mon âme exalte le Seigneur » (1, 46). Et la suite.

Celle qui est venue rappeler la pénitence, dans sa pleine dimension de conversion du cœur comme dans son austérité, c'est Celle dont le cœur a été entièrement tourné vers Dieu, sans ombre de défaillance, depuis le premier instant, c'est aussi Celle qui, personnellement exempte de péché, a consenti à porter le fardeau de notre pénitence, depuis la crèche de Bethléem jusqu'à la maison pauvre de Nazareth, et surtout, au Golgotha où sa part fut la pire douleur qui pouvait être arrachée à un cœur de mère, une douleur en pleine Rédemption.

Pauvreté, prière, pénitence, oui, le nom de la messagère donne à ces mots une signification concrète et un visage exemplaire.

Ici encore, en effet, la réalité a devancé les paroles. Bernadette a d'abord appris à connaître la Vierge en la regardant, en regardant cette petite fille sans ombre de vanité dans sa lumière, en reflétant son sourire — comme l'enfant qui apprend ainsi à connaître sa mère avant d'en connaître le nom

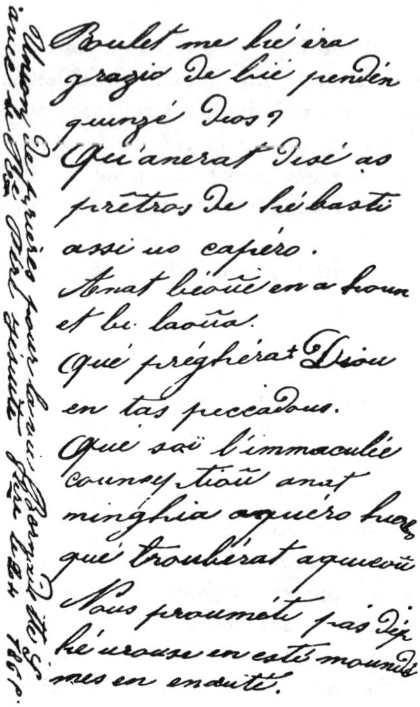

Boulet me hé ira
grazio de bié pendén
quinzé dios ?
Qu'anerat disé as
prétros de hé basti
assi uo capéro.
Anat béoüé en a houn
et bé laoüa.
Qué préghérat Diou
en tas peccadous.
Qué soï l'immaculée
counsey tioü anat
minghia aquéro hèrbo
qué troubérat aqueoü
Nous proumété pas dé
hé urousé en esté moundé
mes en enauté.

Autographe du 24 octobre 1865

Bernadette a copié au verso d'une image les paroles de la Vierge. Le message de Lourdes tient en peu de mots qui ne sont que l'écho de l'Evangile. Mais c'est un message prophétique où les actes précèdent et débordent les paroles.

— en imitant sa prière, en obéissant à ses ordres. Toute cette pédagogie est à l'inverse du processus logomachique qui bourre l'esprit de mots exsangues.

A Bernadette, tout a été donné dans une présence lumineuse, humble, priante et si triste lorsqu'elle parlait des pécheurs!

« *L'Immaculée Conception.* »

Mais pourquoi Celle qui vient ainsi au secours des *pécheurs* se nomme-t-elle plus précisément l'*Immaculée Conception* ?

N'est-ce pas là une sorte de contradiction ? Se présenter ainsi aux pécheurs comme la Vierge *sans péché,* n'est-ce pas marquer les distances à leur égard ? Etait-ce la peine de descendre à leur niveau, pour y faire figure de princesse lointaine, étrangère à leur misère ?

Ce paradoxe nous conduit au cœur du message de Lourdes : le sens du péché et de la conversion. Il faut dissiper ici une erreur qui nous l'obscurcit. Nous autres pécheurs, nous avons tendance à croire qu'il faut être pécheur pour bien « comprendre » les pécheurs.

Eh bien, non, on ne comprend pas le pécheur par le péché, car le péché n'est pas une technique positive, il est en son essence, privation, absence, néant; il est péché dans l'exacte mesure où il décapite le bien de l'acte accompli. Il n'est donc pas facteur de compréhension, mais d'obscurcissement.

Il est, plus gravement encore, facteur d'opposition. Il crée division, conflit, à l'intérieur du cœur, comme dans la société. Aussi un pécheur pour un autre pécheur, ce n'est pas un ami. C'est, selon le cas, un concurrent (deux colères ou deux cupidités qui s'affrontent), ou bien l'image objectivée du pire de lui-même qu'il souhaiterait anéantir. Rencontrer notre défaut chez un autre, voilà d'instinct ce qui nous fait le plus horreur. « L'enfer, c'est les autres » ? Oui, les autres pécheurs. Ainsi comprend-on mieux pourquoi le Verbe incarné, s'Il a tout pris de l'homme, y compris la mort, a fait exception pour le péché.

Pour la même raison, il n'y a pas de véritable amour du pécheur, sans haine de son péché. Nous autres pécheurs, nous oscillons dangereusement entre dureté et complicité à l'égard des autres. Ou bien nous condamnons ceux qui font le mal avec un mépris pharisaïque, ou bien, si nous nous penchons pour les comprendre, nous perdons le sens du mal : nous n'excusons pas seulement le pécheur, mais le péché même. Nous le tolérons, nous l'approuvons et, pour un peu, nous trouverions que c'est là

« le plus joli péché du monde ». Que de chrétiens entretiennent ainsi chez leurs amis rancune, haine, médisance, et tout le reste! Non, ce n'est pas ainsi qu'on aime les pécheurs. Les aimer de la sorte, c'est ressembler à cette étrange épouse à qui les journaux firent, il y a quelques années, l'honneur de leurs manchettes : aimant son mari d'un amour possessif, elle l'entretenait, à petites doses d'arsenic, dans un état intermédiaire entre la vie et la mort, où elle le soignait avec un extrême dévouement. L'amour ainsi compris est pire que la haine. Tel est le faux amour qui nous fait complices du péché. Qui aime vraiment un malade hait sa maladie et cherche tous les moyens de l'en guérir. Qui aime vraiment un pécheur hait pareillement son péché et n'a de cesse qu'il ne l'en tire.

Non, ce n'est pas par le péché qu'on comprend les pécheurs, mais par l'amour et la miséricorde. Ici éclate la portée positive de l'Immaculée Conception.

La Vierge est Celle en qui nul péché n'a étriqué l'amour.

Elle est ainsi la plus capable de miséricorde, car on est capable de miséricorde dans la mesure où l'on se sait objet de miséricorde. Or, on trouve chez elle la plus haute conscience de la plus haute miséricorde de Dieu : la plus haute miséricorde, car Dieu ne l'a pas purifiée, mais préservée du péché, et comblée dès l'origine d'une plénitude de grâces, la plus haute conscience de cette miséricorde, car sa pureté la rendait plus capable que nul autre de ce sentiment rare et difficile entre tous : la reconnaissance.

Ainsi réalise-t-elle idéalement ce souverain amour des pécheurs qui *implique*, essentiellement, une haine souveraine de leur péché. Voilà pourquoi elle manifestait cette tristesse inoubliable, quand elle parlait des pécheurs.

Tel est le sens de l'appel qu'elle adresse aux pécheurs pour qu'ils s'engagent à fond dans la Rédemption. Le dogme de l'Immaculée Conception, abstraitement défini par Pie IX en 1854, prend ici le visage d'une exigence, un visage dont Bernanos a su mieux que personne exprimer le mystère et le regard :

> *Ce regard n'est pas celui de l'indulgence... mais de la tendre compassion, de la surprise douloureuse, d'on ne sait quel sentiment encore inconcevable qui la fait plus jeune que le péché, plus jeune que la race dont Elle est issue, et bien que mère par la grâce, mère des grâces, la cadette du genre humain.*

ANNEXE DOCUMENTAIRE

FONDEMENTS DU RÉCIT AUTHENTIQUE

Le récit contenu dans ce volume repose sur une masse de documents deux fois supérieure à celle qu'ont utilisée les histoires antérieures. Parmi les documents nouveaux, il en est d'essentiels, tels que l'interrogatoire de Bernadette en date du 18 mars, les lettres écrites sur l'heure par les habitants de Lourdes, témoins des apparitions : C. Pimorin, A. Monlaur, ainsi que des lettres jusqu'ici inconnues de l'abbé Peyramale.

Le récit a été établi par l'étude critique des témoignages dans les 6 volumes de *l'Histoire authentique des apparitions*, où chaque trait se trouve justifié ligne par ligne par la citation et l'étude critique des documents.

Dans ces 6 volumes on trouve aussi :

- — le dossier des textes documentaires relatifs à chaque apparition;
- — des expertises sur ce qui conditionne la mise en place du récit;
- — des compléments iconographiques : fac-similés de documents et photographies d'époque.

Les tomes 1 et 3 de *l'Histoire authentique* n'ont pas été repris dans ce récit :

Le tome 1 présente les problèmes de méthode, une étude systématique des témoignages de Bernadette, avec la synopse des sept récits autographes, l'histoire des historiens de Lourdes avec un jugement précis sur chacun d'eux : les documents qu'il a connus, son apport, et ses limites. Enfin, le répertoire des témoins de l'apparition : curriculum, liste chronologique de ses témoignages. Valeur et caractère.

Le tome 3 étudie les grands problèmes de Lourdes : le site de l'apparition, la foule, Bernadette, les paroles de l'apparition (authentiques et apocryphes), la description de l'apparition et la fameuse question : apparition corporelle ou vision intime ? Enfin le problème chronologique de la quinzaine.
Bref, ceux qui veulent approfondir leur connaissance de Lourdes trouveront dans *l'Histoire authentique* les preuves, fondements et compléments du présent récit.

Ci-contre page spécimen de **L'HISTOIRE AUTHENTIQUE** ***en 6 volumes***

jours, sur une pierre, dans « une niche en fil de fer, ornée de mousse et de fleurs[58] ». Elle prend confiance. Depuis que l'attrait s'est manifesté, son grand souci, c'est cette réponse à obtenir, pour M. le Curé[59]. Pendant les apparitions, elle oublie tout le reste. Va-t-elle y penser? Osera-t-elle insister encore, en dépit du sourire désarmant d'Aquerò[60] ?

Là, sous la cavité, tout devient plus facile. Et puis l'usage n'est-il pas établi entre elles, qu'après la prière et la contemplation devant la Grotte, ce lieu est celui de l'échange, des confidences[61] ? Il y a quelques instants encore, « impossible » de « parler ». Maintenant que la « demoiselle » a réduit elle-même les distances, Bernadette ose[62]

Durant les trois semaines d'absence, elle a tourné et

58. LA VIERGE EN PLATRE est mentionnée aux n°s 12, 68, 74 (cités note précédente) ainsi qu'au n° 68 (D. Cazenave, qui parle de plusieurs statues, par confusion avec le 7 avril : voir en-tête de ce n°). Il n'y a encore qu'*une* statue de la Vierge à la date du 25 mars (voir *ibid.*). *Sur cette Vierge placée dans une niche en fil de fer décorée de mousse*, voir le chapitre précédent note 92, note clé.

59. M. LE CURÉ VEUT SAVOIR LE NOM.
Nous l'avons vu à plusieurs reprises au tome précédent, chapitres **34**, n° 49, note **92**; **35**, note 88; cf. **36**, note 245.
Voir aussi dans le dossier du présent chapitre :
N° 20, Estrade, 1858 : « Mais, mon enfant, lui avait répondu le vénérable curé de Lourdes. Connais-tu seulement son nom? Saches qui elle est, puis nous verrons. »
N° 59, SEMPÉ, p. 136 : « ... se souvenant que M. le Curé lui avait recommandé instamment de... lui demander » son nom.
N° 65, C. Vigouroux : « M le Curé m'avait dit de lui demander qui elle était. »

60. Le 3 mars (chapitre 35, note 88) et le 4 mars (chapitre 36, note 245), la Vierge n'avait répondu « que par un sourire ». Voir là-dessus la sypnose des récits autographes, LIIA, 1, pp. 58-61, lignes 436-441 et, dans le présent chapitre les n^os suivants :
N° 32, commission, 7 décembre 1860 : « Bernadette... avait plusieurs fois demandé à l'apparition qui elle était. »
N° 33, lettre Gondrand, 28 mai 1861 : « Pendant plusieurs fois je lui demandai qui elle était... »
N° 36, LAFFITTE, p. 64 : « Bernadette... avait souvent demandé à la Dame mystérieuse qui elle était. »
N° 48, Récit *Grotte de Lourdes* : « Je lui demandai chaque fois... qui elle était. »
N° 59, SEMPÉ, p. 135 : « Bernadette avait déjà plusieurs fois prié la Dame mystérieuse de lui dire son nom. »
N° 78, Estrade, 1878 : « Plusieurs fois [*exp* : A différentes reprises] j'avais demandé à la Dame d'avoir [*exp* : de me faire] la charité de me dire qui elle était [*exp* : son nom]. »
N° 101, Basile Castérot : « Tous les jours Bernadette demandait à la Dame : Si vous voulez me dire votre nom. »

61. Voir ci-dessus chapitre 18, tome 3, p. 180.

62. N° 7 : « L'enfant obéit [= s'approcha] et sentit qu'elle pouvait parler ce qui lui était impossible avant d'être si près de la vision. »

Améliorations apportées à l'histoire des apparitions

Rendons cette justice aux historiens précédents qu'ils avaient établi l'histoire des apparitions dans ses très grandes lignes. L'apport propre de chacun d'eux est établi dans *Lourdes. Histoire authentique*, t. 1, pp. 93-114. Mais il y avait entre eux des divergences considérables : La phase pénitentielle avait-elle commencé le 21 février, selon Lasserre ? le 24, selon Estrade ? le 26, selon Cros ? ou le 27, selon Trochu ? La première demande de chapelle avait-elle été faite le 18 février, selon Fourcade ? le 23, selon Lasserre ? le 27, selon Trochu ?, etc. Ces divergences et d'autres ont été résolues de manière méthodique et critique dans l'*Histoire authentique*. Les perfectionnements qui en résultent peuvent être résumés sous trois chefs :

1°. En ce qui concerne les apparitions des 11, 14, 18, 23, 25 février, 25 mars et 16 juillet, il s'agit d'améliorations de détail. Pour chacune de ces apparitions, ainsi que pour la journée du 22 février, de nombreux épisodes ou détails douteux ou imaginaires ont été éliminés ou ramenés à leur véritable teneur; un nombre plus grand de détails inconnus a été révélé. L'ordre et l'enchaînement précis des événements, ainsi que bien des points flottants ou fantaisistes ont été tirés au clair.

2°. En ce qui concerne les apparitions des 21, 24 et 28 février, ainsi que les journées sans apparition des 26 février, 4-25 mars, le renouvellement est profond et quasi total. En effet, on avait projeté un peu au hasard sur ces apparitions ou journées mal connues les épisodes que l'on ne savait guère où caser, ainsi que les éléments douteux ou imaginaires (les « clameurs diaboliques » du 19 février par exemple : *Lourdes. Histoire authentique*, t. 4, pp. 16 et 19-20). Pour ces jours-là il a donc fallu tout déblayer et reprendre à neuf.

3°. En ce qui concerne les apparitions des 19, 20, 27 février, des 1, 2, 3, 4 mars, 7 avril et les journées sans apparition des 12, 13, 15, 16 février, pour l'enfance de Bernadette aussi, la situation est intermédiaire. Epuration et renouvellement sont substantiels sur un fond qui demeure pour l'essentiel.

Je renouvelle l'expression de ma reconnaissance aux conservateurs des différents fonds d'archives qui m'ont généreusement ouvert l'accès à leurs documents, ainsi qu'aux historiens qui ont accompli les étapes précédentes : Azun de Bernetas, Fourcade, Lasserre, les Pères Sempé et Duboé, J. B. Estrade, Mgr Trochu, enfin et surtout le Père Cros qui a travaillé au niveau scientifique, et qui aurait sans doute conduit l'œuvre à son terme, si les circonstances avaient joué en sa faveur avec autant de convergence qu'elles ont joué contre lui.

Note sur le document dit « Protestation de Bernadette »

rédigé par Henri Lasserre, le 13 octobre 1869

Des revues contre lesquelles l'épiscopat français a mis en garde ont donné une fausse importance et une fausse signification à l'un des quelques 10 000 documents qui ont servi à élaborer la présente histoire des apparitions : ce qu'on appelle usuellement, selon les termes abusifs de celui qui rédigea ce document : « La Protestation de Bernadette ».

De quoi s'agit-il ? Le 13 octobre 1869, Henri Lasserre, mécontent de voir les missionnaires de la Grotte de Lourdes publier dans les *Annales de Notre-Dame de Lourdes,* une *Petite histoire* des apparitions, qui risquait de concurrencer la sienne, vient à Nevers, obtient de l'évêque d'interroger Bernadette, puis, de lui faire signer une déposition. Cette déposition, dirigée contre la *Petite histoire* des missionnaires, ne touche que des détails tout à fait mineurs, dont aucun ne concerne le message de Lourdes.

Que vaut cette « Protestation » obtenue par Henri Lasserre contre le récit établi par ses concurrents ? Comme tout document, et quel que soit le contexte passionnel qui en a déformé les traits, cette déposition contient quelques éléments utilisables que j'ai déterminés et assumés, par un travail critique considérable. Ainsi, par exemple, Bernadette n'a jamais dit que l'apparition l'avait « poursuivie ». Elle n'a jamais eu le sentiment que la vision « était un être méchant », etc. Sur ces deux points, Lasserre a fidèlement enregistré les propos de Bernadette.

Pourtant on ne saurait prendre au pied de la lettre tous les points de cette Protestation comme le manifestent, entre autres choses, les données suivantes :

1° Le document est rédigé dans un style étranger à celui de Bernadette. Il emploie des mots et des expressions qu'elle ignore : « imaginaire », « controuvé », par exemple. Il s'écarte sur plusieurs points de ce qu'elle a répété, de manière concordante, dans tous ses témoignages.

2° La confrontation de ce document avec les minutes d'interrogatoire, heureusement conservées, et que j'ai utilisées pas à pas dans l'*Histoire authentique,* montre combien Henri Lasserre a sollicité les propos qu'il avait tout d'abord notés au fil de l'entretien. Ainsi, par exemple, concernant la scène du moulin où Bernadette fut transportée en extase, par le meunier Nicolau, Lasserre a noté au vol le propos de la voyante : « Je ne voyais pas même les autres en ce moment. Je ne me rappelle rien de tout cela. » Mais dans le texte de la Protestation, il lui fait dire : « Toute la scène du moulin est imaginaire. » Ce qui est tout autre chose.

3° Il paraît clair que la déformation, ainsi constatée entre les deux rédactions successives d'Henri Lasserre, est l'effet des sollicitations qui ont pesé auparavant sur la conduite même du dialogue et sur les premières notes d'interrogatoire.

4° La critique externe confirme ici la critique interne. Mgr Forcade, évêque de Nevers, dont Lasserre avait obtenu, à l'improviste et sans examen, l'autorisation d'interroger et de faire signer Bernadette, écrit dans sa *Notice sur la vie de Sœur Marie-Bernard,* publiée à Aix en 1869 :

> « M. Lasserre parvint à faire prendre pour un ordre ce qui n'était qu'une simple permission. C'est ainsi qu'il réussit à extorquer la signature de

Bernadette après avoir commencé par extorquer la mienne. Quand je revis la Supérieure générale, elle se plaignit amèrement à moi de la longue torture morale qu'il avait fait subir à la Sœur Marie-Bernard, soit pour l'amener bon gré mal gré à parler dans son sens, soit pour lui faire signer, en dépit de toutes ses résistances, l'écrit dont il était en définitive le seul auteur responsable. »

Le même Mgr Forcade a écrit clairement à Mgr Laurence, dans sa lettre autographe du 27 décembre 1872 :

> « M. Henri Lasserre n'a pas moins cherché à me tromper qu'à tromper Bernadette, et comme son nom, jusque-là, ne m'inspirait pas défiance, mais confiance, il ne lui a pas été difficile d'y réussir. »

5° Les religieuses, témoins de l'interrogatoire, ont récusé la phrase suivante qu'Henri Lasserre avait rédigée et fait signer à Bernadette : « Toutes ces choses suffisent pour que je proteste contre l'ensemble et la physionomie du récit. » Mère Joséphine Imbert, Supérieure générale de Nevers, écrivit à Henri Lasserre, le 10 décembre 1869 : « Il est bien certain que ma Sœur Marie-Bernard n'a pas cru protester contre l'ensemble de la physionomie du récit général de l'*Histoire de Notre-Dame de Lourdes,* insérée dans les *Annales...*, qu'elle ne connaissait pas. »

Celui qui voudra démêler objectivement les éléments vrais et faux qui sont inextricablement mêlés dans le document abusivement appelé *Protestation de Bernadette,* se reportera à l'*Histoire authentique des apparitions,* tome 1, 1961, pp. 79-80, 164-166 ; tome 2, pp. 103-107, 132-144 (concernant la scène du moulin de Savy), 161, 162, 177, 184, 219, 241, 243, 245, 249, 252 et 253 ; tome 3, pp. 172, 175-176 (note 176 sur la lumière qui devançait l'apparition), 207.

Nul document, nul argument historiques dignes de ce nom n'ayant été apportés contre ce qui est établi dans ces pages, je les maintiens intégralement.

Ceux qui ont monté cette polémique ont gratuitement déprécié ou sali, pour les besoins de leur cause, tous les témoins qui les gênaient : notamment le Père Sempé, Supérieur des Missionnaires de Lourdes, Mgr Forcade, le meunier Nicolau, le Père Cros, et même Mgr Laurence, évêque de Tarbes ; ils ont couvert leurs insinuations de références aussi nombreuses que trompeuses, pour ceux qui n'ont pas fréquenté assidûment les documents. Parmi bien d'autres procédés étrangers aux méthodes de l'histoire, ils m'ont prêté des propos que je n'ai jamais tenus, et qui contrediraient ce que j'ai constamment écrit dans mes livres. Ils ont refusé de publier les principaux démentis que j'ai envoyés à ce sujet. Ils ont tronqué ou « m'ont renvoyé sans les lire » (selon leur propre formule) la plupart des lettres où j'apportais des réponses au débat qu'ils déclaraient avoir « ouvert » en toute objectivité. Ils se cachent sous des pseudonymes ou des prête-noms, et pour cause, etc. Je ne puis que leur pardonner, car leur incompétence historique, et les passions dont ils sont les premières victimes délient leur responsabilité. Mais le devoir m'incombe de mettre les lecteurs en garde contre ces procédés qui peuvent tromper les non-spécialistes et porter préjudice à Lourdes.

Les auteurs de cette polémique se sont systématiquement dérobés à la proposition que je leur avais faite de manière privée, puis publique, et que Mgr Théas, évêque de Tarbes et Lourdes, a renouvelée auprès d'eux à plusieurs reprises, de constituer un jury d'historiens, pour juger de leurs affirmations, et de mes propres conclusions qu'ils s'efforcent de discréditer. Ce refus les juge. « Celui qui accomplit des œuvres mauvaises hait la lumière et ne vient pas à la lumière, de peur que ses œuvres soient dévoilées », dit le Christ en *Jn* 3, 19. Ce refus a du moins un avantage. Il met fin à cette affaire, en évitant de vaines pertes de temps sur un document tout à fait mineur dont la cause a été objectivement jugée dans les passages cités de l'*Histoire authentique.*

LES DOCUMENTS ET L'HISTOIRE AUTHENTIQUE

Inventaire des volumes édités chez P. Lethielleux

R. LAURENTIN et Dom B. BILLET
LOURDES. DOCUMENTS AUTHENTIQUES

1. Au temps des seize premières apparitions : 11 février-3 avril 1858.
2. Dix-septième apparition. Gnoses, faux miracles, fausses visions. La grotte interdite : 4 avril-14 juin 1858.
3. Autour de la grotte interdite. Une phase nouvelle de l'histoire de Lourdes. Dernières apparitions. Intervention du magistère. Entrée en scène de Louis Veuillot. Visites à Bernadette : 14 juin-27 août 1858.
4. Le dénouement de l'affaire Lourdes et l'intervention impériale : 28 août-19 octobre 1858.

2e *série :* PROCÈS DE LOURDES (deux volumes)

5. L'enquête épiscopale sur Bernadette, la source et les guérisons. Chronique de Lourdes et visites à Bernadette : 20 octobre 1858-début avril 1860. Avec des notes médicales des professeurs M. Bariety, P. Mauriac, F. Thiébaut et du Dr L. Cornet.
6. Le jugement épiscopal. Histoire de Lourdes et vie de Bernadette d'avril 1859 à août 1862.

3e *série :* par Dom Bernard BILLET, seul

7. Croissance de Lourdes et vocation de Bernadette : août 1862 au 4 juillet 1866.

N. B. Cette collection donne les documents sur Lourdes dans l'ordre chronologique. Les introductions présentent l'histoire du pèlerinage de Lourdes pour la période considérée. Dom B. BILLET a collaboré aux *Documents authentiques* à partir du t. 3.

RECHERCHES SUR LOURDES

Revue trimestrielle, éditée par Dom B. BILLET, tient la chronique des recherches et actualités concernant Lourdes.

R. LAURENTIN
LOURDES. HISTOIRE AUTHENTIQUE

1. Structure des témoignages. Etat de la question, avec le répertoire des témoins et la synopse des récits autographes de Bernadette.
2. L'enfance de Bernadette et les trois premières apparitions : 7 janvier 1844-18 février 1858.
3. La quinzaine des apparitions. Problèmes fondamentaux : le site, la foule, Bernadette, l'extase, description de l'apparition, le secret et la chronologie.
4. La quinzaine des apparitions. Première semaine : du 19 au 25 février 1858.
5. La quinzaine au jour le jour. Deuxième semaine : du 26 février au 4 mars 1858.
6. Les trois dernières apparitions : 5 mars-16 juillet 1858. Sens de l'événement.

LOURDES

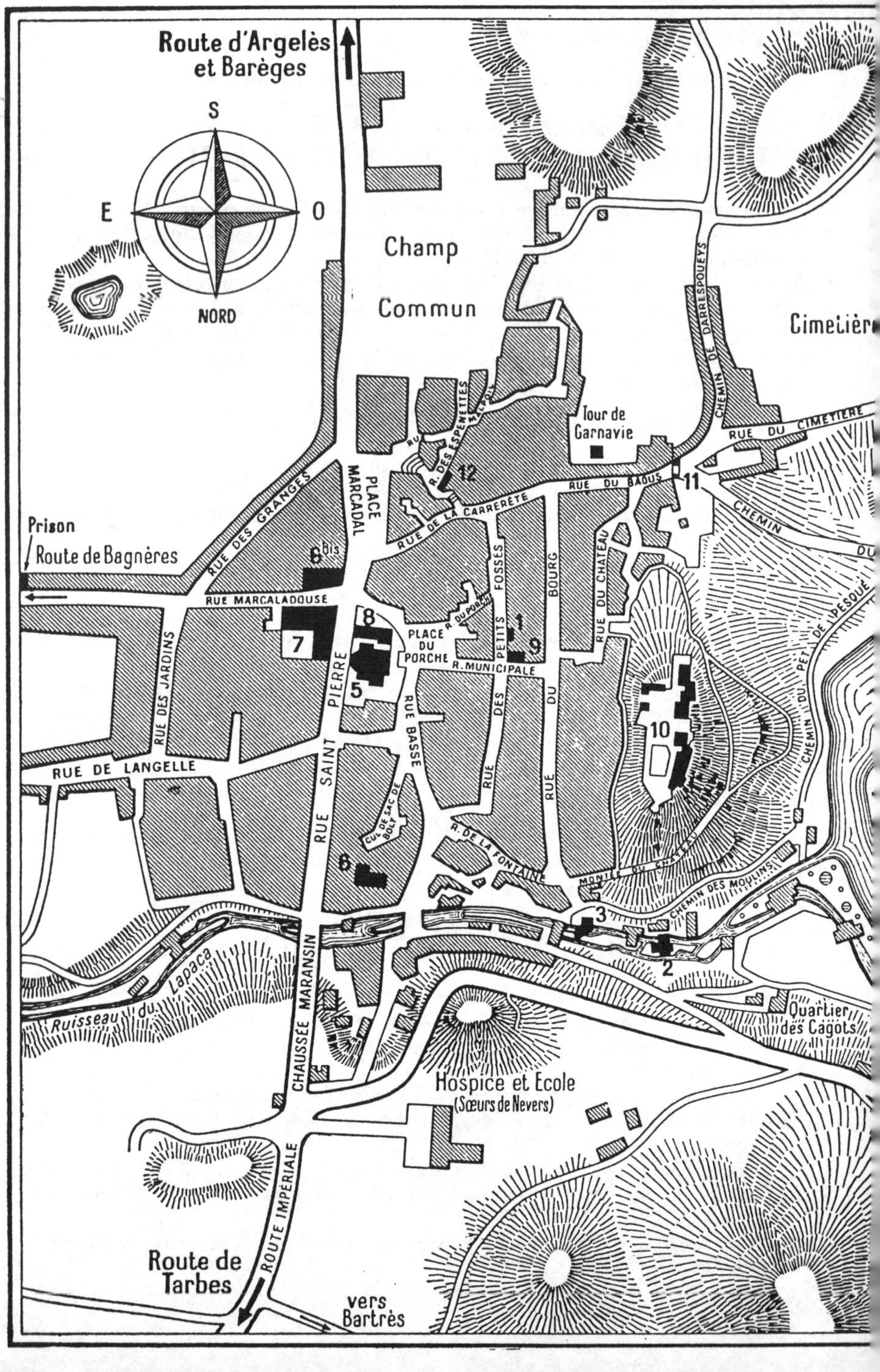

Route d'Argelès et Barèges
S
E
O
NORD
Champ Commun
Cimetière
Tour de Garnavie
RUE DU CIMETIÈRE
CHEMIN DE DARRESPOUEYS
RUE DU BAOUS
11
12
R. DES ESPENETTES
PLACE MARCADAL
RUE DES GRANGES
Prison
Route de Bagnères
6 bis
RUE MARCALADOUSE
RUE DE LA CARRERÈTE
7
8
5
PLACE DU PORCHE
R. DU PORCHE
R. MUNICIPALE
1
9
RUE DES PETITS FOSSES
RUE DU BOURG
RUE DU CHATEAU
10
CHEMIN DU PET DE PESQUÉ
RUE DES JARDINS
RUE DE LANGELLE
RUE SAINT PIERRE
RUE BASSE
CUL DE SAC DE BOLY
R. DE LA FONTAINE
6
MONTÉE DU CHATEAU
CHEMIN DES MOULINS
3
2
Ruisseau du Lapaca
CHAUSSÉE MARANSIN
Quartier des Cagots
Hospice et Ecole
(Sœurs de Nevers)
ROUTE IMPÉRIALE
Route de Tarbes
vers Bartrès

N 1858

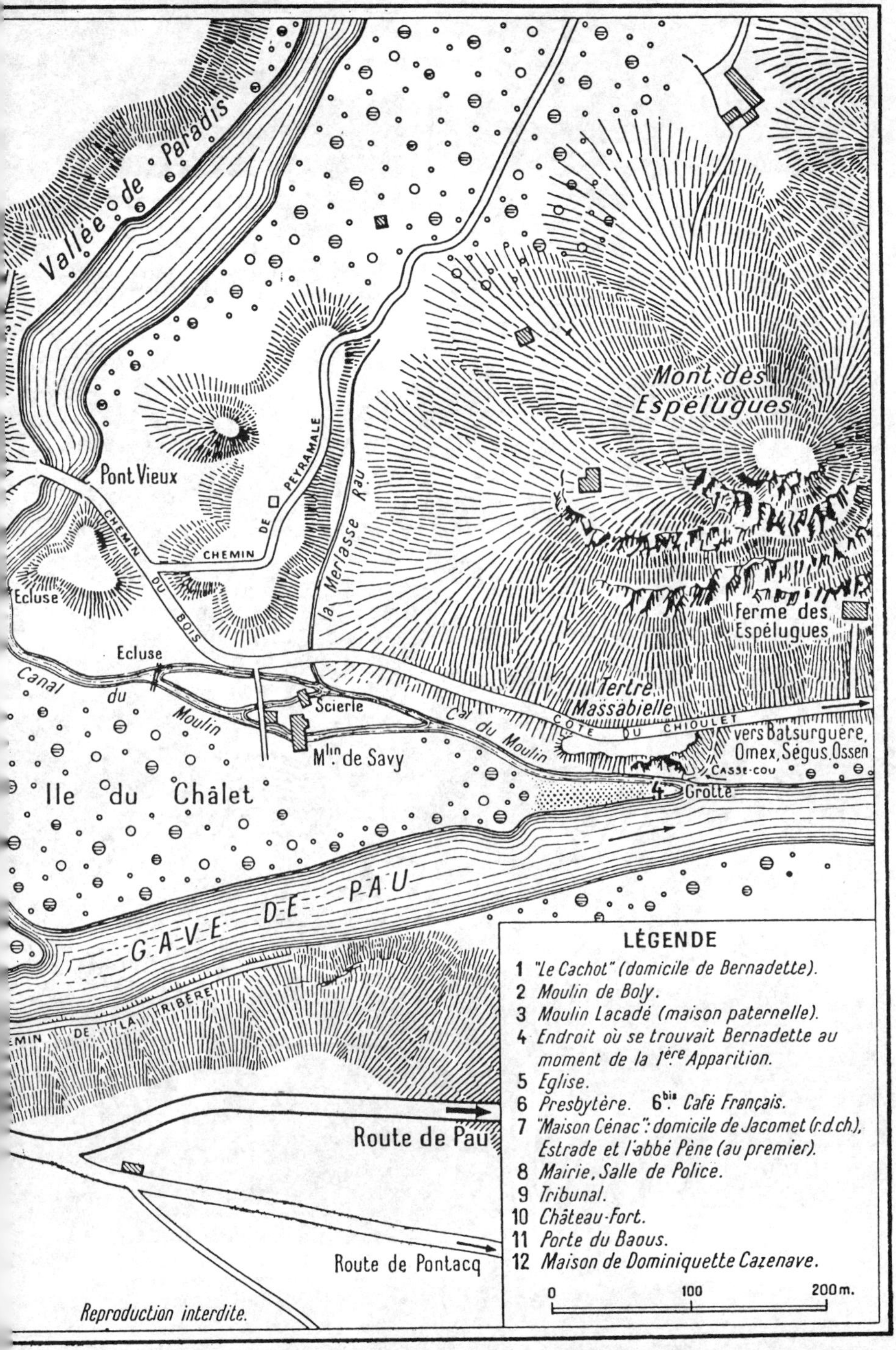

Vallée de Paradis
Pont Vieux
CHEMIN DE PEYRAMALE
CHEMIN
CHEMIN DU BOIS
la Merlasse Rau
Mont des Espélugues
Ecluse
Ecluse
Canal du Moulin
Scierie
Mlin. de Savy
Cal du Moulin
Ferme des Espélugues
Tertre Massabielle
COTE DU CHIOULET
vers Batsurguère, Omex, Ségus, Ossen
CASSE-COU
4
Grotte
Ile du Châlet
GAVE DE PAU
CHEMIN DE LA RIBÈRE
Route de Pau
Route de Pontacq
LÉGENDE
1 "Le Cachot" (domicile de Bernadette).
2 Moulin de Boly.
3 Moulin Lacadé (maison paternelle).
4 Endroit où se trouvait Bernadette au moment de la 1ère Apparition.
5 Eglise.
6 Presbytère. 6bis. Café Français.
7 "Maison Cénac": domicile de Jacomet (r.d.ch.), Estrade et l'abbé Pène (au premier).
8 Mairie, Salle de Police.
9 Tribunal.
10 Château-Fort.
11 Porte du Baous.
12 Maison de Dominiquette Cazenave.
0 100 200m.
Reproduction interdite.

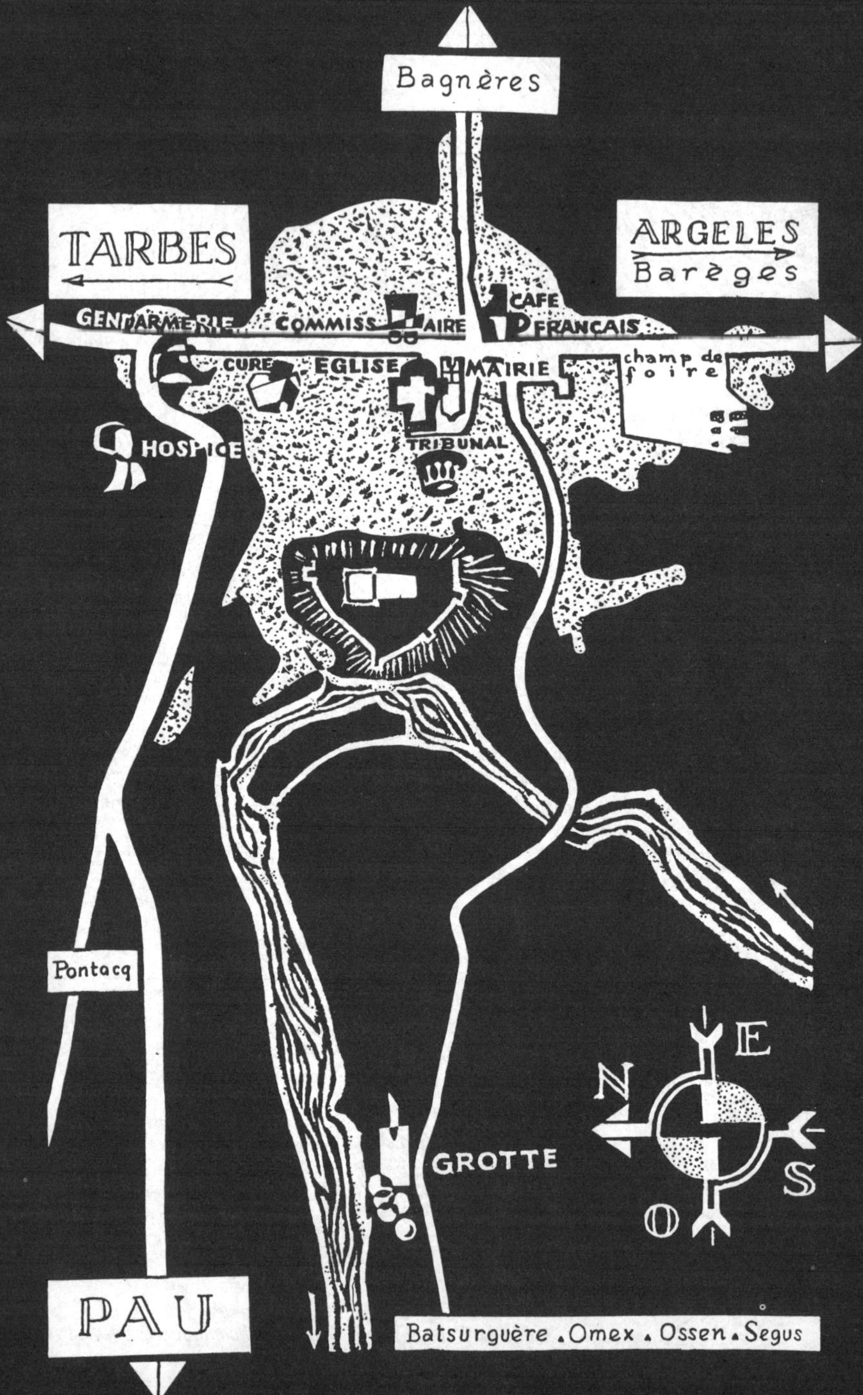
Bagnères
TARBES
ARGELES
Barèges
GENDARMERIE
COMMISSAIRE
CAFE FRANÇAIS
CURE
EGLISE
MAIRIE
champ de foire
HOSPICE
TRIBUNAL
Pontacq
GROTTE
N
E
S
O
PAU
Batsurguère . Omex . Ossen . Segus

Lourdes vu de l'Est .

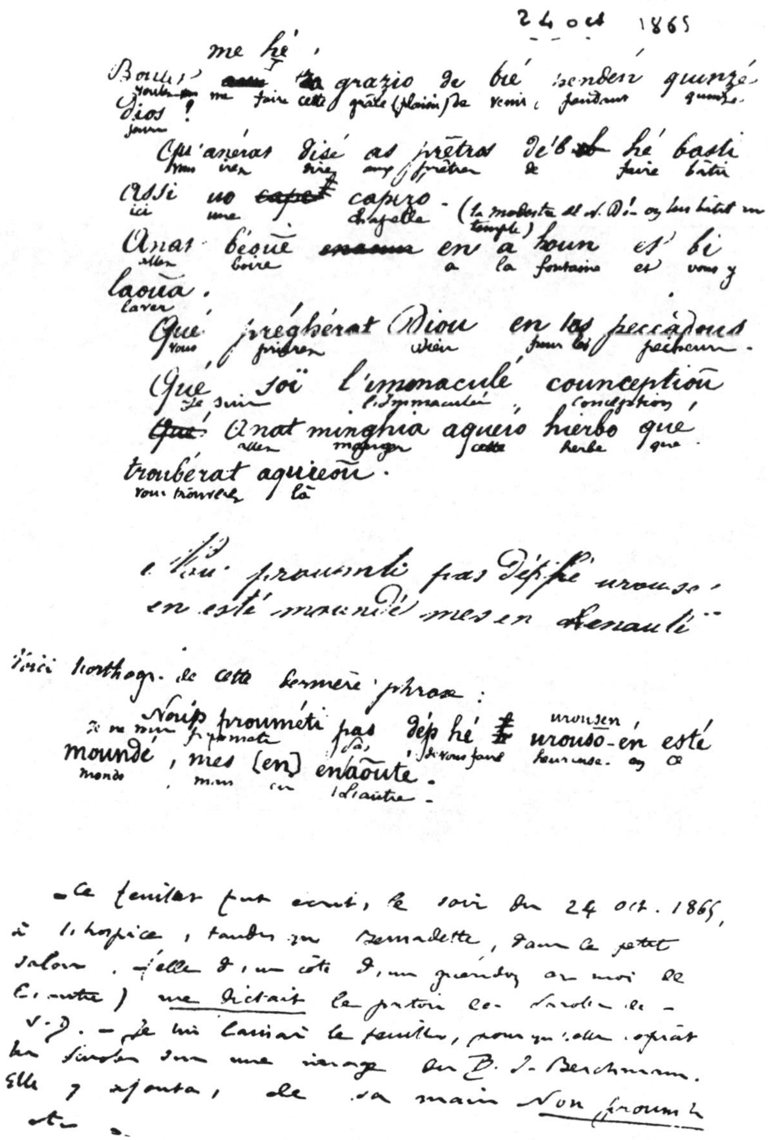

24 oct 1865

Boulet aver me hé la grazio de bé bender quinze dios ?
Voulez-vous me faire cette grâce (plaisir) de venir pendant quinze jours

Que anerat disé as prêtres de hé basti
Vous irez dire aux prêtres de faire bâtir
assi uo capero
ici une chapelle [illegible]

Anat béoue en a houn es bi laoua.
aller boire à la fontaine et vous y laver

Que preghérat Diou en tas peccadous
Vous prierez Dieu pour les pécheurs.

Que soï l'immaculé councepciou
Je suis l'Immaculée Conception,

Anat minghia aquero hierbo que trouberat aquieou.
aller manger cette herbe que vous trouverez là

Nou prouméti pas dé pe hé urouso en esté mounde mes en l'aoute.

Voici l'orthogr. de cette dernière phrase :
Noup prouméti pas dép hé urouso-en esté mounde, mes (en) enaoute.
Je ne vous promets pas de vous faire heureuse en ce monde, mais en l'autre.

Ce feuillet fut écrit, le soir du 24 oct. 1865, à l'hospice, tandis que Bernadette, dans le petit salon (elle d'un côté d'un guéridon, moi de l'autre) me dictait le patois des paroles de N.-D. — Je lui laissai le feuillet, pour qu'elle copiât les paroles sur une image du B. J. Berchmans. Elle y ajouta, de sa main Nou prouméti etc.

DOCUMENTS ÉMOUVANTS DU 24 OCTOBRE 1865

Le Père Cros a recueilli les paroles de la Vierge de la bouche de Bernadette. Il l'a fait répéter, épeler jusqu'à satisfaction complète. Il a discuté la tournure *aver* qu'il a biffée (à tort) et remplacée par la leçon facilitante *me he*. Enfin il a traduit, toujours avec le concours de la voyante. Après son départ, Bernadette s'est aperçue qu'une parole avait été oubliée. Elle l'a ajouté de sa main. « Noup prouméti pas... » Cros a repris et contrôlé cette phrase.

TABLE DES MATIÈRES

TABLES DES ILLUSTRATIONS

CLICHÉS DANS LE TEXTE

Achevé d'imprimer en avril 2006
par l'imprimerie Tournai Graphic
à Tournai – Belgique

Dépôt légal : juin 2004

Imprimé en Belgique